«Los predicadores interesados en mejorar sus profesiones no solo deben practicar . . . ¡deben practicar bien! El énfasis de Alcántara en la práctica intencional de la predicación ofrece convincentemente un enfoque refrescante para desarrollar hábitos duraderos de comunicación eficaz. La incorporación de Alcántara de voces diversas es oportuna y esencial para aquellos que valoran la predicación para el oído con una sencillez sofisticada para todos los que escucharán. Todos los interesados en la práctica de la predicación cristiana se beneficiarán en gran medida por las sugerencias prácticas e ilustraciones de Alcántara, siendo atraídos, persuadidos y alentados por su retórica cautivadora y devoción a la disciplina.»

—**Dominick Hernández**, departamento de teología,
The Southern Baptist Theological Seminary

«Alcántara pone en nuestras manos un ejemplar práctico y creativo para la formación homilética de la comunidad pastoral y de laicos y laicas con interés en el arte de la buena comunicación desde y en el púlpito. Integrando ejemplos de su propia experiencia homilética junto a su creatividad en la comunicación pública y contextual, Alcántara ofrece un mapa crítico y formativo para predicar con claridad, contextualidad, precisión y convicción. Implícitamente ofrece una crítica a la predicación y estilos de comunicación teológica trivial, manipuladora y teológicamente insostenible. Este libro es un aporte a la pastoral latinoamericana, arraigado en la convicción de que la predicación es indispensable para el discipulado cristiano. Usando principios sencillos —tales como claridad de comunicación y contextualidad— Alcántara desafía a la comunidad ministerial a comunicar el evangelio y formar a la comunidad para el servicio del Reino por medio de la buena predicación. Es un excelente trabajo en teología práctica y homilética, llenando un vacío en la literatura actual, sobre todo en español.»

—**Carlos F. Cardoza Orlandi**, Cátedra Frederick E. Roach
en Cristianismo Mundial

Las PRÁCTICAS *de la* PREDICACIÓN CRISTIANA

RUDIMENTOS PARA LA PROCLAMACIÓN EFICAZ

JARED E. ALCÁNTARA

Traducido por
Loida Viegas y Sijefredo Loa

Baker Academic
a division of Baker Publishing Group
Grand Rapids, Michigan

Publicado por Baker Academic
una división de Baker Publishing Group
PO Box 6287, Grand Rapids, MI 49516-6287
www.bakeracademic.com

Library of Congress Cataloging-in-Publication Data
Names: Alcántara, Jared E., 1979- author.
Title: Las prácticas de la predicación cristiana : rudimentos para la proclamación eficaz / Jared E. Alcántara ; traducido por Loida Viegas.
Other titles: Practices of Christian preaching. Spanish
Description: Grand Rapids, Michigan : Baker Academic, a division of Baker Publishing Group, [2020] | Includes bibliographical references and index.
Identifiers: LCCN 2020007398 | ISBN 9780801098673 (paperback) | ISBN 9781540963420 (casebound)
Subjects: LCSH: Preaching.
Classification: LCC BV4211.3 .A4225518 2019 | DDC 251—dc23

20 21 22 23 24 25 26   7 6 5 4 3 2 1

A mis hijas:

Maya, Liliana y Evelyn

Que la luz de Cristo brille con fuerza en ustedes
y por ustedes a otros.

Contenido

Agradecimientos

Muchos de los conceptos y el marco de referencia de este proyecto se originaron en una clase de Introducción a la Predicación, que presenté en el otoño de 2013, en la Primitive Christian Church, iglesia protestante latina de la ciudad de Nueva York. Es decir, las semillas echaron raíces hace unos años. Gracias a los trece estudiantes con quienes logré tener un intercambio sobre este material en borrador, en su versión menos probada, y gracias a los muchos estudiantes (ustedes saben quiénes son) que me ayudaron a perfeccionar, aclarar y mejorar este material a lo largo del tiempo. Ustedes son los que *me* enseñaron a mí y más que lo que creen.

Aunque la mayor parte del contenido de este libro es nuevo, se han adaptado algunas secciones de las ponencias que he presentado en reuniones académicas o de los artículos que he publicado. Algunas de mis explicaciones respecto a Pixar Animation Studios en mis capítulos sobre la claridad y la creatividad se han adaptado de un artículo que publiqué en *Practical Matters* (Cuestiones prácticas) en 2015, titulado «Fail Better: Or, What Can Teachers of Preaching Learn from Improvisational Performers and from Pixar?» (Fracase mejor: O, lo que los maestros de la predicación pueden aprender de los artistas de improvisación y de Pixar). Algunas secciones de mi capítulo sobre la contextualización han sido adaptadas de un documento que presenté en la Reunión Anual de la Academia de Homilética, en 2016, titulado «Enseñar a reaccionar de forma contextual en una clase de predicación», y otro que presenté en la Reunión Anual de la Sociedad de Homilética Evangélica, en 2017, titulado «Sermones con suelo local: Adiestrar predicadores que reaccionen de manera contextual». Estoy en deuda con Paul Myrrhe y con mis amigos del Wabash Center for Teaching and Learning por su disposición de financiar un proyecto especial de cinco semanas, que yo mismo dirigí, en el verano de 2016 sobre la

enseñanza de la contextualización en una clase de predicación. El apoyo de
ellos me facilitó el tiempo y espacio para pensar, escribir, colaborar con otros
eruditos y poner a prueba mis ideas en las clases de Homilética durante el año
lectivo 2016-17. Finalmente, algunas partes del capítulo sobre la creatividad
se han adaptado de una ponencia que presenté en la Reunión Anual de la
Academia de Homilética, en 2018, titulada «La enseñanza a estudiantes a
cultivar ambientes creativos».

Sería un descuido de mi parte no expresar mi reconocimiento a los colegas
de dos instituciones. Gracias al presidente David Dockery, al decano Graham
Cole y miembros de la junta directiva por aprobar mi sabático 2017-18 cuando
todavía daba clases en Trinity Evangelical Divinity School, donde serví desde
el 2014 al 2018. El sabático me proveyó grandes cantidad de tiempo y espacio
para completar este proyecto. Gracias también a Peter Cha, quien me animó
y fortaleció como mentor, y a Greg Scharf, mi amigo y colega en homilética
de cuando yo estaba en Trinity, quien se aseguró de que mis responsabilidades
sobre mis clases y otras tareas fuera de mis clases se cumplieran durante mi
sabático. También me gustaría expresar mi gratitud al decano Todd Still y a
mis colegas de homilética, Joel Gregory y Scott Gibson, quienes sirven ahora
junto a mí en el George W. Truett Theological Seminary de la Universidad
de Baylor, donde empecé a dar clases en 2018. Me siento agradecido por su
constante apoyo, por su amistad, sus reacciones y su estímulo, y me siento
bendecido por el incesante compañerismo y la amistad de la que disfruto con
mis colegas del profesorado de Truett.

Tengo también una deuda de gratitud a dos agencias otorgadoras cuyo
apoyo financiero encaminó este proyecto a terminarse. De la videografía se
encargaron, en parte, los fondos del comité de investigación de la universidad
y el vicerrector de la investigación de la Universidad de Baylor. Gracias a
nuestro videógrafo, Matthew Aughtry, quien trabajó de un modo infatigable
para grabar, editar y producir el excelente contenido de video que suplementa
este libro. Esta edicion al español de ha recibido, parcialmente, el sostén
financiero de la Foundation for the Advancement of Christianity. Gracias a
Burton Patterson, director de la fundación, quien entendió la visión de contar
con un recurso multilingüe y apoyó el esfuerzo.

Gracias a todo el equipo de Baker Academic. Este libro no habría sido
posible sin su deseo a soñar a lo grande desde el principio y proveer el apoyo
hasta terminarse. Gracias, sobre todo, a Jim Kinney, Jeremy Wells, Chris-
tina Jasko, Julie Zahm, Brandy Scritchfield y muchos otros que creyeron en
los méritos de este proyecto desde el comienzo, en 2016, quienes se aliaron
conmigo para avanzar su contenido o proveer gran parte de la ayuda necesaria durante este período de tres años. Mi agradecimiento también a Pablo

Jiménez y Thomas G. Long por leer los borradores y proveer sus excelentes sugerencias.

A los cuatro aptos especialistas en homilética que colaboraron conmigo —Jerusha Matsen Neal, Ahmi Lee, Kenyatta R. Gilbert y Matthew D. Kim—, porque su habilidad, sabiduría, percepción y su tiempo invertido han hecho que este recurso avance gracias a su participación en él. Les ofrezco mi respeto, aprecio y admiración. La academia y la iglesia reciben un mejor servicio por la presencia y el ministerio de ustedes en ambos ambientes.

Por último, pero no por ello menos importante, me gustaría agradecer a mi familia; en primer lugar a mi esposa Jennifer quien, sin la menor duda, ocupa el puesto superior en la lista de aquellos sin los cuales este libro no habría sido posible. Tu amor sacrificial, paciencia, estímulo y apoyo me ayudaron a aguantar las largas horas exigidas para que se realizara un proyecto multifacético como éste. ¡Te amo, te respeto y te valoro! Gracias, asimismo, a mis padres —José y Susan—, a mis hermanos y a mi familia extendida. Veo el amor y el respaldo que me dieron, y ni por un momento me desatiendo a mencionarlos. Les extiendo mi agradecimiento.

Dedico este libro a mis tres hijas: Maya, Liliana y Evelyn. Mi oración por ustedes sigue siendo la misma: que algún día cada una de ustedes llegue a ser una *eshet chayil,* es decir, una mujer ejemplar (Rut 3:11), con fuerza de carácter, firmeza valiente, liderazgo piadoso y acciones estimulantes que bendigan a todos que las rodeen y así cambien el mundo.

Introducción

Qué tiene que ver Charlie Parker con la predicación? La respuesta podría sorprenderle. Parker alcanzó la fama en el mundo de la música de *jazz* a finales de la década de 1930 y, junto con Dizzy Gillespie, fue pionero de un nuevo sonido conocido como *bebop*. Según el historiador de *jazz*, Thomas Larson, «el legado de Charlie Parker sigue dándole forma al *jazz*. Es casi imposible escaparse de su influencia».[1] Algunos afirman que Parker es el mejor músico de *jazz* que haya existido. De vez en cuando, si un intérprete de *jazz* de un país ajeno a los Estados Unidos hace música que traslade fronteras, un experto podría referirse a esa persona como «el Charlie Parker de [inserte aquí el nombre del país]».

A primera vista, las *diferencias* entre Parker y los predicadores se destacan más que las semejanzas. Él pasaba ratos en los clubs de *jazz*. Los predicadores frecuentan las iglesias. Basándonos en lo que sabemos por las biografías, a Parker no le habría gustado asociarse con este tipo de personas; él les informaba a todos claramente su desconfianza en la religión organizada. Los predicadores han dedicado su vida al servicio cristiano. Parker luchaba con el alcoholismo y hacía uso frecuente de la heroína. Los predicadores tienden a la piedad. Parker murió a la edad de treinta y cuatro años, y su cuerpo estaba tan dañado que el médico forense pensó al principio que tenía entre cincuenta y sesenta años. Algunos de mis amigos predicadores sólo usan palabras «malsonantes» aprobadas por el cristianismo en la cancha de baloncesto. Me hago entender, ¿verdad? A pesar de las muchas discrepancias, una semejanza en particular se enfoca en la relación entre Parker y los que se dedican a la predicación, un punto de convergencia que fácilmente se nos

---

1. T. Larson, *History and Tradition of Jazz*, 127.

1

Figura I.1. Charlie Parker

puede pasar por alto. ¿Qué tiene que ver Charlie Parker con la predicación? En una sola palabra: *la práctica*.

Parker empezó su carrera tocando *jazz* en clubs nocturnos de Kansas City, cuando tenía unos dieciséis o diecisiete años y, por lo menos al principio, su celo superaba su talento. Apenas seguía el ritmo de los músicos profesionales en el escenario, y todos sabían claramente que era *amateur*, un niño entre hombres. Imagínese queriéndose pasar por bailarín profesional de *ballet*, un viernes por la noche, en el Carnegie Hall de la ciudad de Nueva York, o tratar de marcar un triple en el partido de los finales al campeonato de la NBA; y se podrá hacer una idea a lo que Parker se pretendía hacer en sus comienzos.

Según cuenta la historia, una noche en la primavera de 1937, Parker se esforzó al máximo con su saxofón durante un concierto improvisado de *jazz* en el Club de Reno, Kansas City. El estrella invitado aquella noche era Jo Jones, un baterista de la orquesta de Count Basie, una de las mejores bandas de *swing* de los Estados Unidos. Cuando Jones oyó tocar a Parker aquella noche, le pareció tan pésimo que dejó de tocar la batería a mitad de la canción, y le tiró uno de los címbalos a sus pies desde el otro extremo del escenario, una insinuación nada sutil de que había llegado el momento de que parara de tocar y se fuera.[2] Parker se sintió humillado en aquel momento, y tuvo que tomar una decisión: dejar de tocar o mejorar. Los profesionales le aconsejaron que, si quería perfeccionarse, tendría que «irse a la leñera» («woodshed» en inglés), un término que a los músicos de *jazz* les gusta usar como sustantivo y como verbo. Significa practicar de manera perseverante y con tal empeño que todo se hace para mejorar; es la revisión completa de lo que es más importante. Esta expresión se refiere a la idea de encerrarse en una leñera, practicar con su instrumento por horas, y no salir de allí hasta mostrar un mejoramiento exponencial. Si un músico de *jazz* le dice a otro «Vete un rato a la leñera» o «Pasa más tiempo en la leñera», es un lenguaje codificado para «practica *de verdad* si esperas mejorar».[3]

No se sabe si Parker se encerró literalmente en una leñera —esa parte de la historia podría ser apócrifa—, pero *sí* sabemos que el incidente con el címbalo le cambió la trayectoria de su vida. Puesto sencillamente: Parker decidió practicar. Tan solo unos meses después, en el verano de 1937, tocaba casi todas las noches con la banda de George E. Lee cuando hacía una gira por los Ozarks (una región montañosa de Arkansas, Missouri, Oklahoma y Kansas). Cuando no estaba en el escenario, pasaba todo su tiempo libre en la «leñera», es decir, practicando con su instrumento de una forma concentrada y deliberada. También siguió haciéndolo cuando regresó a Kansas City al final de aquel verano.

Un pianista y líder de una banda llamado Jay McShann narra la primera vez que oyó el sonido único de Parker: «Me dirigí hacia Charlie cuando había acabado de tocar, y le pregunté: "Dime muchacho, ¿de dónde eres? Pensaba que conocía a la mayoría de los músicos de por aquí"». Él contestó: «Bueno, yo soy de Kansas City. Pero los dos o tres últimos meses he estado ausente. Pasé tiempo en la leñera de los Ozarks». En 1954, cuando un colega saxofonista, llamado Paul Desmond lo entrevistó sobre aquel período, Parker le contestó: «Me acostumbré a dedicarme a por lo menos a 11 y 14 horas al día [...]. Lo hice así durante tres o cuatro años».[4]

La práctica. Para algunos de nosotros nos puede parecer raro pensar en la predicación de este modo, como un trabajo en el que uno debe practicar. Tal vez se perciba como algo demasiado enfocado en lo humano, basado en la técnica y hasta siguiendo una formula. Dichos populares como «la práctica hace al maestro» o «el juego se gana durante la práctica» tienen sentido cuando se habla de la música, la danza, los deportes o lo académico, pero

---

2. Ver Fordham, «A Teenage Charlie Parker Has a Cymbal Thrown at Him»; T. Larson, *History and Tradition of Jazz*, 127.

3. Berliner, *Thinking in Jazz*, 54.

4. Vitale, «Birth of Bird».

algo dentro de nosotros se resiste a la idea de practicar sermones. Si concentramos demasiada atención en el *cómo*, ¿no descuidamos del *qué* y el *quién* del mensaje? Se supone que la predicación es un don espiritual, un «carisma divino» como a los teólogos les gusta decir.

¿Por qué debemos practicar? Se superan varios obstáculos cuando recordamos lo que debe dirigir nuestro deseo de mejorar. Cuando reflexionamos en lo que es predicar y en cómo funciona, nuestra motivación para practicar se basa en la realidad del evangelio: amamos al Dios del evangelio y nos encanta predicar el evangelio de Dios. No practicamos para tratar de ganar el favor divino ni por ambición egoísta ni porque anhelemos ser el centro de atención. Crecemos como predicadores porque hemos sido llamados por Dios y porque una tarea tan noble como la predicación debería sacar a la luz lo mejor que hay en nosotros.

Los que escriben libros de texto de introducción a la homilética no apelan a Romanos 12:18 para argumentar a favor de la predicación, pero me supongo que siempre hay una primera vez para todo. El apóstol Pablo escribe: «Si es posible, y en cuanto dependa de ustedes, vivan en paz con todos». Noten en especial las dos primeras frases: «Si es posible» y «en cuanto dependa de ustedes».

Seguramente la predicación no «depende» de nosotros, ¿no es así? Por otra parte, tampoco depende en absoluto en nosotros. Dios nos ofrece la predicación como medio de su gracia, un regalo divino por el cual las palabras humanas presentan vez tras vez la Palabra de Dios a su debido tiempo y espacio. En lo que se refiere a los efectos de la predicación —los resultados—, sólo Dios tiene el poder de convertir los corazones de piedra en corazones de carne. Sólo Él le da vida a los huesos secos. Dios depende de nosotros casi tanto como un padre de su hijo recién nacido. Por otra parte, Dios sí «depende» de nosotros si, por esta palabra, damos a entender que nos encomienda un mensaje y un ministerio en el cual somos intermediarios. Cuando los padres le señalan a un adolescente: «Dependo de ti», por lo general quiere decir que creen y confían en él, pero que también esperan que haga su parte en cuanto a las expectativas que tienen de él. Consideremos una vez más la declaración de Pablo. Aunque sólo Dios tiene el poder de producir una paz total y duradera entre la gente y las comunidades, Pablo escribe, de todos modos: «Si es posible, y en cuanto dependa de ustedes». Por razones que sólo Dios conoce, Él concede una sorprendente cantidad de alcance a quienes predican. Expresado de un modo más sencillo: Dios quiere predicar por medio de predicadores. William H. Willimon escribe: «Lo que asombra a los predicadores fieles no es conseguir que se nos ocurran palabras sobre Dios, sino que Dios nos haga disponibles a nosotros esas palabras».⁵ ¡Qué extraño que Dios quiera transformar a predicadores pecadores para ser como reporteros de noticias en la tele para extender el evangelio de Cristo!

Pero ¿acaso se supone realmente que los predicadores tengan que practicar como lo hizo Charlie Parker? Así como en otros ámbitos de nuestras vidas, predicamos mejor cuando practicamos. Si usted quiere saber cuánto importa la práctica para ser competente, sólo tiene que preguntarle a un maestro de inglés de la escuela secundaria, cuánto de lo que han aprendido se les olvida a los alumnos después de graduarse si no lo siguen hablando y avanzando en él idioma. La verdad es que perdemos dominio en *cualquier* actividad en la que no practicamos; nuestra capacidad en esa habilidad se debilita a través del tiempo de un modo muy parecido al músculo que se va debilitando por la falta de ejercicio. La práctica tal vez no nos convierta en predicadores perfectos, pero sí puede hacernos mejores predicadores.

La afirmación central de este libro es que *los predicadores que cultivan hábitos de predicación avivantes, aumentarán su aptitud por medio de la práctica deliberada, crecerán en su compromiso y florecerán en su ministerio homilético.* En los capítulos siguientes, recomendaré cinco prácticas en particular que voy a describir brevemente. No obstante, un libro tan sumamente enfocado en la(s) práctica(s), debe ofrecer unas cuantas advertencias antes de seguir adelante.

En primer lugar, uso la frase «práctica deliberada» de manera intencional ya que así señalo algo diferente a la práctica normal, y también quiero indicarles a los lectores que *no* estoy añadiendo mi voz a la conversación contemporánea sobre las prácticas cristianas en la teología. Según K. Anders Ericsson, uno de los investigadores destacados en la práctica y en los resultados, una persona debe practicar *de cierta manera* con el fin de mejorar. La mayoría de nosotros comete el error de suponer que «alguien que ha conducido por veinte años debe ser mejor que alguien que sólo lo ha hecho por cinco años».⁶ No necesariamente. De acuerdo con Ericsson y su colega Robert Pool: «La investigación ha demostrado que, de forma general, una vez que la persona alcanza un nivel de resultado "aceptable" y el poder hacerlo automáticamente, los años adicionales de "práctica" no resultan en hacerlo mejor. Es muy posible que, el médico, el maestro o el conductor que lleven veinte años dedicándose a lo mismo, lo hagan un poco peor a los que lo hayan estado realizando durante cinco años, y esto se debe a que las capacidades de hacerlo automáticamente se deterioran poco a poco en la ausencia de esfuerzos deliberados para mejorar».⁷

---

5. Willimon, *How Odd of God*, 8-9. Philip Yancey escribe: «En un sobrecogedor acto de abnegación, Dios confió su reputación a personas ordinarias». *Disappointment with God*, 162.

6. Ericsson y Pool, *Peak*, 13.

7. Ericsson y Pool, *Peak*, 13.

Pero, si usted sólo ha predicado dos veces, no significa que no pueda hacerlo, y si lleva veinte años dedicándose a ello, tampoco quiere decir que sea capaz de hacerlo bien. Los predicadores deben practicar de *cierta manera* para mejorar, independientemente de la cantidad de sermones que hayan predicado. «En general, la solución no consiste en "esforzarse más", sino en "intentarlo de un modo diferente"».[8] Para involucrarse en una práctica *deliberada* —declara Ericsson—, uno debe dedicarse a por lo menos cuatro compromisos, cualquiera que sea la tarea por delante: sea conducir, ejercer la medicina, bailar o predicar. Se necesitan metas bien definidas y específicas, una atención enfocada, un sistema consistente de retroalimentación y el deseo de salirse de su propia zona acostumbrada.[9] Este proyecto propone como prioridad estos compromisos, pero lo hace de un modo más tácito, insertándolos en capítulos de libros, discusiones en video, extractos de sermones y actividades de aprendizaje. Lo he estructurado de manera que le ofrezca tantas oportunidades como pueda de «intentarlo de un modo distinto», en vez de «esforzarse más».

En segundo lugar, el enfoque de este libro respecto a la práctica intencional lo sitúa fuera de los acercamientos típicos que se encuentran en las obras de introducción a la predicación. En vez de seguir la fórmula estándar de presentarles a los lectores un enfoque centrado en un método, de solo un autor, monocultural, monolingüe y basado en el texto, se presenta un acercamiento ajustado a la práctica, intencionalmente colaborativo, estratégicamente diverso, conscientemente multilingüe (versiones en inglés y español) y tecnológicamente interactivo. Dado que he organizado los capítulos del libro basado en las prácticas, la organización del material no será la misma que se acostumbra a encontrar en un libro típico sobre la predicación. No he escrito capítulos distintos para tratar con temas como: la lectura de las Escrituras para predicar, en su formato, su género, la estructura, la preparación o la presentación. No cabe duda de que todos estos temas son importantes y deben recibir una atención adecuada cuando uno está aprendiendo a predicar. Ya existen muchos libros excelentes de homilética que siguen el formato típico. Tal vez, algún día, publique otro libro que estructure su contenido según estas categorías. O quizás no. He entretejido algunos de estos temas (no todos) en esta obra, pero también quiero enfatizarle al lector que he adoptado un marco organizacional diferente. Esta estrategia intenta hacer un intercambio entre la enseñanza y las necesidades de aprendizaje que están emergiendo en las diversas aulas de la predicación del siglo XXI, y también presentar el

---

8. Ericsson y Pool, *Peak*, 19.

9. Ericsson y Pool, *Peak*, 15-22. Para obtener más información sobre práctica deliberada, ver también Ericsson, «Influence of Experience», 685-705; Ericsson, *Road to Excellence*.

resultado lógico de las convicciones disposicionales y de las recomendaciones pedagógicas que se exponen en mi primer libro, *Crossover Preaching* (La predicación transicional).[10]

Los estudiantes que lean este libro tendrán oportunidades de aprender sobre cada una de las cinco prácticas que recomiendo, ver y escuchar audios y videoclips de sermones, involucrarse en las contribuciones audiovisuales del equipo de colaboración y aprovechar de las actividades de aprendizaje en cada capítulo, individualmente y en grupos, a través de la página web que acompaña el material: **www.PracticasdelaPredicacionCristiana.com**.

Tercero y último, *lo que* predicamos importa, no sólo *cómo* lo predicamos. San Agustín nos recuerda: «Existe el peligro de que, uno se olvide de lo que tenga que decir mientras esté buscando una manera inteligente para decirlo».[11] Los que predican son llamados a envolverse en la práctica de la predicación *cristiana*. Así como un constructor no puede edificar una casa sin asegurarse de que primero se haya puesto un fundamento sólido, tampoco puede el predicador levantar un ministerio fuerte y perdurable en la predicación sin montarlo de un modo adecuado, por razones propias y con cimientos selectos.

En el capítulo 1, explico por qué debemos predicar sermones cristianos en lugar de los muchos seudoevangelios (evangelios sin fundamento bíblico) que a veces sentimos la tentación de predicar. A continuación, en los capítulos 2-6, recomiendo las cinco prácticas específicas diseñadas para ayudar a los predicadores a cultivar hábitos vivificantes que refuercen la habilidad, aumenten el compromiso y lleve a un crecimiento homilético. Las prácticas que propongo son *la convicción, la contextualización, la claridad, la concreción y la creatividad*. Las cinco empiezan por la misma letra en inglés y en español, y espero que esto ayude a la hora de aprender y recordar. La abreviatura que uso para ellas es «las Cinco C». Estas prácticas no constituyen tanto un método que usted deba dominar, sino más bien hábitos saludables que pueda implementar con el tiempo. En cuanto a su desarrollo como predicador, las prácticas lo invitan a seguir una «mentalidad de crecimiento» frente a una «mentalidad fija».[12] A continuación, un breve resumen de cada práctica.

---

10. Ver Alcántara, *Crossover Preaching*.
11. Libro IV, 11-12 en Augustine, *On Christian Teaching*, 103.
12. La terminología de «mentalidad fija» y «mentalidad de crecimiento» procede de la profesora de psicología de la Universidad de Stanford, Carol S. Dweck y su obra pionera respecto a la teoría de la mentalidad. Dweck escribe: «Durante cuarenta años, mi investigación me ha demostrado que *la opinión que adoptes para ti misma* influye profundamente en tu forma de llevar la vida. [...] Creer que tus cualidades están talladas en piedra —*la mentalidad fija*— crea una urgencia para ponerte a prueba una y otra vez». *Mindset*, 6; (cursivas originales). Por lo contrario, argumenta, la «*mentalidad de crecimiento*» se basa en la creencia de que tus cualidades básicas son cosas que puedes cultivar mediante tus esfuerzos, tus estrategias y la ayuda de

Predique con convicción: Ya que Dios está dispuesto a predicar por medio de predicadores, hay que empezar con una convicción firme dentro y fuera del púlpito. Debemos estar al tanto de la complacencia y la indiferencia en el ministerio y buscar hábitos que vivifiquen y fomenten la salud y eviten el agotamiento homilético.

Predique de forma contextual: Predicamos a un grupo particular de personas en un momento debido en el tiempo. Consideremos lo que es una predicación a la comunidad en la que nos encontramos, aceptemos lo distintivo del lugar al que Dios nos ha llamado, y resistamos los peligros de no acercarnos lo suficiente al contexto social que nos rodea o de enfocarnos demasiado a él.

Predique con claridad: Como afirma el viejo dicho, «una vapor en el púlpito es una neblina en las bancas». Si no somos claros a la hora de expresar lo que pretendemos, de la forma en que queremos hacerlo, ¿cómo podemos esperar que los demás nos entiendan? Se practica la precisión a través de una exégesis concisa, un lenguaje accesible, una idea principal clara y el compromiso a ser breves.

Predique de manera concreta: Muchos de nosotros predicamos mediante generalidades abstractas en lugar de una especificidad concreta. Nuestros sermones se quedan a unos diez mil metros (treinta y tres mil pies) de altura en las montañas y nunca llegan al nivel del mar. Por eso como predicadores, practicamos la concreción al enfocarnos en los detalles específicos del texto bíblico, tomando plena ventajas de ilustraciones y haciendo aplicaciones en nuestros sermones.

Predique de un modo creativo: En el ministerio, los predicadores nos enfrentamos a numerosos obstáculos que sofocan el proceso creativo; algunos son ambientales, otros estructurales y unos que son autoimpuestos. Crecemos en la práctica de la creatividad cuando eliminamos los obstáculos específicos que la estorban y buscamos prácticas que inspiren el pensamiento, el procesamiento y la producción creativos.

Consulte la ilustración I.2 para pensar de un modo visual sobre las Cinco C. Por medio de cada una de éstas, se les anima a los lectores a acceder a las actividades de aprendizaje de nuestra página web acompañante. Algunas de

---

los demás. Aunque las personas difieren en muchísimas maneras —en sus talentos y aptitudes iniciales, sus intereses o temperamentos— todo el mundo puede cambiar y crecer mediante la aplicación y la experiencia». *Mindset*, 7. La forma en que Dweck entiende la «mentalidad de crecimiento» concuerda bien con el enfoque, la estructura y las suposiciones pedagógicas subyacentes expuestas en este libro.

Las prácticas
de la predicación cristiana

Figura I.2. Visión general de las Cinco C

ellas lo invitan a reflexionar por medio de la escritura, otras lo dirigen a las discusiones entre expertos maestros de homilética, e incluso algunas lo conectan con clips de audio y videos de sermones. Estos últimos, junto con las preguntas y las discusiones colaborativas, le ayudarán a cultivar las prácticas que sugiero en este libro. Cada vez que se encuentre con un escritor, un clip multimedia o una perspectiva que le resulte poco familiar o incluso incómodo, resista la urgencia de no continuar o pasarla por alto. Ábrase paso por la inquietud que experimente con el encuentro: ya sea el autor al que yo cito, el predicador al que usted oye o ve, o la perspectiva que escuche de alguien cuyo trasfondo y experiencias de predicación son marcadamente distintas a las de usted. La desorientación puede ser una experiencia positiva si se usa como algo que fomente el aprendizaje y el crecimiento, cuyo resultado es la reorientación. Procure mantener una mente abierta, sobre todo cuando se encuentre con un desvío a su propia experiencia.

La predicación tiene verdaderamente el poder de cambiar las vidas de las personas y, me atrevo a decir cambiar el mundo. Si usted cree que esto es cierto de la predicación, ¿por qué no querría mejorar en ello? Si Dios le ha confiado una tarea tan audaz y dignificante, ¿por qué no querría darle su mejor esfuerzo? Si es posible, en lo que dependa de usted, involúcrese en la práctica deliberada de la predicación cristiana y, tal vez, hasta sus oyentes observen que usted interpreta una música mejor y más clara. El evangelio que predica es digno de las horas que usted invierta en «la leñera» preparándose para predicar.

1

Predique sermones cristianos

La iglesia X tiene un ambiente tan estéril como el de una sala de operaciones quirúrgicas. [...] El sermón —sobre la justicia para nuestros semejantes— es tan escueto que deja fuera cualquier mención de Dios o de Jesucristo, quizás pueda resonar a algo moderno, pero no contiene sentido alguno de la historia. El pastor pide que haya paz y da gracias por la abundancia, pero su discurso podría muy bien haber salido de *Reader's Digest*.

—Mary Karr, *Lit: A Memoir*

Una iglesia que no provoca crisis, un evangelio que no inquieta, una palabra de Dios que no levanta rocha — como decimos vulgarmente — una palabra de Dios que no toca el pecado concreto de la sociedad en que está anunciándose, ¿qué evangelio es ése?

—Óscar Romero, *La violencia del amor*

A unos catorce kilómetros aproximadamente de donde crecí, en Nueva Jersey, un hermoso pueblo colonial llamada Hopewell le da a uno la bienvenida como una cápsula de tiempos pasados que se acaba de descubrir. La fundaron los colonos en 1691; tiene calles curvadas, colinas onduladas, casas clásicas y un centro histórico, que parecen pertenecer a un cuento de hadas y no a la vida real. Al seguir uno hacia el norte, por la calle Broad, la calle histórica principal, se ve un viejo cementerio colonial a su derecha. A su lado se encuentra un edificio regio de ladrillos rojos. El lugar donde se encuentra y su arquitectura sugieren que había sido iglesia. Al

Jared Alcántara

Jared Alcántara

Figuras 1.1 y 1.2. Vistas exteriores de Hopewell Church

aparcar su auto y apearse para observar el lugar, uno encuentra un pequeño letrero blanco junto a la puerta, que informa «Hopewell Old School Baptist Meeting House» (Casa de reunión de la antigua escuela bautista de Hopewell). Resulta que los habitantes se congregaban allí, para adorar. Usted apunta la dirección del lugar a y se va con la determinación de saber más sobre la hermosa iglesia de ladrillos rojos de por la calle Broad. Con ese fin decide empezar una investigación en las librerías locales. También acude a la asistencia de Google, su ayudante de más confianza a la hora de buscar información.

Uno se da cuenta que la iglesia abrió por primera vez sus puertas en 1715, con quince miembros fundadores. Luego, en 1727, establecieron la primera escuela bautista en las colonias dedicada a «la educación de los jóvenes para el ministerio».[1] Para 1747, la congregación había crecido a sesenta y cinco miembros. Varios avivamientos barrieron el noreste durante las siguientes décadas y, en un período de doce meses, en 1764, 123 conversos se añadieron a la creciente congregación. Entre 1775 y 1776 se agregaron 105 más. Un nuevo pastor llegó en 1796, y para cuando terminó su temporada allí, diez años después, había bautizado a 151 personas más. Según todos de lo que se ha escrito, parecía que la gente que adoraban allí vivía como los cristianos de la Gran Comisión. Era como si nada le pudiera resultar mal a la Hopewell Old School Baptist Meeting House. Lo que les sucedió a continuación no ocurrió de la noche a la mañana, sino con el transcurrir del tiempo. No se debió a una decisión en particular.

A principios de la década de 1800, los líderes de la iglesia aceptaron algunas de las últimas enseñanzas doctrinales que, en este caso, eran heterodoxas más

---

1. Griffiths, *History of Baptists in New Jersey*, 72.

que ortodoxas. Perdieron además el entusiasmo para que la gente conociera a Cristo, e ignoraron el mandamiento de hacer discípulos, de ser testigos de Dios en el mundo. Los expertos podrían usar la expresión «desviación de la misión» para describir lo que le sucedió a la iglesia de ladrillos rojos de Hopewell.[2] En 1835, la iglesia se separó de la Conferencia Bautista de Nueva Jersey porque ésta (y otras iglesias) decidió aceptar una falsa enseñanza llamada antinomianismo. Décadas más tarde, en 1904, cuando solo seguían asistiendo unos cuantos creyentes cada domingo por la mañana, Thomas Sharp Griffiths, un historiador bautista, escribió estas palabras en su *History of Baptists in New Jersey* (La historia de los bautistas en Nueva Jersey): «La oración de los bautistas es que la venerable First Hopewell Church regrese de nuevo a su "primer amor" […]. Su glorioso pasado es para ella una vestidura blanca, salvo que sus asociaciones la han ensuciado, y esto oscurece su futuro. Cuando vuelva a incorporar el último encargo de nuestro Señor a sus actividades, nos regocijaremos juntos en su "caminar con Dios"».[3]

No mucho después de que Griffiths hizo estos comentarios, la iglesia celebró su último culto y cerró sus puertas. Hoy, el edificio sirve de monumento histórico y está destinado a fines cívicos. Los líderes locales la abren una vez al año para una ceremonia de la bandera.

Historias como estas nos entristecen como ministros, así como lo debe hacer. Además, nos recuerdan, la facilidad con la que las iglesias se extravían de su camino. Y repito, esto no ocurre de un día para otro, sino a través del tiempo. Una iglesia puede desviarse sin estar en clara oposición al evangelio. Es muy probable que el escritor de Hebreos les advirtió a sus lectores a que no se «desviaran» porque *eran* fieles creyentes y no porque se hubieran alejado de la fe (He. 2:1). Como predicadores, si no tenemos cuidado, también nos desviaremos, no porque estemos nadando contracorriente, sino porque nos estaremos dejando llevar por ella. Cualquiera que haya nadado en un océano, con fuerte corriente, sabe lo fácil que es después de haberse metido mirar a la playa y darse cuenta de que se encuentra a una distancia de entre quince a treinta metros al norte o al sur del punto que entró al agua. Con frecuencia, sin darnos cuenta, perdemos contacto con el evangelio como nuestro punto fijo de referencia y, por ello, descuidamos nuestra responsabilidad de proclamarlo.

En este capítulo consideramos por qué es tan importante predicar sermones *cristianos*. Como lo declaré anteriormente, si nos descuidamos del llamado a predicar de manera cristiana, estaremos pasando por alto nuestra principal tarea como testigos del evangelio. Las Cinco C están atadas a la convicción

---

2. Greer y Horst, *Mission Drift*.
3. Griffiths, *History of Baptists in New Jersey*, 72.

**Las prácticas
de la predicación cristiana**

Figura 1.3. Las Cinco C: Cristiana

básica de que el predicar cristianamente está centrado en todo lo que hacemos. He puesto la palabra «cristiana» en el centro del esquema que lo acompaña con el fin de transmitir que todo lo que hacemos nace de que se predique de manera cristiana.

En primer lugar, se hará una definición y descripción del evangelio que predicamos. A continuación, se explican los seudoevangelios que (a veces) nos sentimos tentados a predicar. Luego, en la sección final, se consideran varias propuestas respecto a nuestro llamado a predicar sermones cristianos.

El evangelio que predicamos

Sin el evangelio, los predicadores son como represas sin agua. No sirven para lo que han sido llamados. Afirmamos que entendemos y plenamente creemos lo que propone el evangelio. Sin embargo, por diversas razones, olvidamos predicarlo. Nuestro problema no es nuevo. Según Emil Brunner: «En cada período de la historia de la Iglesia, su mayor pecado y el único que causa la mayor aflicción es que *no le revela el evangelio al mundo ni a sí misma*».[4] Tal vez si Brunner solo hubiera mencionado el mundo y no la iglesia, esto tendría mayor sentido para nosotros. Pero, ¿qué si tuviera razón? ¿Qué si el mundo no oye una visión conmovedora del evangelio fuera de las paredes de la iglesia, porque no predicamos una versión igualmente conmovedora dentro de sus paredes?

Antes de seguir, tal vez deberíamos hacernos unas preguntas básicas: *¿Qué es el evangelio? ¿Qué lenguaje se debe usar para describirlo? ¿Por qué son*

---

4. Brunner, *Divine Imperative*, 565 (cursivas añadidas).

buenas nuevas? Aunque intentemos proponer respuestas exhaustivas a estas preguntas, sólo podremos hacerlo de forma superficial. Para los fines de este capítulo, se presenta una definición básica del evangelio del que resaltan cinco marcas distintivas que añaden profundidad y estructura a la definición.

Definición del evangelio

Abundan las definiciones breves del evangelio. Gardner C. Taylor lo define así: «Dios ha salido a buscar lo que le pertenece».[5] Observe que Dios es el único que indaga. David James Randolph explica el evangelio de esta manera: «El amor deseable para la vida está disponible en Jesucristo».[6] En esta definición, la vida espiritual y la vitalidad hallan su fuente en Jesucristo. En *Church Dogmatics* (Dogmática eclesial), Karl Barth enfatiza un anuncio cristocéntrico: «Jesucristo, cien por cien Dios y por completo hombre, ha venido como su salvador [del mundo] y volverá de nuevo. Este es el anuncio del reino de Dios. Esto es el evangelio».[7] Aquí, el enfoque está en la obra de Cristo, en sus promesas y en el reino que trae consigo.[8] En el 2017, estuve presente en un simposio homilético donde Thomas G. Long dictó una conferencia sobre la predicación de Jesucristo, donde resumió el mensaje de las buenas nuevas de Jesús de la siguiente manera: «Ya usted no tiene que vivir de la misma manera».[9]

Al definir el evangelio, los cristianos suelen apelar a textos muy conocidos de las Escrituras. A algunos les gusta citar Juan 3:16: «Porque tanto amó Dios al mundo que dio a su Hijo unigénito, para que todo el que cree en él no se pierda, sino que tenga vida eterna». Otros apelan a Romanos 5:8: «Pero Dios demuestra su amor por nosotros en esto: en que cuando todavía éramos

---

5. G. Taylor, «Sweet Torture of Sunday Morning (Interview)», 20.

6. Randolph, *Renewal of Preaching*, 29.

7. Barth, *Church Dogmatics*, III, 4, *Doctrine of Creation*, 506.

8. Michael Reeves escribe:
  Parece que de forma natural, nos atrae todo menos a Jesucristo, y los cristianos casi de la misma manera que cualquiera. Ya sea «la cosmovisión cristiana», «la gracia», «la Biblia» o «el evangelio», como si fueran cosas en sí mismas que pudieran salvarnos. Incluso «la cruz» puede abstraerse de Jesús, como si la madera tuviera algún poder propio. Otras cosas, algunas maravillosas, conceptos vitales, hermosos descubrimientos dejan a Jesucristo fácilmente a un lado. Valiosas nociones teológicas intentadas para describirlo a *Él* y su obra se tratan como cosas de gran valor en su pleno derecho. Jesucristo viene a ser sólo un ladrillo más del muro. Sin embargo, el centro, la piedra angular, la joya de la corona del cristianismo no es una idea, un sistema ni una cosa; ni siquiera «el evangelio» como tal. Es Jesucristo. No es un mero tópico, un tema que podamos elegir en un menú de opciones. Sin Él, nuestro evangelio, nuestro sistema —por llenos que estén de gracia o por mucho que se basen en la Biblia— sencillamente no es cristiano. (*Rejoicing in Christ*, 10)

9. Asistí a la presentación de Long, «The Preaching of Jesus» en el Simposio Nacional de la Predicación, Truett Theological Seminary, Waco, Texas, 11-12 septiembre, 2017.

pecadores, Cristo murió por nosotros». Hay los que resaltan a Cristo como
ofrenda por el pecado en nuestro lugar, y citan 2 Corintios 5:21: «Al que no
cometió pecado alguno, por nosotros Dios lo trató como pecador, para que
en él recibiéramos la justicia de Dios». Otros son atraídos a textos menos
conocidos como 2 Timoteo 2:8: «No dejes de recordar a Jesucristo, descen-
diente de David, levantado de entre los muertos. Éste es mi evangelio». Cada
uno de estos pasajes de las Escrituras, y muchos otros textos muy conocidos,
centran la atención en la persona y en la obra de Jesucristo, tema al que re-
gresaremos en un momento.

  Yo defino el evangelio como *un anuncio y un llamado de Dios por medio
de Jesucristo que nos da la bienvenida a una relación de pacto*. Es un *anuncio*
de la buenas nuevas de que el Dios trino está reconciliando al mundo consigo
a través de Cristo —su vida, su muerte y su resurrección— en vez de echarnos
a la cara nuestros pecados (2 Co. 5:16-21; Col.
1:19-20); y es un *llamado* a los individuos, a los
sistemas y al mundo entero para que reconozcan
y sigan a Jesucristo respondiendo a la gracia de
Dios por medio de la fe (Ro. 1:5; 5:2; Ef. 2:6-9),
y representando la semejanza a Cristo mediante
el amor (Sal. 89:1; Jn. 13:34-35; Ro. 12:10; 13:8;
1 Co. 13:13; Gá. 5:6; 1 P. 2:9-11).

  El evangelio tiene méritos de anunciarse, porque ofrece nueva vida a los que están muertos en
sus transgresiones y pecados (Ef. 2:1-10), libertad a los cautivos (Is. 58:6-7; Lc.
4:18-19), y la promesa de una nueva realidad para un mundo atado a los poderes
de una época que va pasando (Jn. 3:17; Ro. 12:1-2; Ef. 6:12). Por medio de una
reconciliación iniciada por Dios, repara la relación rota entre Dios y la humanidad, es decir que Dios cambia la enemistad por la relación de pacto por medio
de la muerte de Cristo en la cruz, la victoria de la resurrección en la Pascua, y
la promesa de una nueva vida.[10] La enemistad que Dios intercambia por una
relación a nivel vertical también funciona como modelo para la reconciliación
a nivel horizontal y, por medio de la vida de la iglesia, según sea guiada por el

> *Yo defino el evangelio
> como un anuncio y un
> llamado de Dios por
> medio de Jesucristo que
> nos da la bienvenida a
> una relación de pacto.*

10. Al usar el lenguaje de intercambio para definir la reconciliación, estoy en deuda con la
obra del erudito neotestamentario Stanley E. Porter, que ha escrito un extenso estudio sobre
katalásso, término principal (y su cognado) usado para «reconciliar» en el Nuevo Testamento.
Porter argumenta que la reconciliación transmite la idea de intercambio tanto a nivel literal
como figurado. Escribe: «Los escritores griegos parecen haber usado *katalásso* con dos sentidos
principales; el de intercambiar bienes o cosas (aunque *antikatalásso* era utilizado ampliamente
en este tipo de contexto, en especial por los escritores posteriores), y el de eliminar la hostilidad
y crear amistad (es decir, cambiar la enemistad por amistad).» Katallasso *en Ancient Greek
Literature*, 13.

Espíritu Santo. Los que han sido reconciliados con Dios por medio de Cristo se convierten en reconciliadores para Dios en Cristo. Como una comunidad salvada por gracia y basada en la esperanza, la iglesia le proclama al mundo las buenas nuevas de la reconciliación vertical y horizontal (2 Co. 5:18-20). A causa de Cristo, las relaciones caracterizadas por la enemistad y el distanciamiento tienen la capacidad de ser transformadas a otras relaciones caracterizadas por la intimidad y el amor (Jer. 31:31-34). La iglesia funciona como un puesto militar del cielo en la tierra (Fil. 3:20), realiza la visión de Dios para el mundo en el presente e indica una visión futura en la que todas las cosas son hechas nuevas (Is. 40:3-5; 65:17-25; Mt. 5:13-16; 6:9-10; Ap. 21:5).

Además de anunciar las nuevas, el evangelio pide una respuesta. En Cristo, Lesslie Newbigin escribe: «Algo ha alterado toda la situación humana y debe, por lo tanto, poner en duda toda cultura humana».[11] Por medio de Cristo, Dios *saca* a la humanidad *del* pecado, de la muerte y de la destrucción y *la lleva al* arrepentimiento, a la fe y a la transformación. Aunque peleamos y luchamos, nos caemos y fracasamos, podemos seguir porque lo hacemos basados en un evangelio de gracia y misericordia que nos llama a que abandonemos tendencias que nos llevan hacia la autodestrucción. Por su gracia, Dios nos saca de nuestra esclavitud por la culpa del pecado, y nos lleva a la vida en el Espíritu por la justicia (Ro. 8:10-11). Una vida en el Espíritu de los seguidores de Cristo deben parecerle al mundo como una encarnación de la visión de Dios por medio de su carácter, su conducta y sus acciones. Es decir, se parece a una fe realizada en público. Ser hijos de Dios significa que somos partícipes de la misión divina en el mundo y nuestra vida toma una nueva dirección para realizar esa misión divina. Con los que Dios ha tenido un encuentro a través de Cristo, en el Espíritu, no pueden permanecer desconectados o desinteresados a ese encuentro, y vivir como si nada radical hubiera «alterado toda la situación humana», sino que están *obligados* a entrar en la misión, a una nueva forma de vivir ser y actuar en el mundo.

El evangelio no deja lugar a la neutralidad. C. S. Lewis escribe: «El cristianismo es una declaración que, si es falsa, no tiene importancia, y si es verdad, es de infinita importancia. Lo que no puede ser es moderadamente importante».[12] Quienes escuchan la promesa del evangelio responden a su directiva de vivir vidas que reflejen la naturaleza de Cristo, rendidas, al discipulado y dadas a su misión. Ellos (nosotros) creen en un evangelio que los libera de las cadenas

11. Newbigin, *Foolishness to the Greeks*, 3.
12. Lewis, *God in the Dock*, 102. El predicador bautista George W. Truett lo expresa de esta forma: «Debemos colocarnos abiertamente del lado de Cristo, y seguir con una obediencia rápida e inquebrantable, adondequiera que Él dirija. [...] No estar al lado de Cristo es ponerse en su contra». Del sermón «Taking Sides» en *Follow Me*, 184-85.

a lealtades y afectos por una etapa que va desapareciendo; los libera para que formen una nueva alianza, y restauren su afecto por un Dios que ha inaugurado sin duda alguna una época que ha venido, que está aquí y que ha de venir: el reino de los cielos. Los predicadores tienen el privilegio de anunciar las buenas nuevas de que el reino de Dios ha sido establecido y que un día se establecerá en toda su plenitud, y además tienen la solemne responsabilidad de recordarles a todos los que lo oyen: Usted ya no tiene que vivir de la misma manera».[13]

La descripción del evangelio

Ahora que hemos preparado una definición básica del evangelio, consideraremos varias de sus marcas distintivas. Se proponen cinco en particular, que le ofrecen al lector mayor sutileza, estructura y profundidad a la definición. Los predicadores proclaman un evangelio transformador, ofensivo, esperanzador, profético y escatológico (ver fig. 1.4).

UN EVANGELIO TRANSFORMADOR

Predicamos un evangelio transformador. Tiene el poder de cambiar a individuos, familias, amistades, comunidades y hasta naciones. Como predicadores sabemos que este es el caso, porque nosotros también hemos sido dominados de lo que Thomas Chalmers llama «el poder expulsivo de un nuevo afecto».[14]

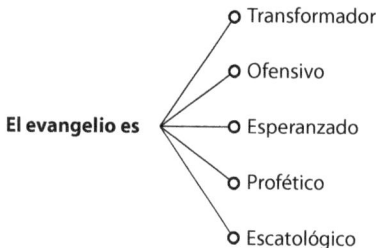

Figura 1.4. Visión general del evangelio

El evangelio es
- Transformador
- Ofensivo
- Esperanzado
- Profético
- Escatológico

Teológicamente, la transformación ocurre por medio de la justificación, la santificación y la glorificación. En su forma más simple, la justificación significa que Cristo —por medio de su vida, su muerte y su resurrección— ha revertido nuestro veredicto de «culpable» a «inocente» ante Dios, al declararnos justos. La santificación significa que empieza un crecimiento constante en ser semejante a Cristo a través del tiempo. La glorificación representa la consumación de nuestra salvación, cuando nuestros cuerpos terrenales sean resucitados.

Prácticamente, la transformación sucede cuando los discípulos aprenden de Jesucristo y siguen su camino, aunque el hacerlo los lleve en una dirección a la que no preferirían seguir (Jn. 21:18). Jesucristo invitó a Pedro con un

13. No es casualidad que Jesús y Pablo «anuncian[ban] las buenas nuevas del reino» (Mt. 4:23; véase también Mt. 9:35; Lc. 4:43; 8:1; 9:2, 6; Hch. 29:27). Como predicadores anunciamos lo que ellos proclamaron, es decir, las buenas nuevas del reino que rompió brecha por medio de Cristo.
14. Chalmers, *Sermons and Discourses*, 2:271-78.

«sígueme» al principio de su jornada en el discipulado (Mr. 1:17) y, al final, también le dirigió las mismas palabras (Jn. 21:22). Ser discípulo es escuchar y poner atención al llamado de Dios, cuando nos dice «sígueme», no sólo la primera vez que nos dirige tal llamado. Poco a poco, uno va dejando el egocentrismo y el aislamiento siendo transformado y asistir en la transformación de otros. Seguir conforme al camino de Jesucristo es acompañarlo adondequiera que Él desee llevarnos, aunque esto signifique cargar «la deshonra que él llevó» (He. 13:13). El teólogo japonés Kosuke Koyama escribe: «Las fronteras más lejanas son el lugar del discipulado. Si seguimos a Jesucristo, Él nos acompañará hasta esos fines. Estar allí es donde se encuentra la cruz. Es donde se nos pide salvar a otros y no a nosotros mismos».[15]

Un evangelio ofensivo

Predicamos un evangelio ofensivo. Tal vez conozca usted la tira cómica del *New Yorker* donde se ve un matrimonio rico que sale de la iglesia. Después de intercambiar saludos con el predicador del domingo por la mañana, al salir, envuelta en su abrigo de pieles y cubierta de joyas, la esposa le comenta a su marido, que lleva un sombrero de copa: «No puede ser fácil para él no ofendernos».[16] En realidad, no hay manera de evitar las dimensiones molestas del evangelio. Según 1 Corintios 1:23, al predicar a Cristo crucificado proclamamos un mensaje que es «motivo de tropiezo para los judíos y es locura para los gentiles». Los que tomen en serio este mensaje lucharán tanto con su llamado divino como con sus implicaciones reales. El evangelio escandaliza nuestra capacidad emocional al exponer nuestros ídolos, cuestionar nuestras prioridades y poner en duda nuestras alianzas. Por encima de todo, nos confronta con nuestro pecado y nuestra rebeldía, la causa primordial de nuestra persistente idolatría, de nuestros deseos inapropiados y de nuestras falsas lealtades.

Peter J. Gomes argumenta que entender el pecado es fundamental para entender a la humanidad caída. Lo describe como «un hecho fundamental de quién somos, es parte, se puede decir, de nuestro ADN esencial [...]. Hay algo con respecto a ser humano que, a pesar de nuestros mayores esfuerzos, nos facilita el persistir en el pecado; de este hecho persistente es del que las escrituras judías y cristianas dan testimonio».[17] El pecado no sólo corrompe la vida del individuo y de las comunidades; también impregna sistemas y

15. Koyama, *Mount Fuji and Mount Sinai*, 251-52.
16. Caricatura de *New Yorker* citada en Gomes, *Scandalous Gospel of Jesus*, 18-19.
17. Gomes, *Scandalous Gospel of Jesus*, 131. Barth ofrece una descripción de lo que es el pecado y lo que hace, el pecado cuando escribe: «En todas sus formas, el pecado es el trato pervertido del hombre frente a una inalterable bondad y justa misericordia de Dios dirigida hacia él en Jesucristo. Es su repudio y su rechazo, su malentendimiento y su abuso. Es la enemistad

estructuras (Ef. 6:12). Tal vez más que cualquier otra doctrina, la doctrina del pecado tiene el peso completo de la prueba empírica sustantiva que respalda su naturaleza; forma parte de nuestro «ADN esencial» como criaturas caídas al vivir de este lado de la eternidad.

El evangelio ofende porque nos obliga a decir la verdad sobre el quebranto que existe en el mundo y en nosotros mismos, que de ello no sólo lo sufre la gente, sino también nosotros por dentro. Aunque preferiríamos *no* decirnos la verdad sobre nosotros mismos, no nos vamos a conocer, por completo, ni nuestra requerida necesidad de la gracia de Dios si es que no vemos quién somos por medio de la declaración de la verdad. El pecado nos impide vernos y también nos niega el querer hacerlo. En un sentido, el evangelio nos ofende porque no queremos ofendernos a nosotros mismos.

UN EVANGELIO DE ESPERANZA

Predicamos un evangelio que ofrece esperanza. En Cristo, Dios actúa cuando su amor supera el pecado, la adopción sobre el rechazo, la reconciliación sobre la enemistad. El salmista declara que Dios es «clemente y compasivo, lento para la ira y grande en amor» (Sal. 103:8); Dios no «nos trata conforme a nuestros pecados» ni los tiene en cuenta (Sal. 103:10). Dios efectúa nuestra liberación por medio de una persona —Jesucristo—, Aquel cuya muerte nos libera de la muerte, y cuya resurrección nos libera por el resto de la vida con tanta fuerza y significado que podemos declarar: «¡Muerte, tú morirás!»[18]

La esperanza resuena en una cruz y una tumba vacías. La disposición de Jesucristo a ser crucificado da testimonio de la voluntad de Dios de sufrir por la humanidad como marca suprema del amor entregado. Como se predice en Isaías 53, el Mesías viene al mundo «despreciado y rechazado por los hombres, varón de dolores, hecho para el sufrimiento» (Is. 53:3; cp. también Jn. 1:10-11). Dios entra en el sufrimiento humano al ofrecerse a sufrir el mismo (Fil. 2:9-11).

Dietrich Bonhoeffer entendió que la renuncia voluntaria de Dios a sus propios derechos y con ello formó una solidaridad intencional con un mundo quebrantado, traspasó la oscuridad de la humanidad con una luz resplandeciente que no podía extinguirse. Por eso, Bonhoeffer escribió estas palabras en la pared de su celda, poco antes de su propia ejecución, a manos de los soldados nazis: «Sólo un Dios sufriente puede ayudar».[19]

---

directa o indirecta contra la promesa de Dios que, como tal, también es su exigencia». *Church Dogmatics*, IV, 3.1, *Doctrine of Reconciliation*, 369-70.

18. Del soneto «Death, Be Not Proud» en Donne y Carey, *Selected Poetry*, 202.

19. Bonhoeffer, *Letters and Papers from Prison*, 361. Bonhoeffer escribió estas palabras en la pared de su celda, en el mismo campo de concentración de Alemania donde acabó ejecutado por los soldados nazis, por oponerse a Hitler.

La disposición de Dios a entrar en la difícil situación de la humanidad e identificarse con ella a través de la cruz muestra el supremo y permanente compromiso divino de librarla de la desesperación y atraerla a regresar a la relación de pacto (Os. 2:14-15). A pesar de ello, los cristianos creen que la cruz no representa la escena final de una historia mucho más amplia. La Pascua muestra el triunfo de Dios sobre la muerte, la destrucción y la maldad (1 Jn. 3:8). La esperanza de la resurrección brota de la vindicación divina sobre la muerte, tanto ahora como en el futuro. En la resurrección, Dios proclama que ni siquiera la muerte puede derrotar los propósitos divinos para el mundo. Lo que Dios ha logrado en la Pascua nos presenta de antemano lo que se realizará en el adviento de los nuevos cielos y la nueva tierra.

Un evangelio profético

Predicamos un evangelio profético.[20] Los profetas del Antiguo Testamento anunciaron esperanza por medio de las promesas de Dios, pero también contaron la verdad sobre las realidades del mundo. El contar la verdad tomó varias formas: advertir a la nación sobre el juicio divino por su desobediencia; lamentar la injusticia en la tierra; permanecer en solidaridad con los oprimidos de la sociedad; y hablar claramente en contra de la autocomplacencia y la indiferencia. Los predicadores cristianos no tienen la misma vocación que los profetas del Antiguo Testamento, pero tenemos la misma responsabilidad que ellos, contar la verdad como ellos y, de hecho, como también lo hizo Jesucristo.

Los predicadores se ocupan tanto en la denuncia profética como en la reimaginación profética. La denuncia profética puede compararse a la dolorosa tarea de exorcizar una enfermedad. Cathleen Kaveny propone que la denuncia profética funciona como una forma de «quimioterapia moral», una forma por la cual se trata con lo que dañino en la sociedad para su mayor bien de la salud y la sanidad.[21] La reimaginación profética puede compararse a la

---

20. Para saber más sobre la predicación del evangelio profético, véase Tisdale, *Prophetic Preaching*.

21. Kaveny escribe:

El lenguaje profético es, por su naturaleza misma, una forma extraordinaria del discurso moral; su propósito no consiste en reemplazar su cuidadosa consideración moral, sino volverlo a un estado saludable, a la salud. Acabo de sugerir que consideremos el lenguaje de la denunciación profética como un tipo de quimioterapia moral. Se enfoca en a las suposiciones moralmente cancerosas o a las perspectivas que ponen en peligro la posibilidad de un razonamiento práctico fiable dentro de una comunidad en particular, en un momento debido. Como la quimioterapia, el lenguaje profético de la denunciación es básicamente destructivo, pero está al servicio de un propósito, en su última instancia, constructivo; el objetivo del lenguaje profético es el restablecimiento de un contexto

reestructuración que se encuentra en la psicoterapia como senda a la sanidad.[22] Un predicador presenta una historia futura que plantea algo diferente a lo del presente, viendo su realidad a través de las promesas que Dios nos ha hecho a nosotros y al mundo en el que vivimos, a través de su historia divina.

Nuestra predicación podría esforzarse en decir la verdad sobre los individuos y su alejamiento de Dios. Podría hacerlo respecto al quebranto que existe en los matrimonios y las familias. Podría aun contar la verdad tocante a la pecaminosidad en la iglesia o en la comunidad en general. Sin embargo, ¿revela nuestra predicación la verdad sobre las realidades del mundo? ¿Las denuncia y la reimagina?[23]

Consulte www .PracticasdelaPredica cionCristiana.com para escuchar lo que afirma el predicador William Augustus Jones sobre el predicador moderno como sacerdote y profeta.

Vivimos en un mundo quebrantado por la violencia, la pobreza, el prejuicio y las guerras. El evangelio habla de estas y muchas otras realidades también. Trata con los problemas de la justicia como la desigualdad, la pobreza sistémica, la institucionalización del racismo, el encarcelamiento de las masas y las familias emigrantes separadas o los obreros emigrantes invisibles. Ser un predicador profético no significa estar enojado. Un predicador que *siempre* está enfadado ha perdido de vista el evangelio como buenas nuevas. Hay que ser, sencillamente, un predicador que diga la verdad de cómo son realmente las cosas en Jesucristo. Cada predicador es llamado a ser profético.

Un evangelio escatológico

Predicamos un evangelio escatológico. Por «escatológico» me refiero a que el reino de Dios ya ha hecho su entrada al presente y un día lo que proclama ahora se cumplirán. Aunque prediquemos sobre la fidelidad de Dios en el pasado e invitemos a la gente a confiar en Él en el presente, los predicadores también imaginan el *futuro* que Dios nos ha prometido a nosotros y al mundo. Cuando los cristianos piensan en el futuro, muchos de ellos piensan en la vida eterna con Dios. Por buenas razones, confían en las promesas como las que se encuentran en Juan 5:24, cuando Jesús declaró: «Ciertamente les aseguro que el que oye mi palabra y cree al que me envió tiene vida eterna y no será

---

político saludable para que funcione esa consideración cuidadosamente hacia la moralidad y el hacer decisiones morales. decisión moral. (*Prophecy without Contempt*, 315-16)

22. Brueggemann afirma que el predicador le ofrece a la gente «otro guión de la realidad». *Practice of Prophetic Imagination*, 29.

23. Sobre «el aspecto profético de la predicación», Pablo Jiménez escribe: «La persona que predica no solo está llamada a identificar la acción de Dios en la historia, sino también a desenmascarar a las fuerzas del mal que destruyen a la humanidad. En este sentido, la predicación es denuncia y desafío: denuncia del pecado y del sufrimiento, y desafío a luchar por la reconciliación y la libertad.» *Principios de predicación*, 41.

juzgado, sino que ha pasado de la muerte a la vida» (cp. también Jn. 3:16; 6:40, 47, 68; 10:28-30). Sin embargo, el futuro divino se extiende mucho más allá de su relevancia para nosotros como individuos. Dios inicia un futuro escatológico en Cristo y a través de Él, y promete un porvenir escatológico para el mundo; es decir, un nuevo cielo y una nueva tierra donde «ya no habrá muerte, ni llanto, ni lamento ni dolor, porque las primeras cosas han dejado de existir» (Ap. 21:4).

La iglesia proclama y realiza el futuro de Dios en el presente. Anuncia lo que Jesucristo ha logrado en la cruz, su resurrección y el escatón (presentado, pero todavía no totalmente cumplido), y representa la voluntad y los caminos de Dios *ante* el mundo que la rodea, al anunciar una visión divina *para* el mundo. Funciona a modo de un vistazo previo divino, si usted quiere, ofreciendo un anticipo al público de cómo es la vida eterna con Dios.

Las cinco palabras que hemos estudiado —transformador, ofensivo, de esperanza, profético y escatológico— describen diversas marcas del evangelio con el fin de proveer una estructura informativa y profundidad para nuestra definición del evangelio. Aunque se *podría* añadir mucho más sobre el evangelio de lo que permiten el tiempo y el espacio, estos cinco términos nos ayudan a apreciar su compleja simplicidad, cosa que una definición aislada no podría. Además, nos permiten distinguir entre el evangelio que *deberíamos* predicar frente a los seudoevangelios que algunas veces nos vemos tentados a proclamar.

Los seudoevangelios que (en ocasiones) nos vemos tentados a predicar

En mis clases, a veces les recuerdo a los estudiantes: «El combustible del evangelio hace caminar el auto de la obediencia». Esta idea viene de la convicción de que los predicadores no deberían pedirles a sus oyentes a que vayan adonde ellos quieran ir sin darles primero el combustible para llegar a ese destino. Resulta, asimismo, de la creencia de que predicamos el texto para proclamar el evangelio. Por lo general, digo la frase cuando oigo un sermón que suena demasiado moralista o legalista; el estudiante predicador insiste en una buena conducta de sus oyentes sin primero sentar el fundamento que la apoye, o les enfatiza el seguir las normas externas motivados por la culpa y no por una transformación de adentro hacia afuera, en vez de ser motivados por la gratitud.

También podemos usar la misma escena imaginada para exponer un concepto diferente aunque relacionado. Tenemos una idea de lo que sucede cuando no le echamos combustible al tanque de un auto. Pero ¿qué sucede cuando le echamos un combustible *equivocado*? En el mejor de los casos, el daño es menor y, en el peor, le causamos un daño mayor al motor. Un vehículo sin combustible no es útil para nada. Un vehículo con un combustible equivocado presenta peligros. Si no ponemos cuidado al predicar le haremos daño a la gente aunque no sea nuestra intención.

¿Qué seudoevangelios predicamos? Aunque son muchos, déjenme presentarles cinco que aparecen con bastante frecuencia como para formar un patrón en las clases de predicación y en muchas predicaciones populares actuales.[24] Quizás usted pueda identificar a los cinco basándose en las predicaciónes que ha oído de otros. Considere en cuál de los cinco corre usted el más riesgo en sus propias predicaciones.

El evangelio del deísmo terapéutico moralista

Según el seudoevangelio del deísmo terapéutico moralista, el cristianismo consiste en tres creencias principales: el ser una buena persona nos reconcilia con Dios (moralista); la principal tarea de Dios es hacernos felices y ayudarnos a sentirnos bien con nosotros mismos (terapéutico); y allá arriba en algún lugar, hay *un* Dios al que podemos acudir en una crisis (deísmo), una creencia que está opuesta al Dios trino —Padre, Hijo y Espíritu Santo— quien nos llama al discipulado. Yo tomo prestada la frase «deísmo terapéutico moralista» del célebre sociólogo Christian Smith y su colega y investigadora Melissa Lindquist Denton. En 2005, Smith y Denton publicaron sus hallazgos a partir de los millares de entrevistas y encuestas que ellos (y otros) llograron con el National Survey of Youth and Religion (Servicio Nacional de Juventud y Religión). En *Soul Searching: The Religious and Spiritual Lives of American Teenagers* (Un rastreo del alma: La vida religiosa y espiritual de los jóvenes norteamericanos), describen el principal hallazgo de sus investigaciones:

> Aquí podemos afirmar que hemos llegado a creer, con cierta confianza, que una parte significativa del cristianismo en los Estados Unidos no es, en realidad, más que de poco fundamento cristiano, en ningún sentido cualquiera está seriamente relacionado con la tradición cristiana histórica actual, sino que más bien se ha transformado, de forma significativa, en un primo ilegítimo [...] *el deísmo terapéutico moralista cristiano* [...]. No se trata tanto de que el cristianismo de los EE. UU. se esté secularizando. Más bien se está degenerando de forma sutil y se está convirtiendo en una patética versión de sí mismo o, de manera

---

24. Ross Douthat, columnista de religión para el *New York Times*, describe lo común que se oyen los seudoevangelios en el contexto de los EE. UU., cuando escribe: «El problema de los Estados Unidos no es que la religión sea demasiada o muy poca. Es la *mala* religión: el derrumbamiento en cámara lenta del cristianismo tradicional y el surgimiento de toda una variedad de seudocristiandades en su lugar». *Bad Religion*, 3 (cursivas originales).

más significante, está siendo activamente colonizado y desplazado por una fe religiosa bastante diferente.[25]

En *Almost Christian* (Casi cristiana), Kenda Creasy Dean explica una idea similar cuando describe la entrevista a un número bastante grande de adolescentes que se autodefinían como cristianos, que procedían de hogares cristianos y que adoraban en congregaciones cristianas, «aunque no poseían un vocabulario de fe que fácilmente podía acceder, tenían pocas prácticas de fe reconocibles y escasa capacidad de reflexionar en sus vidas de forma religiosa».[26] En su visión del mundo, Dean escribe: «Dios es más objeto que sujeto, una idea pero no un compañero».[27]

Por temor a que nos adelantemos a juzgar a la siguiente generación, el problema es más profundo de lo que unas explicaciones sencillas e insignificantes se permitirían. ¿Dónde es que escuchan los adolescentes el seudoevangelio del deísmo terapéutico moralista? ¿Dónde aprenden sobre un Dios que quiere que sean amables, que se sientan bien y que crean en un poder superior? La investigación revela que aprenden principalmente de aquéllos que los dirigen y los orientan espiritualmente, es decir, de los padres y de los líderes cristianos. Smith y Denton explican que los hallazgos de sus investigaciones son, en menor medida, una acusación para los adolescentes y, a mayor escala, una a los padres y a las congregaciones locales que los moldean espiritualmente. Dean observa que, al transmitir la fe, el problema *no* es que la generación mayor «les enseñe mal a los jóvenes», sino que hace un «trabajo demasiado bueno sobre lo que creemos de verdad: o sea, que el cristianismo no es de gran valor, que Dios exige poco y que la iglesia es una institución social útil llena de buenas personas centradas principalmente en "gente como nosotros"».[28] Tomando prestada una metáfora a Jesús: «el árbol malo da frutos malos» (Mt. 7:17 RVR1960).

La frase clave de Smith y Denton, el deísmo terapéutico moralista, nos hace tomar una pausa que nos ayuda a cuestionar nuestras tendencias naturales a predicar. La mayoría de los que contestaron a las encuestas creía que «lo fundamental para llevar una vida buena y feliz era ser una persona buena y moral. Esto significa ser amable, bondadoso, agradable, respetuoso, responsable, esforzarse en la autosuperación, cuidar la salud propia y hacer lo máximo para lograr el éxito».[29] Aunque ser una buena persona no es inherentemente malo y suele enriquecer en vez de disminuir la calidad de la vida y la sociedad, muchos de

---

25. C. Smith, con Denton, *Soul Searching*, 171 (cursivas añadidas).
26. Dean, *Almost Christian*, 16.
27. Dean, *Almost Christian*, 11.
28. Dean, *Almost Christian*, 12.
29. C. Smith, con Denton, *Soul Searching*, 163.

los encuestados atribuyeron a la amabilidad un lugar tan central en su fe que otras doctrinas principales disminuían o aun se desaparecían. La amabilidad era el medio primordial para agradar a Dios y para ir al cielo después de morir, y se convirtió en uno de los términos que más resumía la esencia de la fe propia.

Como predicadores, ¿le hablamos a la gente de un Dios que quiere que seamos amables los unos con los otros? En ocasiones, aunque no lo pretendamos, ¿les indicamos que el hacer esto, eso, y aquello los hace lograr el favor de Dios y los ayuda a ir al cielo? Mientras que el mundo podría beneficiarse de más cristianos amables, sobre todo en los medios sociales de comunicación, Jesucristo no vino a este mundo principalmente para hacernos amables. Uno no necesita a Dios para ser agradable. El evangelio no es una clase avanzada de modales ni una visión para recibir su justicia divina basada en obras. Lewis observa: «Un mundo de buenas personas, satisfechas con su propia bondad, sin buscar más a fondo, dándole la espalda a Dios, estaría tan desesperadamente necesitado de salvación como un mundo miserable [...] e incluso podría ser aun más difícil de salvar».[30]

En cuanto a que la fe sea terapéutica, muchos de los encuestados pensaban en la religión en términos positivos, porque «ayuda a conseguir la meta principal de la vida: sentirse bien y feliz con uno mismo y con la vida propia». En vez de responder dentro de categorías más tradicionales —como el arrepentimiento del pecado, la gratitud por la gracia divina, la resistencia al sufrimiento o la participación en misiónes—, usaban términos como «sentirse bien, feliz, seguro, en paz».[31] Para ellos, Dios funciona como medio de lograr el bienestar individual y su relación con otros. El vivir bajo esa perspectiva nos lleva a la separación y al aislamiento de las necesidades de los demás y del mundo. Así, la gente no tiene por qué exponerse a nada que los desagrade o los incomode. Si la meta principal es lograr la felicidad, un predicador no puede hablar mucho del pecado, ofrecer una palabra profética, ni hacer casi nada que incomode a la gente.

Finalmente, muchos encuestados creían en un Dios real, que creó el universo y que está disponible durante los períodos de crisis, pero a quien no le interesa involucrarse en la vida cotidianos de la existencia. No creían en un Dios que «personalmente se involucrado en los asuntos de uno, sobre todo en las cuestiones en las que uno preferiría que Él se quedara a una distancia. La mayoría de la veces el Dios de los de esta fe lo mantiene una distancia suficientemente aparte».[32] Un Dios así no exige, en realidad, ni espera nada de

---

30. Lewis, *Mero cristianismo*, 223.
31. C. Smith, con Denton, *Soul Searching*, 164.
32. C. Smith, con Denton, *Soul Searching*, 164.

nosotros, sino que sigue estando disponible en momentos de desesperación. Describiendo este fenómeno, Smith y Denton escriben: «En resumen, Dios es como la combinación de un mayordomo divino y un terapeuta cósmico: siempre está de guardia, se ocupa de cualquier problema que surja, porque su tarea consiste en resolver nuestros problemas y hacernos sentir bien».[33] Dean compara esta distorsión del cristianismo con abrir una cuenta bancaria antes de partir para la universidad. La fe cristiana es «algo de beneficio [...], algo que quieres antes de irte a la universidad por si acaso necesitas sacar algo de ella después».[34] La fe que funciona de esta manera tiene poco o nada que ver en la forma en que uno vive en el presente. Además, la cuenta disminuye durante los períodos de crisis, porque está demasiado agotada y en descubierto. Lo más importante es que este escenario no esta nada parecido a la visión que Jesucristo presenta de una vida con Dios. Hay que hacernos la pregunta, ¿Invitan nuestras predicaciones a los oyentes a que pongan a Dios a la distancia en vez de que tome un puesto central en sus vidas, para que Dios sea una especie de reserva divina en caso de emergencia? ¿Aplacan o apaciguan nuestros sermones a nuestros oyentes, o los desafían y les produce una convicción?

Una vez más, muchos de nosotros no nos damos cuenta de que corremos el peligro de predicar «al primo ilegítimo del cristianismo».[35] El mundo podría usar a más cristianos amables de los que hay ahora. Pero, la proclamación del verdadero evangelio exige algo más, el mantener un compromiso permanente con decir la verdad y cuestionar a fondo las categorías que Smith y Denton mencionan en su estudio.

El evangelio vestido de bandera o de estandarte

En el seudoevangelio que viste el evangelio con bandera o de estandarte el mensaje cristiano se asocia de un modo demasiado cerca con nuestra ideología nacional o política. Al hacer esta afirmación *no* pretendo sugerir que los cristianos no deben participar en la política, o de no votar según sus conciencias, que no deben mantener posturas que ellos creen que son consistentes con la ética cristiana o dejar la práctica de la desobediencia civil frente a leyes injustas.[36] Dios no sólo espera que oremos por nuestros líderes,

33. C. Smith, con Denton, *Soul Searching*, 165.
34. Dean, *Almost Christian*, 15.
35. C. Smith, con Denton, *Soul Searching*, 171.
36. En *Church Dogmatics*, Karl Barth afirma que las iglesias que eligen permanecer neutrales frente a la injusticia están aceptando una versión destilada, aguada, del evangelio de Cristo. Escribe: «Un evangelio con límites temporales de cuándo es relevante, que es neutral y evita los acontecimientos contemporáneos, seguramente no es el evangelio puro, y si su testimonio está

sino que también practiquemos la responsabilidad cívica, que busquemos la justicia y llamemos a cuentas los líderes y los sistemas gubernamentales. Los cristianos en todos los lugares son llamados a ser agentes del mensaje y del ministerio de la reconciliación en todos los ámbitos, incluyendo la política. Como lo expresa C. René Padilla: «La misión sólo le hace justicia a las enseñanza bíblica y a la situación concreta cuando es *integral*. En otras palabras, cuando es un cruce de fronteras [...] con el propósito de transformar la vida humana en todas sus dimensiones».[37]

En su lugar, déjenme proponer que los predicadores pierdan su voz profética cuando combinan el mensaje del evangelio con el excepcionalismo nacional, la plataforma de un partido o un candidato político en particular. Le dan a la gente una falsa esperanza de que todo irá bien mientras una nación, un gobierno o una persona en particular esté en el poder. No mucho ha cambiado desde que el pueblo de Dios le rogó al profeta Samuel: «Danos un rey que nos gobierne, como lo tienen todas las naciones» (1 S. 8:5). Después de que el siervo de Dios les indicó que este comportamiento equivalía a rechazar a Dios como rey, ellos redoblaron su petición: «Queremos un rey que nos gobierne. Así seremos como las otras naciones, con un rey que nos gobierne y que marche al frente de nosotros cuando vayamos a la guerra» (1 S. 8:19-20). Inserte el nombre de su país, su partido político o su político favorito en lugar de la palabra «rey», y observará algunos paralelos sorprendentes.

Hay mucho más en juego de lo que pensamos. Como observa Gardner C. Taylor, «Cuando hay conspiración entre la religión y los gobiernos corruptos, Jesucristo es crucificado de nuevo».[38] Si los predicadores recurren a críticas nacionalistas peligrosas (esto no debe confundirse con el orgullo nacional, el patriotismo o la buena ciudadanía), no sólo pierden su credibilidad, sino también su capacidad de levantarse en oposición al poder cuando se comporta injustamente. Considere esto: si el profeta Natán hubiera disfrutado cada noche del vino real en la casa del rey David, no habría llegado el momento

---

diseñado para ser evangélico en un sentido abstracto no solo no es profético, sino que en realidad es falsa profecía. Porque si cualquier cosa es profecía falsa, es entonces la proclamación de una comunidad que, por sentidos de seguridad, intenta retraerse a una línea interna y dedicarse a la neutralidad». *Church Dogmatics*, III, 4, *Doctrine of Creation*, 512.

37. Esta es la traducción de la cita en su contexto: «La misión solo hace justicia a la enseñanza bíblica y a la situación concreta cuando es *integral*. En otras palabras, cuando es un *cruce de fronteras* (no solo geográficas, sino culturales, raciales, económicas, sociales, políticas, etc.) *con el propósito de transformar la vida humana en todas sus dimensiones, según los propósitos de Dios, y de empoderar a hombres y mujeres para que disfruten la vida plena que Dios ha hecho posible por medio de Jesucristo en el poder del Espíritu»*. Padilla, «Hacia una definición de la misión integral», 31 (cursivas originales).

38. Recuerdo personal de Reginald High, amigo personal de Taylor en los últimos años de su vida. Correspondencia por correo electrónico, 16 de marzo de 2012.

jamás de acusarle: «¡Tú eres ese hombre!» (2 S. 12:7). Si Juan el Bautista hubiera saboreado cada noche la comida real en el palacio del Rey Herodes, nunca habría podido plantarle a la cara su corrupción (Mr. 6:14-29).

Si somos sinceros, hay que concluir que una grande parte de nuestros valores nacionales y políticos no se alinean muy bien con los del reino de Dios.[39] Gregory A. Boyd recomienda que les mostremos respeto a las naciones y los gobiernos, pero que también «practiquemos una amplia desconfianza» hacia ellos. Escribe:

> Jamás podemos suponer que una nación en particular —incluida la nuestra— esté siempre, o incluso por lo general, alineada con Dios. Podemos estar agradecidos cada vez que nuestro gobierno blanda la espada de forma justa y castigue a los malhechores. Pero también debemos recordar siempre que los principados y los poderes caídos (Ef. 2:2; 6:12) influyen con firmeza a nuestro gobierno, y a todo gobierno por relativamente bueno que de otro modo pudiera ser.
>
> Aceptar esta enseñanza significa que, aunque los creyentes deberían luchar por ser buenos ciudadanos, orar y esforzarse por la paz y la justicia, siempre deben practicar una sospecha sana hacia el gobierno «en el poder», que empuña la espada, y al que están sujetos.[40]

Casi cada ciclo electoral reafirma la realidad de que muchos de nosotros seguimos queriendo un «rey», alguien que «nos gobierne y que marche al frente de nosotros cuando vayamos a la guerra». Algunos de nosotros nos vamos a tal extremo, que tratamos a nuestros líderes como figuras mesiánicas: personas que nos salvan y nos liberan del mundo real que queremos rechazar, para que podamos prosperar en el mundo imaginario que prometen traernos. Cuando se les deja sin control y sin un examen riguroso, una esperanza mal puesta en *cualquier* líder humano, partido, gobierno o nación nos transforma en idólatras.

El evangelio de la prosperidad

Según el seudoevangelio de la prosperidad, la vida con Jesús significa sanidad, riqueza y prosperidad para quienes lo siguen. Algunos lo llaman el evangelio de

---

39. Richard T. Hughes escribe: «Según la Biblia, el reino de Dios y las naciones de la tierra incluyen valores radicalmente diferentes y reflejan esos valores y sus órdenes radicalmente diferentes a la realidad [...]. El reino de Dios es universal y quienes fomentan ese reino se preocupan profundamente por cada ser humano en cada rincón del mundo, independientemente de su raza o nacionalidad. Sin embargo, las naciones terrenales —incluso las supuestas naciones "cristianas"— aceptan valores inevitablemente nacionalistas y tribales, y se interesan de manera especial por el bienestar de los que están dentro de sus fronteras». *Christian America*, 3.

40. Boyd, *Myth of a Christian Nation*, 22.

la prosperidad o la teología del «decláralo y reclámalo»: solo hay que nombrar lo que cree usted que Dios quiere que usted tenga y reclamarlo por anticipado. La investigadora de la teología de la prosperidad, Kate Bowler, observa que este evangelio también es primo cercano a la mitología del sueño norteamericano, una especie de versión bautizada de éste.[41] Los predicadores de la prosperidad proclaman que Dios quiere que los creyentes sean lo más saludables, ricos y exitosos posible. La enfermedad significa una falta de fe en que Dios sea capaz de sanarlo y, a veces, se interpreta como una señal de su juicio divino. La pobreza quiere decir que uno no ha orado usted lo suficiente para que Dios transforme su limitación económica en bendición. El fracaso indica que uno no puede tomar posesión del éxito y la unción que ya le pertenecen en Jesucristo.

El sociólogo de Harvard Jonathan L. Walton argumenta que la teología de la prosperidad se apoya en dos suposiciones antropológicas principales: primero, que cada persona tiene la capacidad de tener buena salud y ser rica a través de la fe, y segundo, que cada persona tiene el potencial integrado de alcanzar un plano superior de existencia mental por medio de Cristo. En el primer caso, los aumentos de fe mediante el pensamiento positivo resultan en un aumento de salud y riqueza, ya que ambas cosas son «directamente proporcionales». Los cuerpos saludables y las riquezas materiales no son tan sólo los «frutos de una vida superior, sino también sinónimos de ella». Los que permanecen «encerrados en el sistema mundial de la pobreza y la enfermedad» no han entendido por completo su identidad cristiana ni han vivido de acuerdo con ella: la enfermedad y la pobreza son señales de poca fe.[42] En el caso de lo segundo, la teología de la prosperidad respalda la creencia de que las personas poseen un nivel de autoridad y poder parecido al de Dios, por medio del pensamiento y de la creencia, que les permite interrumpir y hasta quebrantar las leyes de la naturaleza.

Aun a riesgo de presentar una simplificación exagerada, si su vista es deficiente, piense y crea hasta que consiga buena vista. Si su padre o su madre

41. Kate Bowler escribe:
    El evangelio de la prosperidad se constituyó por la deificación y la ritualización del sueño norteamericano; el ascenso social, la acumulación, el duro trabajo y la fibra moral. Ambos compartían una alta antropología inconmovible, estaban adornados de características que inspiran acción, urgencia, una sensación de ser elegidos y el deseo de sostenerlo solo [...]. La cultura del movimiento de los hombres-dios y de los conquistadores le sonaba verdadera a la nación que aceptó la mitología de los individuos justos que inclinan las circunstancias a su visión de la buena vida. El movimiento de la prosperidad no se limitó a proporcionarles a los estadounidenses un evangelio digno de una nación de hombres hechos a sí mismos. Confirmaba las estructuras económicas básicas sobre las que se funda la idea de la empresa individual. (*Blessed*, 226)
42. Walton, *Watch This!*, 95.

están enfermos y moribundos en el hospital, piense y crea que se recuperarán del todo. A este nivel superior de pensamiento y de ser, «las leyes de la naturaleza ya no se le aplican al creyente».[43] Como sistema de creencia mezcla la mitología estadounidense, la psicología del Nuevo Pensamiento del siglo xix y una escatología exagerada hecha realidad en la que todas las cosas son posibles para el creyente, y por medio del nombre de Jesucristo. El pensamiento genera existencia. La imaginación engendra bendición. La visión concibe realidad.

Por buenas razones, muchos predicadores reaccionan por instinto contra el evangelio de la prosperidad por lo incoherente que es frente a lo que enseñan las Escrituras y a la vida cotidiana. Dios no es como un perro *golden retriever*, listo para traernos lo que deseemos. La doctrina de la prosperidad no trata el problema del mal, de la enfermedad y de la sanidad ni las complejidades de la riqueza y de la pobreza, al mencionar sólo unos problemas entre muchos. Los predicadores deben reaccionar con sospechas a cualquier mensaje que prometa demasiado y entregue poco, sobre todo en temas tan sensibles como el bienestar y la riqueza. Aun así, deberíamos preguntarnos: *¿En qué medida se ve nuestra predicación afectada por una mentalidad de una prosperidad subversiva, y hasta qué punto ha impactado ésta en quienes nos escuchan predicar?*

Tome las personas que viven en la pobreza como ejemplo. Independientemente de nuestra condición socioeconómica y la de nuestra comunidad, ¿qué creen nuestros oyentes respecto a la gente que vive en la pobreza y cómo se relacionan con ellos? ¿Ayuda nuestra predicación a que la gente entienda lo que Dios piensa de los que viven pobres y de la pobreza en general? ¿Les ayuda a desarrollar una estructura cristiana sobre la riqueza y la pobreza? ¿Nos dirijimos directamente a los que viven en la pobreza cuando predicamos o damos por entendido que son invisibles? Demasiados predicadores del Occidente asocian la bendición con la riqueza material, las posesiones y el ascenso social, aunque lo hagan sin darse cuenta.

Considere también las cuestiones de salud y bienestar. Un número impresionante de quienes escuchan sermones cree que, si todo les va bien en la vida, Dios está contento con ellos y si todo les va a lo contrario, Dios debe estar molesto o descontento con ellos. Algunos concluyen que Dios estará enojado con ellos por su vida de pecado, sus defectos o de sus errores pasados. Como predicadores quizás no defendamos esta creencia, pero en nuestros sermones, ¿ponemos en duda su validez? Uno de nuestros papeles como pastores debe

---

43. Walton alude a este nivel de pensamiento y creencia como «la fisicalidad metafísica», el creer que uno puede estar físicamente presente en el nivel más bajo del mundo carnal a la vez operar a un nivel superior de la existencia metafísica. *Watch This!*, 95.

instruir a gente a descartar teologías erróneas que, por supuesto, incluyen ideas equivocadas respecto a la salud y a la enfermedad.

El evangelio del discipulado sin la gracia

Según el seudoevangelio del discipulado sin gracia, Dios ofrece una manera de llegar al autocontrol y al arrepentimiento sin ofrecer libertad ni el sentido de ser aceptados. Algunos se refieren a esto como una religión que ofrece una transformación de afuera hacia adentro, en contraste con una transformación del adentro hacia afuera, o sea, la idea de tener limpio lo externo (lo de afuera) para que uno esté en una condición óptima para poder tratar con lo interno (lo de adentro) para también llegar a esa condición óptima (cp. Lc. 11:39-41). En esta manera de pensar, la justificación de uno depende de la autosantificación.[44] Los predicadores comunican este seudoevangelio en una de dos maneras —el legalismo o el moralismo—, cada una de las cuales se expresa de forma distinta.

Los predicadores legalistas enfatizan la obediencia a los mandamientos al pie de la letra, la santidad externa delante de los demás y escapar de las malas influencias de la sociedad en general. La vida propia gira alrededor de una lista de normas y un código de conducta, que la gobiernan. Los que lo internalizan temen que Dios esté enfadado con ellos, que sus líderes los desaprueben y que cualquier desvío de su conducta o hipocresía en sus vidas quede expuesta.

Yo soy ministro bautista ordenado, y tenemos un dicho popular irónico: «Los bautistas no beben [...] para que los otros bautistas los vean». Recuerde que el sentido del humor suele servir de comentario satírico de la realidad. Observe el enfoque en la conducta externa junto al miedo de ser descubierto por otros. Por lo general, el legalismo produce uno de estos dos resultados: cristianos resultan desmoralizados por su incapacidad de comportarse según sus propios estándares o cristianos que muestran su desaprobeo a los que no están al nivel que han establecido para sí mismos. Ambos resultados perjudican a los partidarios a esta forma de legalismo y a las personas que los rodean.

Los predicadores moralistas hacen hincapié que la bondad es la tierra de donde nace el fruto de vivir el evangelio. El gran homilético Fred Craddock afirma que muchos predicadores moralistas sufren de un grave caso de «deben,

---

44. Richard Lovelace argumenta que un número grande de cristianos entienden la justificación en un sentido abstracto, pero «en su existencia cotidiana *confían en su santificación para la justificación,* a la manera agustiniana, adquiriendo una seguridad de ser aceptados por Dios atreves de su sinceridad, su experiencia pasada de conversión, su reciente acto religioso o la infrecuencia relativa de su desobediencia consciente y deliberada». *Dynamics of the Spiritual Life,* 101 (cursivas añadidas).

deberían y tienen que».[45] Como en el caso del legalismo, la justificación de uno depende de la autosantificación, pero en este caso el enfoque está en la bondad humana en contraste al énfasis del legalismo en seguir normas. En la predicación moralista, lo obligatorio controla el sermón sin mucha referencia a lo que eso significa, si bien es una versión imperativa más suave que la de la predicación legalista.

Para que quede claro: la predicación moralista no debería confundirse con una predicación que exhorta a los oyentes a obedecer el evangelio. El tema en cuestión es la moralidad *aparte* del evangelio. En su clásico *On the Preparation and Delivery of Sermons* (Sobre la preparación y presentación de sermones), John Broadus nos desafía a que recordemos el motivo para la obediencia:

> Nadie entre nosotros cuestión que debemos exhortar constantemente a los creyentes a mostrar su fe mediante obras y a ser santos en todo su comportamiento, sabiendo que su Dios es un Dios santo. Sin embargo, por la razón que acabo de mencionar, en muchos sectores existe cierta resistencia a predicar mucho sobre asuntos particulares del deber moral. Desde luego, un predicador del evangelio no tiene por qué proclamar la moralidad poniendo el evangelio a un lado. Él/ella puede presentar otros motivos aparte de los estrictamente evangélicos, pero estos tienen que subordinarse de manera clara a lo que motiva a los creyente más, o sea, un amor agradecido a Cristo y una vida consagrada a su servicio.[46]

En su clásico *The Homiletical Plot* (La trama homilética), Eugene L. Lowry hace una observación similar sobre los motivos. Escribe que, cualquiera que sea nuestra exhortación, debe incluir «una declaración de una *nueva situación* creada por el evangelio, —una nueva libertad de escoger opciones nunca antes disponibles».[47]

En cuanto a la predicación moralista, Bryan Chapell recomienda que vigilemos los mensajes «mortales de ser» que «instan a los creyentes a luchar por "ser" algo para que Dios los ame». Él les pone por apodo sermones *sólo por esfuerzos propios*, porque su mensaje indirecto es «salga adelante por sus propios esfuerzos».[48] Cuando se refiere a las predicaciones con elementos mortales, no pretende excluir la exhortación moral de la tarea de la predicación. En sus propias palabras: «Los mensajes de "ser" no son incorrectos en sí mismos; son mensajes equivocados cuando se predican solos sin otros

---

45. Craddock, «Storytelling Workshop», audio disponible para los miembros de www .preachingtoday.com.
46. Broadus, *Treatise on the Preparation and Delivery of Sermons*, 98.
47. Lowry, *Homiletical Plot*, 87.
48. Chapell, *Christ-Centered Preaching*, 289.

méritos. Los individuos no pueden hacer, ni ser lo que Dios exige sin la obra pasada, presente y futura de Cristo».[49]

Chapell nombra tres categorías de sermones de «ser»: Ser como, Ser buenos y Ser disciplinados. Una vez más, estas prácticas no son negativas en sí mismas. Se vuelven negativas por la motivación de ponerlas en práctica. En vez de servir como respuestas agradecidas a Dios, se centran en el esfuerzo humano diseñado para agradarle o aplacarlo:

- Los mensajes de «Ser como» exhortan a los lectores a igualarse a sus héroes bíblicos. Por ejemplo, ser como David y matar gigantes, ser como Ester y defender la justicia o ser como Pablo y evangelizar. Aunque los escritores bíblicos exaltan a veces a los personajes bíblicos como dignos de ser ejemplos a seguir, lo típico es que lo eviten. La Biblia suele mostrarnos las «fragilidades humanas de sus personajes más importantes para que no esperemos hallar, dentro de la humanidad caída, a ninguno cuyo modelo de conducta merezca aceptación».[50]

- Los mensajes de «Ser buenos» se centran en la modificación del comportamiento mediante el dejar ciertos comportamientos o el poner en práctica algunas como camino para agradar a Dios. Hay que dejar ciertas conductas y tabúes culturales que la comunidad ha determinado que desagradan a Dios, aunque no sean «pecados». Y poner en práctica comportamientos buenos que la comunidad ha decidido que son dignos de imitar, aunque pudieran ser innecesarios. Sea bueno. Si uno se esfuerza mucho por ser bueno y muestra una conducta correcta, Dios estará contento con nosotros.

- Los mensajes de «Ser disciplinados» enfatizan las disciplinas y las prácticas espirituales para que los creyente sean acepados ante Dios. Su lema podría ser este: «Lee la Biblia cada día. Ora más de lo que lo haces ahora. Sé puntual cuando vayas a la iglesia. Evangeliza a los perdidos».

Las tres clases de mensajes presentan, la exhortación moral como prioridad y la obra divina y prometedora como aspectos secundarios. Aunque el predicador presente estos mensajes sin intentarlo, los tres «implican que somos capaces de cambiar nuestra condición caída por nuestro propio esfuerzo».[51]

El legalismo y el moralismo comparten importantes semejanzas que aunque atraen tendencias humanas distintas, son como dos ramas de un mismo

---

49. Chapell, *Christ-Centered Preaching*, 294.
50. Chapell, *Christ-Centered Preaching*, 290.
51. Chapell, *Christ-Centered Preaching*, 293.

árbol. En su nivel más básico, ambos le ponen demasiado peso a los hechos humanos para poder recibir la gracia. Para el cristiano legalista o moralista, el obedecer al evangelio no surge de la gratitud a la iniciativa divina, sino por medio del ansioso deseo de conseguir el favor divino, una especie de arreglo *quid pro quo*. Por supuesto, los problemas de tal punto de vista son numerosos, ya que el evangelio se convierte en «un intercambio circular vicioso de dar y recibir entre los seres humanos y Dios», para usar la frase de J. Louis Martyn.[52] Como lo expresa Martín Lutero en *The Bondage of the Will* (El cautiverio de la voluntad), una persona «no puede llegar a un estado de humillación completa hasta que se dé cuenta de que su salvación no se puede lograr en absoluta por sus propios poderes, consejos, esfuerzos, voluntad y obras, y que depende absolutamente de la voluntad, el consejo, placer y la obra de Otro: sólo Dios».[53]

El evangelio de la gracia sin el discipulado

Según el seudoevangelio de la gracia sin el discipulado, Dios ofrece libertad y aceptación sin esperar autocontrol ni remordimiento. El gran homilético nigeriano Femi B. Adeleye usa el lenguaje de la liberación sin el arrepentimiento.[54] Me refiero a ello como la gracia sin discipulado, un mensaje que tiene sus raíces al menos hasta las controversias antinominianas en la iglesia primitiva. En su duplicidad moderna, los oyentes escuchan que son amados, aceptados y libres con poca o ninguna urgencia por parte de su predicador a buscar el arrepentimiento y la santidad, a practicar la reconciliación o a

52. Según Martyn, Pablo tuvo que enfrentarse a los Gálatas precisamente porque habían caído en un entendimiento distorsionado del evangelio, una especie de esto a cambio de aquello. Para mostrar lo vehemente que fue en su oposición a esta opinión, Martyn escribe: «En la teología del apóstol nunca ha habido, hay y ni siquiera habrá un intercambio circular salvífico entre los seres humanos y Dios; porque no hay nada que los seres humanos puedan hacer para situar a Dios en su deuda (¡hecho en sí mismo genuinamente liberador!)». «Apocalyptic Gospel in Galatians», 250.

53. Luther, *Bondage of the Will*, 100.

54. Adeleye argumenta que a los predicadores se les ha permitido proclamar un «evangelio extraño» que produce «cristianos extraños». En cuanto al arrepentimiento, escribe:
Una de las mayores pérdidas en la iglesia de hoy es el énfasis en el arrepentimiento. Hemos sustituido un evangelio que enfatizaba la contrición y el arrepentimiento por uno que es permisivo con nuestra «autoestima», o que nos ofrece servicios de liberación cuando nuestra necesidad desesperada es arrepentirnos. ¿Cómo es que hemos llegado algunos de nosotros a creer que el remedio para la expresión externa de una naturaleza pecaminosa caída es una dosis de servicio de liberación en lugar del arrepentimiento? Aun los que todavía no han tenido un encuentro con Cristo de una forma personal son llevados en manadas ante el altar de la liberación como si su naturaleza pecaminosa sólo necesitara un poco de recorte para que su bien interior sea liberado. (*Preachers of a Different Gospel*, 8)

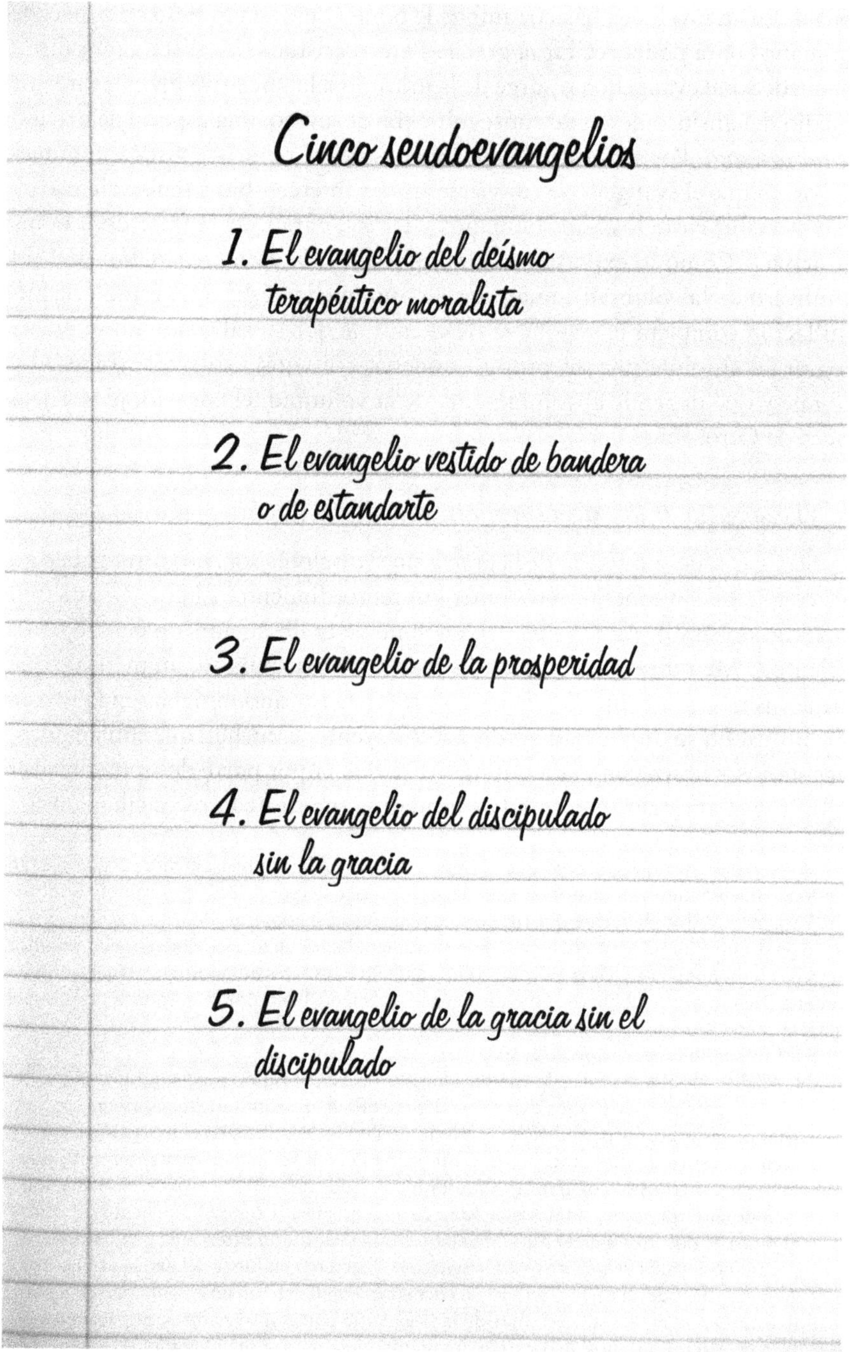

Cinco seudoevangelios

1. El evangelio del deísmo terapéutico moralista

2. El evangelio vestido de bandera o de estandarte

3. El evangelio de la prosperidad

4. El evangelio del discipulado sin la gracia

5. El evangelio de la gracia sin el discipulado

Figura 1.5. Los cinco seudoevangelios

participar en la misión de Dios en el mundo. Tal vez suene exagerado, pero si un médico atiende a un paciente que acaba de superar una cirugía a corazón abierto, y le señala: «Tiene usted carta blanca respecto a dieta y ejercicio durante el resto de su vida, ahora que le he reparado el corazón», el mensaje podría sonar como buena noticia al paciente que no quiere cambiar, pero la noticia misma no es un retrato preciso de la realidad, y seguramente no es lo mejor para la salud futura del paciente.

Los teólogos y no teólogos por igual han observado lo conocido, popular y atractivo que este mensaje sigue siendo en la predicación moderna.[55] Por el bien de la brevedad, mencionaré tan sólo a tres teólogos que presentaron críticas hace décadas, pero cuyos conocimientos podrían resonar familiares y hasta aun ser de advertencia antes de su tiempo para los oídos modernos. En su crítica principal del protestantismo liberal estadounidense del siglo xx, H. Richard Niebuhr concluye la distorsión del mensaje cristiano en esta frase breve: «Un Dios sin ira, que permitió entrada a los hombres sin pecado a un reino sin ser juzgados, por medio de la ayuda de Cristo sin una cruz».[56] El seudoevangelio sin discipulado propone que Dios ya no es juez, que la humanidad ya no es pecaminosa y que el sacrificio de Cristo en la cruz ya no es necesario. Tal sistema de creencia distorciona el carácter divino de Dios y la naturaleza humana hasta tal punto que el discipulado ya no es necesario.

En *The Cost of Discipleship* (El costo del discipulado), Dietrich Bonhoeffer usa la expresión «gracia barata» frente a la «gracia costosa» para describir en términos sencillos el evangelio en el púlpito moderno: «La gracia barata es la predicación del perdón sin exigir el arrepentimiento, bautismo sin la disciplina de la iglesia, la comunión sin la confesión, la absolución sin la contrición. La gracia barata es gracia sin el discipulado, gracia sin la cruz, gracia sin Jesucristo vivo y encarnado».[57] Bonhoeffer se refiere a la gracia barata como el «enemigo» de la misión cristiana, porque rompe el darse divino de uno del discipulado cristiano. En una iglesia conocida por la gracia barata, el mundo recibe «una cubierta barata para taparse los pecados; no se exige contrición alguna, y, menos aun, el deseo real de ser liberados del pecado».[58]

Finalmente, C. S. Lewis nos muestra que a muchos cristianos les interesa más una relación con un abuelo celestial y no con un Padre celestial. Es decir, quieren un Dios que vea con buenos ojos todo lo que ellos dicen y hacen, con una «sonrisa distorsionada», y que responda: «¿qué importa, con tal de que

---

55. Para revisar un ejemplo de encuesta sociológica de esta corriente en las congregaciones estadounidenses, ver Witten, *All Is Forgiven*.
56. Niebuhr, *Kingdom of God in America*, 193.
57. Bonhoeffer, *Cost of Discipleship*, 38.
58. Bonhoeffer, *Cost of Discipleship*, 37.

estén contentos?». Lewis escribe: «De verdad, deseamos no tanto un Padre en los cielos, sino más bien un abuelito; un decrépito benevolente al que, como se dice, le "guste ver a los jóvenes entretenerse"».[59]

Aunque los tres teólogos explicaron estas ideas hace más de sesenta años, ¿cuánto más veraz nos suena ahora su profundo conocimiento en comparación con entonces?

La predicación cristiana: cinco propuestas

Después de un sermón, la mayoría de los predicadores espera que la gente haya tenido un encuentro con Dios, experimentado el evangelio, aprendido algo nuevo y crecido en cierta medida. Pero ¿cómo hacemos que nuestros sermones sean reconociblemente cristianos? ¿Qué aspecto los identifica? Thomas G. Long tiene razón cuando al escribir: «Lo que a veces le falta a nuestra proclamación de las "buenas nuevas" es un profundo sentido del evangelio mismo como "noticias"».[60] Espero que, como predicadores, nos esforcemos a centrar nuestros sermones en el evangelio, que significa que las buenas nuevas se les transmitan claramente a nuestros oyentes de alguna manera u otra. Se espera que ellos oigan lo que Dios ha hecho por ellos, lo que está haciendo y hará en su vida y en el mundo. Los predicadores no deben estar satisfechos que la gente se marche después de oír sus sermones sin haber captado nuevas algunas, ni que se vayan con un mensaje nuevas equivocadas.

> «Lo que a veces le falta a nuestra proclamación de las "buenas nuevas" es un profundo sentido del evangelio mismo como "noticias"».
> —Thomas G. Long

En esta sección final, hago cinco propuestas breves que nos ayudan a emplear las noticias del evangelio para volver a centrar nuestra tarea. Esto también nos ofrece más oportunidades para tratar con este tema por medio de las actividades de aprendizaje relacionadas con este capítulo.

Propuesta 1: Predique el texto con el fin de predicar el evangelio

Me encantan los comentarios. Yo les saco mucho provecho y siento que aprendo mucho por haberlos consultado. Sin embargo, no olvido que estos van dirigidos a diferentes audiencias y que tienen propósitos distintos a los de los

---

59. Lewis, *El problema del dolor*, 41.
60. Long, «No News Is Bad News», 149.

sermones. También recuerdo que, sin discernimiento, uno puede rendirse de tal manera a la autoridad del comentarista que esto domine el sermón. Como le gusta al homilético Joel C. Gregory recordarnos: «Los comentarios son guías, no dioses».[61] Aunque nosotros nos beneficiamos al leerlos, a nuestros oyentes no les resulta de provecho que nos expresemos como ellos. Tampoco es de beneficio regresar una y otra vez a los mismos comentarios; esto limita nuestra perspectiva y estorba nuestro crecimiento.

En especial, si usted se encuentra en un seminario, evite la tendencia común de predicar un sermón que casi dicte palabra por palabra lo que dice un comentario sobre un texto en particular. Es posible que la audiencia aprenda mucho del pasaje en su contexto, tal vez adquiera nueva información o nueva comprensión, pero no escucharán la proclamación de las buenas nuevas. Si usted predica el texto sin predicar el evangelio, ha fracasado en ambas tareas. Sin duda *se necesitan* claras explicaciones del púlpito para captar un nuevo entendimiento. Pero, a fin de cuentas, la explicación sirve al propósito más amplio de la proclamación. Los predicadores anuncian el evangelio *mientras* lo explican. La explicación sin la proclamación es como un violín sin cuerdas. Si uno le quita las cuerdas, le ha quitado la música. Sin las cuerdas uno se pierde de todo lo que es un violín y lo que puede hacer. Al pasarse el tiempo uno no sabe reconocer su melodía.

Propuesta 2: Tenga un enfoque redentor en cada sermón

A los que tratan con la homilética les gusta discutir el parecer de un sermón cristiano y su ejecución; sin duda la mayoría de esas discusiones son de provecho para el campo de su estudio. Algunos contienden que todo sermón debe, de alguna manera, exaltar la cruz y la resurrección. Otros insisten que cada sermón explique el tener confianza en Cristo y obedecerlo. Aun otros afirman que el sermón debe asistir a los oyentes a ser piadosos sin tener en cuenta que el predicador se enfoque sólo en Cristo o no.

En vez de ser dogmático sobre cualquier acercamiento en particular, permítame proponer que los predicadores se esfuerces en presentar un *enfoque redentor* en cada sermón.[62] ¿Cuáles son las buenas nuevas del texto, o de los textos, que usted piensa predicar? ¿De qué manera se revela el evangelio? ¿Cómo podrían el contenido y el tono de un sermón percibirse como uno que ofrece la redención y no, la condenación aunque usted crea que revela un tono profético? A veces, pensamos que el enfoque se da a conocer de forma

---

61. Oído en persona en varias ocasiones en los sermones o en el entorno del aula.

62. Para obtener más observaciones sobre la predicación redentora, véase Alcántara, *Learning from a Legend*, 42-43.

clara y obvia y otras veces resulta más difícil de detectar. Volveremos a este tema en la propuesta 5.

Propuesta 3: Mantenga un intercambio activo entre el lamento y la esperanza

Cuando predicamos lamento sin esperanza, ofrecemos una imagen incompleta del plan de Dios para la historia humana. Sin embargo, cuando proclamamos la esperanza sin el lamento, pintamos una escena equivocada de la vida de este lado de la eternidad.[63] Como predicadores nos aferramos a un intercambio activo entre la esperanza y el lamento. Tal vez el mayor peligro en un capítulo sobre la predicación de las buenas nuevas es que nos rindamos al riesgo de anunciar la una sin el otro.

El proclamar las buenas nuevas *no* tiene que percibirse como el que ignora la primera plana del periódico aislándose de los problemas reales que una congregación sufre, y luego sólo ofrecer respuestas superficiales, o simples, al dolor y el sufrimiento del mundo. La mayoría de los oyentes saben sospechar la falsedad de visiones huecas de esperanza desconectadas a las realidades difíciles de la vida. Las buenas nuevas no tienen que ofrecer palabrillas superficiales. A veces las buenas nuevas sí se reciben como un lamento lleno de esperanza en medio del dolor.

Propuesta 4: Ayude a la gente a recordar lo que han olvidado

Como seres humanos tenemos la rara capacidad de olvidar aquello que deberíamos recordar.[64] Cecilio Arrastía, profesor cubano de homilética, mantiene que la predicación cristiana tiene como fin «el restaurar la memoria» de los individuos que han olvidado quiénes son en Cristo. Él hace la comparación de lo vital que es la predicación con el momento en que el hijo pródigo regresa al hogar «después de recobrar su memoria». Arrastía escribe: «El hijo pródigo cuando "volviendo en sí" se levanta y decide regresar al hogar que nunca debió abandonar. Al predicar se trata devolver la memoria —*anamnesis* [los recuerdos] y no *amnesia*— al pueblo que oye, para que se levante y regrese. Y esto se logra contando la historia "de Cristo y de su amor"».[65]

---

63. Soong-Chan Rah escribe: «Tener tan solo una teología de celebración excluyendo la teología del sufrimiento es incompleta. El tejer ambos hilos nos da la oportunidad de avanzar la plenitud del mensaje evangélico. El lamento y la alabanza han de presentarse mano a mano». *Prophetic Lament*, 23.

64. Para más sobre la predicación y la memoria, véase Arthurs, *Preaching as Reminding*.

65. Arrastía, *Teoría y Práctica de la Predicación*, 26.

La predicación nos invita a recordar quién es Dios y quiénes somos nosotros, para que también nos podamos levantar y regresar. En un sentido, la tarea común del predicador es recordarle a la gente con regularidad la necesidad de levantarse una y *otra vez*. Como predicadores, ¿les recordamos a los cristianos laicos que son amados en Cristo, son salvos por Cristo, están unidos a Cristo y son vivificados por medio de Cristo? ¿Les animamos a todos a que sepan que Dios los está llamando a que dejen su desinterés y su egoísmo y que conozcan un discipulado auténtico y permanente que los puede levantar y hacer volver a casa?

Propuesta 5: Considere el contexto narrativo del texto

Tal vez las buenas nuevas resalten de las páginas cuando usted lee y estudia el (los) pasaje(s) de las Escrituras. Algunos pasajes se prestan bastante bien para ser sermones de las buenas nuevas. Pero la inspiración no llega tan rápido o fácil con cada texto, especialmente cuando se trata de pasajes difíciles e inquietantes. Mientras luchamos por hacer lo mejor que podamos con el texto, también nos esforzamos a hacer lo mismo al explicarlo entre la narrativa más amplia de las Escrituras. Al preguntarnos, ¿cómo cabe cierto texto en el panorama de la historia? no nos da rienda suelta a declarar cualquier afirmación que se nos meta en el pensamiento. Más bien engrandecemos el panorama para ver cómo cabe un texto o textos en particular en el contexto mayor de las Escrituras. Vea la narrativa de la Biblia como una extensa historia compuesta de pequeños relatos dispersados por sus páginas. Esa historia extendida consiste de por lo menos cuatro hechos mayores: (1) la creación, (2) la rebelión, (3) la redención y (4) la restauración. La redención que se produce en el tercer hecho es respuesta a la rebelión que sucede en el segundo. La restauración del cuarto acto funciona como el regreso de una nueva creación a la hermosura de la creación en el primer acto. Abundan las conexiones. Como predicadores encontramos pasajes bíblicos entre estos cuatro hechos mayores, pero también los interpretamos viendo sus personajes como personas redimidas que viven de este lado del tercer hecho, sin llegar todavía al cuarto. Es decir, colocamos nuestro texto observando cómo cabe en la historia panorámica que Dios está narrando.

Conclusión

Paul Scherer durante su estancia de pastor de Holy Trinity Iglesia Luterana de Nueva York, bendijo a millares por medio de su ministerio de predicación y enseñanza. Predicó en Holy Trinity, en diversos púlpitos de todo el país y del mundo, y lo hacía como una voz familiar en las emisoras de radio nacionales.

En los primeros años de su jubilación aceptó ser profesor adjunto de homilética de tiempo parcial en el Seminario Teológico de Princeton. No sabemos
gran cosa de lo que ocurría en las clases de predicación de Scherer, pero por
lo menos se sabe de un relato.

Se cuenta que Scherer estaba sentado en la capilla Miller y escuchaba predicar a los estudiantes. En aquel entonces, todos lo hacían en la capilla y no
en un aula. Un joven seminarista, llamado Charles L. Bartow, se levantó para
predicar y no decepcionó. Pronunció un sermón que impresionó e inspiró a sus
compañeros. Bartow era un predicador de talento y un estudiante capacitado,
al que le ofrecieron un contrato para enseñar a nivel de posgrado, después de
la graduación. Años después, la homilética de Bartow tendría gran influencia e hizo importantes contribuciones en este campo. Sin embargo, cuando
llegó el momento de escuchar las críticas a su sermón, Scherer declaró: «Ese
sermón era subcristiano». Al parecer, el viejo predicador no se andaba con
rodeos. Al concluirse la clase, los amigos de Bartow sin demora lo aseguraban
de su talento, allí mismo en los escalones de la capilla, diciéndole que al Dr.
Scherer se le había pasado la mano con su comentario quizás porque a su
edad hubiera perdido cierta capacidad. Al principio Bartow pensaba que sus
amigos tenían razón. Pero, el comentario le seguía molestando, hasta que por
fin, varios meses después, se dio cuenta que la observación de Scherer tenía
razón. Lo llamó por teléfono, quien luego se dedicó varias horas explicándole
cómo predicar un sermón reconociblemente cristiano.[66]

Ninguno de nosotros quiere oír una crítica así de alguien a quien respeta-
mos; no queremos escuchar que hemos predicado un sermón que impresiona e
inspira, pero que suena más subcristiano que cristiano. ¿Quién entre nosotros
quiere que le digan que le ha errado al blanco sobre lo más importante a lo
que un predicador ha sido llamado: predicar el evangelio? A veces crecen
nuestras defensas: «¿Quién es él o ella para opinar *eso* de mi sermón?». En
otras ocasiones, nuestras inseguridades nos hacen dudar: «quizás no yo sea
la persona adecuada para ser predicador». Bartow lo vió de otra manera;
consideró la terrible experiencia como un momento ordenado por Dios,

Videos adicionales
para este capítulo
se encuentran
en www.Practicas
delaPredicacion
Cristiana.com.

transformador, que redimió su ministerio aunque al principio fuera
doloroso. Scherer lo hizo recordar lo que todo predicador cristiano
necesita saber. Antes de darle a la gente cualquier otra cosa hay que
presentarle el evangelio.

66. Historia que contó Charles L. Bartow en una conversación telefónica el 16 de marzo
de 2018.

2

Predique con convicción

Si eres teólogo, orarás de verdad, si oras de verdad, serás teólogo.

—Evagrio Póntico, «Praktikos 60»

La dura tarea de predicar es, en realidad, una obra espiritual interna. De hecho, el sermón más difícil que puedas presentar jamás es aquel que predicas con tu vida.

—Luke A. Powery, en Brown and Powery, *Ways of the Word*

El año 2011 marcó el cincuenta aniversario de Viajeros por la Libertad, un movimiento pacífico creado para eliminar la segregación en el transporte interestatal por todo el sur de Estados Unidos. Dirigido principalmente por adultos jóvenes, personas de distintas razas, etnias y géneros abordaron autobuses segregados con el fin de acabar de la segregación de las razas. Un hombre de cuarenta y un años, llamado James Farmer hijo, dirigió el movimiento; era amigo de Martin Luther King hijo y cofundador del Comité para la Igualdad Racial (CORE, por sus siglas en inglés), el grupo que patrocinó a Viajeros por la Libertad.[1] Muchos de los que protestaron padecieron violencia e intimidación por parte de la policía, palizas y encarcelamiento.

Farmer murió por complicaciones de la diabetes en 1999, de modo que no vivió para ver ese punto del cincuenta aniversario. Sin embargo, el 17 de septiembre de 1985, habló de los Viajeros en una entrevista de la Radio Pública Nacional, que luego fue transmitido de nuevo el 2011 cuando se celebraba el aniversario. En esta entrevista, Farmer contó una historia sobre un par de

---

1. Al Comité para la Igualdad Racial se le cambió el nombre a Congreso para la Igualdad Racial, pero siguió la sigla CORE.

Figura 2.1. Fotos policiales de Viajeros por la Libertad arrestados en Jackson, Mississippi

Viajeros que fueron arrestados y encarcelados en Jackson, Mississippi. Las cárceles de esa ciudad y de otras ciudades grandes de la región se llenaron como resultado de las protestas. Para intimidar al grupo que estaba encarcelado en Jackson, a los guardias de la cárcel se les ocurrían distintas formas de amenazarlos sin recurrir a la violencia física.

Los que los tenía presos querían evitar la prensa negativa, por eso usaban el maltrato psicológico. Sin embargo, los Viajeros permanecieron unidos y con frecuencia entonaban cantos de ser liberados de sus celdas. La única comodidad con el que podían contar era una alfombrilla delgada de paja. «Todo lo demás era frío, duro, maloliente y de acero», comentó Farmer. Para que dejaran de cantar, los guardias decidieron quitarles las alfombrillas, la única forma de de comodidad que tenían. Esta estrategia les funcionó por un rato; dejaron de cantar.

Pero el estado de ánimo pronto cambió cuando un joven estudiante de la Biblia les hizo entender algo a los Viajeros. Así como lo expresa Farmer, el joven «les recordó a todos lo que estaban haciendo: aquí, hay que ver que nos están tratando de robar el alma. No se trata de las alfombrillas. Es su alma». De repente, uno de los Viajeros gritó: «¡Guardias! ¡Guardias! ¡Guardias!». Creyendo que era una emergencia, uno de ellos corrió a la celda y el hombre le gritó como para que todos los demás lo oyeran: «¡Vengan a quitarme mi alfombrilla! ¡Yo me quedo con mi alma!». Todo el lugar estalló con expresiones de afirmación y empezaron de nuevo a cantar.[2]

Relatos como éste nos recuerdan que la convicción es poderosa y transformadora en la vida de una persona y de una comunidad. Convierte a un estudiante de la Biblia en un predicador y la celda de una cárcel en una reunión de avivamiento. No cabe duda de que el valor y la resistencia también nos impulsan a que confrontemos momentos de adversidades peligrosas. Pero, yo quiero proponerles que ambas virtudes vienen de una profunda fuente —*la convicción*— a la cual le pongo por definición *un compromiso a una causa mayor que uno mismo por el bien de una misión mayor que la propia vida.*[3] Nuestro llamamiento como predicadores exige que creamos lo que decimos y no sólo que pronunciemos lo que creemos. Afirmamos nuestra creencia con palabras, pero también declaramos si lo creemos o no con nuestras vidas. Como nos recuerda George W. Truett: «La convicción es la que convence. El púlpito no es lugar para tartamudos religiosos […]; la convicción es la que convence en todas partes».[4] Imagine lo que ocurriría en las iglesias y las congregaciones si los predicadores se subieran al púlpito con sólo una fracción de la convicción que manifestaron aquellos Viajeros por la Libertad. ¿Acaso es demasiado esperar que eso pudiera cambiar el mundo?

El tema de este capítulo es la convicción; es la primera de las Cinco C que se presentan para su estudio en los capítulos 2-6. Para inquirir más a fondo el tema de la convicción en este capítulo, primero nos dirigimos a varios casos ejemplares de la convicción en las Escrituras y en la historia de la iglesia, y luego consideramos las convicciones homiléticas que establecen la persuación y por fin, examinamos las prácticas que, a lo largo del tiempo, tanto la impiden, como las que la fomentan.

Ejemplos de convicción

Se le presenta un desafío a cualquiera que estudie las convicciones ejemplares en las Escrituras y en la historia de la iglesia. La lista de los casos no

---

2. Para una transcripción completa de la entrevista de Farmer, ver James Farmer Jr., «Freedom Ride Organizer on Non-Violent Resistance».

3. Al definirlo de esta forma, hago la distinción entre el *mantener diversas convicciones* y el *tener convicción*. Lo primero tiene que ver con lo que creemos y, lo segundo, con nuestra forma de vivir. Ambas están interrelacionadas, por supuesto, pero le pondré más énfasis a la *convicción* que a las *convicciones*. Más adelante en este capítulo, discuto las diversas convicciones que sustentan la convicción.

4. Truett, *President's Address: 6th Baptist World Congress* [grabación en audio], citado en Durso, *Thy Will Be Done*, 240.

sólo es demasiado larga, sino que también es inevitable que la persona que las apunta sea selectiva al escogerlas. *Pertenecemos a una gran tradición de predicadores, personas que fueron modelos de la convicción cristiana en la vida y en el ministerio.* Como nosotros, eran imperfectos y falibles, pero sus historias también nos inspiran en la obra que Dios nos ha llamado a hacer. En un sentido, cualquier persona que responda al llamado de Dios a predicar se registra para una vida de convicción. Al decir que sí, se entregan a una causa mayor que ellos mismos o ellas mismas. Sin embargo, en un predicador, la convicción es muy parecida al agua de una cisterna. A menos que se rellene, va escaseando. Tal vez estudiar estos ejemplos de convicción nos ayude a reponerla en nosotros.

Modelos de convicción en las Escrituras

Las Escrituras nos presentan con muchos relatos inspiradores para la predicación de la convicción. Para considerar al supremo de los predicadores de la convicción, no hay que buscar más allá que Jesucristo mismo, quien «se hizo el firme propósito de ir a Jerusalén» aunque sabía que le costaría la vida (Lc. 9:51). Aparte del ejemplo más obvio, se puede contar a muchos predicadores del Antiguo y Nuevo Testamento que fueron modelos de convicción en su proclamación. Consideremos la historia de Natán, quien reprendió al rey David por su aventura con Betsabé (2 S. 12). O a Elías, quien se enfrentó a los profetas de Baal en el monte Carmelo (1 R. 18:16-46). Veamos la historia de Amós, quien se negó a ser atemorizado por el sacerdote Amasías (Am. 7:10-17); o Jeremías, quien sufrió bajo el sacerdote Pasur, y pudo seguir adelante. (Jer. 20). Quizás a la reina Ester puede no se le considera predicadora en el

**Las prácticas de la
predicación cristiana**

Figura 2.2. Las Cinco C: La convicción

sentido tradicional, pero su decisión de arriesgar su vida, ponerse de parte de su pueblo y exclamar «si perezco, que perezca» es hasta el día de hoy predicación a las comunidades oprimidas del mundo (Est. 4:16).[5]

En el Nuevo Testamento, Juan el Bautista les predicó palabras de arrepentimiento y salvación a los que no tenían poder y confrontó a los poderosos con palabras de juicio (Mt. 3:1-12; Lc. 3:1-20; Jn. 1:19-34). Piense también en la mujer samaritana de Juan 4. Después de tener un encuentro con Jesucristo, regresó y les contó su mensaje a todos los del pueblo, y «muchos de los samaritanos que vivían en aquel pueblo creyeron en Él por el testimonio que daba la mujer» (Jn. 4:39). Hay que recordar que también las primeras predicadoras de la resurrección fueron mujeres. Tuvieron un encuentro con Jesús como Salvador resucitado antes de cualquier otro y fueron ellas quienes difundieron a los once la noticia de que Él estaba vivo (Lc. 24:10-12). Despues de la resurrección y la ascensión, los discípulos de Jesús llevaron su mensaje por todo el mundo mediterráneo y la mayoría de ellos lo pagó con su vida.

La vida del apóstol Pablo sirve como caso práctico de la convicción. Creía que su vida le pertenecía a Dios, que era instrumento para avanzar la misión de Dios en el mundo. El ocuparse con esta tarea de dar testimonio de la gracia divina le trajo sentido, propósito y convicción a su vida (Hch. 20:24). A pocos días de su extraordinario encuentro con Cristo en el camino de Damasco, Pablo predicó «en las sinagogas, afirmando que Jesús es el Hijo de Dios» (Hch. 9:20). En uno de sus viajes misioneros, poco después de predicar con Bernabé en la ciudad de Listra, algunos de sus oponentes en Antioquía persuadieron a la multitud a que apedrearan a Pablo y luego lo arrastraron fuera de la ciudad. Lo golpearon tanto que lo dieron por muerto. «Pero, cuando lo rodearon los discípulos, él se levantó y volvió a entrar a la ciudad» (Hch. 14:20).

El compromiso de Pablo hacia Cristo por medio de la convicción también se revela en sus cartas a las iglesias. Con fin de ser breve, se mencionan tan sólo unos ejemplos entre los muchos que se podrían contar:

- Romanos 8:38-39: «Pues *estoy convencido* de que ni la muerte ni la vida, ni los ángeles ni los demonios, ni lo presente ni lo por venir, ni los poderes, ni lo alto ni lo profundo, ni cosa alguna en toda la creación podrá apartarnos del amor que Dios nos ha manifestado en Cristo Jesús nuestro Señor».

5. Karen H. Jobes, comentarista del Antiguo Testamento señala que Ester acepta su poder como reina «solo después de decidir ponerse de parte del pueblo del pacto de Dios. Ya no es una esposa trofeo de exhibición, una reina solo de nombre, sino que al vestir su ropa real en defensa de su pueblo, asume el poder de su posición». *Esther*, 167.

- Romanos 14:14: «Yo, de mi parte, *estoy plenamente convencido* en el Señor Jesús de que no hay nada impuro en sí mismo. Si algo es impuro, lo es solamente para quien así lo considera».

- 2 Corintios 5:14-15: «El amor de Cristo nos obliga, porque estamos convencidos de que uno murió por todos, y por consiguiente todos murieron. Y él murió por todos, para que los que viven *ya no vivan para sí,* sino para el que murió por ellos y fue resucitado».

- Filipenses 1:20-21: «Conforme a mi anhelo y esperanza de que en nada será avergonzado; antes bien *con toda confianza,* como siempre, ahora también será magnificado Cristo en mi cuerpo, o por vida o por muerte. Porque para mí *el vivir es Cristo y el morir es ganancia»* (RVR1960).

- Filipenses 3:7-8: «Sin embargo, todo aquello que para mí era ganancia, ahora lo considero pérdida por causa de Cristo. Es más, *todo lo considero pérdida* por razón del incomparable valor de conocer a Cristo Jesús, mi Señor. Por él lo he perdido todo, *y lo tengo por estiércol, a fin de ganar a Cristo».*

- 2 Timoteo 1:11-12: «De este evangelio he sido yo designado heraldo, apóstol y maestro. Por ese motivo padezco estos sufrimientos. Pero no me avergüenzo, *porque sé* en quién he creído, y *estoy seguro* de que tiene poder para guardar hasta aquel día lo que le he confiado».

Sólo para aclarar, la convicción en las cartas de Pablo no significa ausencia de lucha ni la eliminación de la duda. A los corintios les dice: «Estábamos tan agobiados bajo tanta presión que hasta perdimos la esperanza de salir con vida: nos sentíamos como sentenciados a muerte» (2 Co. 1:8-9). Pablo llega al punto más bajo en su ministerio más de una vez, *a causa* de lo que cree y por su forma de vivir. La convicción no debería combinarse con la sencilla idea de que uno puede escaparse de la realidad en un momento de crisis.

Ahora bien, algo es cierto, la convicción de Pablo se profundiza cuando resiste las pruebas y experimenta conflicto. Los desafíos lo obligan a enfrentarse a la dificultad en vez de retroceder de ella. Así, les señala a los filipenses con una conciencia limpia que lo ha «perdido todo» por Cristo, porque ha ganado lo único que importa más a la luz de la eternidad (*sub specie aeternitatis*): «el incomparable valor de conocer a Cristo Jesús, mi Señor» (Fil. 3:8). A los corintios puede indicarles: «conocidos, pero tenidos por desconocidos; como moribundos, pero aún con vida; golpeados, pero no muertos; aparentemente tristes, pero siempre alegres; pobres en apariencia, pero enriqueciendo a muchos; como si no tuviéramos nada, pero poseyéndolo todo» (2 Co. 6:9-10).

Tal vez no nos sorprenda, pues, que en los escritos paulinos la seguridad y el estar centrado en Dios también se manifiesten en los discursos y documentos de *otros* líderes mayores de la iglesia primitiva. Cuando los dirigentes del sanedrín les prohíben a Pedro y a Juan que prediquen en el nombre de Jesús, los apóstoles contestan: «¿Es justo delante de Dios obedecerlos a ustedes en vez de obedecerlo a él? ¡Júzguenlo ustedes mismos! Nosotros no podemos dejar de hablar de lo que hemos visto y oído» (Hch. 4:19-20). Después de afirmar que Jesús es el Hijo de Dios y el gran sumo sacerdote que se compadece de nuestras debilidades, el autor de Hebreos exclama: «Así que acerquémonos *confiadamente* al trono de la gracia para recibir misericordia y hallar la gracia que nos ayude en el momento que más la necesitemos» (He. 4:16). En 1 Juan 5:14 leemos: «Esta es la *confianza* que tenemos al acercarnos a Dios: que, si pedimos conforme a su voluntad, él nos oye». Para los primeros apóstoles y líderes cristianos, nada podía compararse a la confianza que venía de conocer a Cristo, de ser hallado por Él y estar unido a Él, de servir como «colaboradores» con Él en el mensaje y el ministerio de la reconciliación (2 Co. 5:16-6:2).

Modelos de convicción en la tradición cristiana

Los ejemplos de la convicción también abundan en la tradición cristiana. Por eso, cualquier intento de estudio debe ser selectivo. Considere algunas de las figuras principales de la segunda mitad del siglo xx, predicadores cuyas vidas estuvieron marcadas por la convicción, nombres que todavía podrían resultarnos familiares. En los Estados Unidos, vienen a la mente predicadores como Martin Luther King hijo, Billy Graham y Gardner C. Taylor, nombres que para muchos tienen gran significado hasta ahora.[6] Entre los mayores lectores de esta obra, tal vez los vieron en persona, los oyeron predicar o incluso los conocieron personalmente.

Uno que se proclamaba el mismo «mensajero principal de la justicia», King llamó a toda una nación al arrepentimiento de su «pecado original» de racismo, con el fin de que se transformara en un país de libertad, igualdad, justicia y generosidad.[7] Su influencia sigue sintiéndose décadas después de su asesinato. Graham, quien se convirtió en una reunión de evangelización en 1934 a la edad de dieciséis años, pasó su vida alcanzando a tantas personas

---

6. Es decir, casi ninguno de los predicadores estimados en los Estados Unidos, en las dos o tres generaciones anteriores a la segunda mitad del siglo xx, por su influencia e impacto, personas como Howard Thurman, Florence Spearing Randolph, Dwight L. Moody, William Seymour y Charles Finney, al nombrar sólo algunos.

7. Para leer una descripción del racismo como «el pecado estadounidense original» véase Wallis, *America's Original Sin*. Para leer el sermón de King, véase King, «Drum Major Instinct», en *Knock at Midnight*, 165-86.

como le fue posible con el evangelio de Cristo que, en su caso, se estimó en 215 millones de personas de 185 países, en seis continentes, una cifra que no incluye a los millones adicionales a los que les llegó por medio de la radio y de la televisión.[8] Un carismático maestro a la estrategia empresarial de carácter impecable, predicó un mensaje del evangelio sencillo, de la esperanza y el perdón, arraigado en la firme creencia de que las Escrituras son la Palabra de Dios inspirada. Taylor, al que sus contemporáneos y protegidos describían con títulos como «decano de los predicadores negros de la nación» y «príncipe del púlpito estadounidense» dio una clase magistral de predicación durante cuarenta y dos años desde su púlpito en la iglesia Concord Baptist Church of Christ de Brooklyn, Nueva York, y en incontables púlpitos de docenas de países en seis continentes.[9] Incansable defensor de la justicia racial y educacional, poseía una rara combinación de elocuencia en el púlpito, sabiduría pastoral, claridad profética y una sensibilidad contextual nacida de la creencia permanente que la predicación es la fuente de donde todos los demás ministerios deben fluir.

Estos tres predicadores de fines del siglo XX sólo representan un grupo pequeño de predicadores de todo el mundo que han tomado decisiones conscientes de comprometerse con una causa mayor que ellos mismos, por el bien de una misión más grande que sus vidas. De hecho, ¡cuán inmensa es la multitud de los predicadores! Me vienen a la mente, líderes del sudeste Asiático como Kyung-Chik Han de Corea del Sur y Toyohiko Kagawa de Japón.[10] F. W. Boreham tuvo un ministerio enérgico de predicación y escritura en Nueva Zelanda, Tasmania y Australia, sobre todo entre los bautistas.[11] En África, encontramos a innumerables predicadores cuyas vidas fueron y son marcadas por la convicción, personas como Janani Luwum de Uganda, Conrad Mbewe en Zambia y Desmond Tutu de Sudáfrica, para sólo mencionar unos cuantos.[12] En América Latina,

8. Goodstein, «Billy Graham, 99, Dies» es una fuente acreditada de datos sobre los números de personas alcanzados por Graham y la cantidad de países visitados.

9. Para consultar el título «decano de los predicadores negros de la nación», ver «American Preaching: A Dying Art?». Para consultar el título de «príncipe del púlpito estadounidense», véase Mitchell, «African American Preaching», 372.

10. La convicción de Kagawa se transmite de forma poderosa en su libro *Meditations on the Cross*: «No basta con tener ideales. Debemos pasarlos a la acción [...]. La teología está bien, pero no hay fuerza en una teología que no se manifiesta en práctica» (167). Para más información sobre Kyung-Chick Han y los ministerios de predicación de Toyohiko Kagawa, véase Old, *Reading and Preaching of the Scriptures*, 7:566-86, 635-40.

11. Para consultar la autobiografía de Boreham, ver Boreham, *Pathway to Roses*.

12. Para más información sobre la predicación de Janani Luwum y Conrad Mbewe, véase Old, *Reading and Preaching of the Scriptures*, 7:196-98, 229-36. Para más información sobre la predicación de Desmond Tutu, consulte con su libro de sermones, *Hope and Suffering*.

considere las contribuciones únicas y diversas de evangelistas como Luis Palau de Argentina, poetas-eruditos como Cecilio Arrastía de Cuba, y activistas como Óscar Romero de El Salvador.[13] En la Europa moderna, la predicación de Joan Alexandru influyó a millares de personas durante la revolución de Rumanía.

Podemos considerar, asimismo, a las valientes predicadoras de los siglos xix y xx, mujeres que se enfrentaron a incontables obstáculos, insultos, ataques y adversidad, pero que persistieron en la predicación. Jarena Lee sirve de modelo de valor y resistencia. Muchos la ven como pionera, no sólo de las predicadoras negras, sino de *todas* las mujeres que predican. Ella convenció a Richard Allen a que le concediera a ella (y a otras mujeres) el derecho de predicar en la iglesia africana metodista episcopal (AME). Desarrolló un ministerio productivo itinerante en las iglesias y las casas de reunión de todo Nueva Jersey, Nueva York, Pensilvania, Maryland y Ohio, unas veces recorriendo a pie varios kilómetros hasta llegar a su destino. Rompió con las normas de la sociedad al predicar a audiencias mixtas. En 1836 escribió la primera autobiografía importante de una mujer de color, *The Life and Religious Experience of Jarena Lee, A Colored Lady* (La vida y experiencia religiosa de Jarena Lee, una dama de color).[14] Además, preparó el camino para las mujeres que la siguieron en la Iglesia AME, como Zilpha Elaw, Julia A. J. Foote, Sojourner Truth, Mary McLeod Bethune y Florence Spearing Randolph. Realizó casi todo esto *después de* la muerte repentina y trágica de su esposo, que la dejó viuda y madre de dos pequeños, pobre en cuanto a medios y de salud.

Sarah Righter Major inauguró su ministerio de predicación desde Germantown, Pensilvania, a principios del siglo xix, y se convirtió en la primera

13. En referencia al impacto de Arrastía en América Latina, el teólogo costarricense, Plutarco Bonilla, declara: «Su nombre es, en América Latina, sinónimo de predicación, y de predicación altura». «Cecilio Arrastía», 11. Óscar Romero hizo la siguiente afirmación sobre la falta de acción de la iglesia en respuesta a la opresión gubernamental y militar en el último sermón que pronunció antes de que unos asesinos le disparan en su iglesia de El Salvador: «La Iglesia [...] no puede permanecer callada ante semejante abominación». Para leer un extracto del último sermón de Romero, véase Douglass, *Nonviolent Coming of God*, 46.

14. William Andrews describe el impacto de la publicación de Jarena Lee:
  Presentó la autobiografía de las mujeres de color en los Estados Unidos con un argumento a favor de la autoridad espiritual de las mujeres que desafío abiertamente las funciones tradicionales femeninas así como se describían tanto en los estados libres como en los estados todavía dominados por la esclavitud, las mujeres blancos y negros [...]. La autobiografía de Lee nos ofrece la información de primera mano más temprana y detallada que tenemos sobre el papel de las mujeres en la vida religiosa organizada de la gente de color en los Estados Unidos, y sobre las formas en que la resistencia a dichas funciones empezó a manifestarse. (*Sisters of the Spirit*, 2)
  Ver también Lee, *Life and Religious Experience of Jarena Lee*.

predicadora de la Iglesia de los Hermanos.[15] Algunas iglesias cercanas a su congregación de Germantown le dieron la bienvenida a sus púlpitos, pero muchas se negaron a recibirla. En 1844, ella y su marido se mudaron a Ohio, donde continuaron su recorrido de predicaciónes, se convirtieron en tempranos defensores de la igualdad racial como abolicionistas y transformaron su hogar en una de las paradas del ferrocarril subterráneo.[16]

Éstos sólo son dos ejemplos de predicadoras de convicción. Un creciente número de historiadores ha intentado de recuperar historias como éstas, pero han luchado para lograr acceso a fuentes principales y a relatos no peyorativos de segunda mano.[17] Según la historiadora Catherine Brekus, muchas de estas predicadoras fueron «demasiado conservadoras para ser recordadas como activistas defensoras de los derechos de las mujeres, pero demasiado radicales para verlas como evangélicas».[18] Las feministas las ignoraron por su conservadurismo religioso y los conservadores las tacharon de la historia por su progresismo.[19]

Hay que contar con las muchas otras figuras a lo largo de la historia de la iglesia que predicaron con convicción, ninguna de ellas sin defecto, pero todas comprometidas con la proclamación del evangelio de Cristo incluso a un gran costo. El predicador John Knox se enfrentó a la reina María Estuardo en Escocia. Martín Lutero defendió sus creencias en la asamblea llamada Diet of Worms después de la cual sufrió amenazas de muerte por el resto de su vida. En diciembre de 1511, el fraile dominicano Antonio Montesinos predicó con valor contra las maldades de la esclavitud en las colonias españolas desde su

15. Righter Major fue una protegida de la evangelista Harriet Livermore, una predicadora destacada de principios del siglo xix. Livermore tuvo un ministerio itinerante influyente en la primera mitad de su vida adulta, les predicó al presidente y a los líderes congresistas y a otros miembros del público del Capitolio en 1827, en Washington, D.C. Según la historiadora Catherine Brekus, Livermore consideraba a Righter Major como su «hija espiritual». Para más información sobre esta relación mentora-protegida, véase Brekus, *Strangers and Pilgrims*, 223-24.

16. Para más información sobre Sarah Righter Major, véase Frye, *Uncommon Woman*. Ver también Brekus, *Strangers and Pilgrims*, 203, 223-224, 264, 302.

17. Para leer algunos relatos históricos de predicadoras, véase Higginbotham, *Righteous Discontent*; Collier-Thomas, *Daughters of Thunder*; Haywood, *Prophesying Daughters*; Zink-Sawyer, *From Preachers to Suffragists*; R. Larson, *Daughters of Light*.

18. Brekus, *Strangers and Pilgrims*, 7. Comentando sobre el vacío en el registro histórico de mujeres predicadoras de fines del siglo xviii y principio del xix, Brekus escribe: «Las predicadoras han sido prácticamente olvidadas por los historiadores modernos. A pesar del extraordinario número de libros y artículos publicados sobre mujeres y religión durante los últimos veinticinco años, no ha habido historia social ni cultural de mujeres predicadoras de las tempranas épocas de los Estados Unidos». *Strangers and Pilgrims*, 3.

19. Respecto a la cuestión de los historiadores denominacionales conservadores, Brekus escribe: «Las predicadoras fueron prácticamente tachadas de la historia de sus iglesias a mediados del siglo xix, un silencio que se ha perpetuado desde entonces». *Strangers and Pilgrims*, 7.

púlpito de Hispaniola, lo que hoy se conoce como República Dominicana y Haití. John Wycliffe habló contra los abusos eclesiásticos en la Inglaterra del siglo XIV, y Jan Hus siguió en sus pasos en la República Checa en el siglo XV. En Francia, Bernardo de Claraval inició la reforma del monasticismo benedictino en la primera mitad del siglo XII. Asimismo, en Francia, pero mucho antes, la lideresa de la iglesia del siglo VI, Radegunda, transformó vidas con su ministerio itinerante y su estilo de vivir sencillamente, estableció un convento, construyó un hospital, sirvió a los leprosos, ayudó a los pobres y se comprometió en esfuerzos pacificadores para el reino franco.[20] En el siglo V, Juan Crisóstomo reprendió al emperador y a la emperatriz desde su púlpito en Constantinopla, y en el siglo II, Ireneo protegió y defendió al clero durante la persecución romana en Lyon. Estos sólo son algunos de muchos de los predicadores de convicción cuyas vidas nos siguen predicándonos hoy por medio de su ejemplo.

Resoluciones que establecen la convicción

Si consideramos ciertas las palabras de George Truett cuando dice «la convicción es la que convence en todas partes», quizá la siguiente pregunta que nos debemos hacer es: «¿A qué se asemeja eso para el predicador de hoy?».[21] Mi respuesta viene en dos partes: las resoluciones y las prácticas. Consideremos las resoluciones que establecen la convicción y las prácticas que por una parte la estorban, y por otra parte la sustentan. Aquí uso el término «resoluciones» de forma muy parecida a como lo hizo Jonathan Edwards.[22] Con esta palabra me refiero a los ideales en los que uno cree, a los que uno se aferra, por los cuales uno lucha a pesar de la circunstancia. Para los propósitos de este capítulo, propongo las siguientes resoluciones homiléticas como base de la predicación con convicción.

Dios nos ha llamado a predicar

No debemos pasar por alto nuestro sentido del llamamiento. Como predicadores cristianos no necesitamos conocer la respuesta a cada pregunta; sería arrogante y presuntuoso afirmar que nos nutrimos de las profundidades

---

20. Para más información sobre la vida de Radegunda, véase Schulenburg, *Forgetful of Their Sex*, 18-20.

21. Truett, *President's Address*, citado en Durso, *Thy Will Be Done*, 240.

22. Al principio de su ministerio, Edwards escribió setenta resoluciones, es decir, compromisos que aceptó con el fin de sostenerse en las situaciones cotidianas. Ver *Jonathan Edwards' Resolutions*.

de la sofisticación teológica o de la sabiduría práctica. A pesar de nuestros defectos, hay que recordar esto: *Dios nos ha llamado a esta obra, no importa lo que los demás nos digan u opinen de nosotros.* En *The Certain Sound of the Trumpet* (El sonido particular de la trompeta), Samuel D. Proctor explica que el llamado a predicar lo acompaña un nivel de urgencia que uno no puede ignorar; representa un momento clave en la vida de una persona. Proctor declara: «Uno sencillamente sigue adelante después de asegurarse de que ningún otro trabajo o tarea requiere que uno le empeñe todas sus energías y compromiso al llamado a predicar. A partir de eso, no se ofrecen más garantías».[23] El «llamamiento» nos sustenta cuando atravesamos los oscuros túneles de la incertidumbre, los extensos períodos en los que sentimos que la cisterna de nuestra convicción se ha agotado y ya no puede llenarse de nuevo. Porque le hemos dicho que sí a Dios, procedemos sin las garantías que, de otro modo, desearíamos o esperaríamos tener. Sin embargo, muchos predicadores son capaces de vivir sin garantías, porque la carga de predicar en respuesta al llamado de Cristo pesa mucho más sobre ellos que el fingimiento de esa certeza.[24] En realidad, a veces sentimos nuestro agobio lo bastante pesado, que cualquier otra respuesta nos parece desobediencia. *¡Predicar no es optativo!* Le hacemos eco a la declaración de Pablo: «Sin embargo, cuando predico el evangelio, no tengo de qué enorgullecerme, ya que estoy bajo la obligación de hacerlo. ¡Ay de mí si no predico el evangelio!» (1 Co. 9:16). Hay que recordarnos que en el mundo antiguo, el declarar un lamento funcionaba como una maldición; como resultado, el significado paulino es: «Sea yo maldito si *no* predico el evangelio». La predicación de convicción quiere decir que uno se siente obligado a predicar, que experimenta un anhelo paradójico por lo que James Earl Massey llama el «gravoso gozo de predicar».[25]

Muchos de nosotros habríamos escogido una senda distinta a ésta si no hubiera sido por el llamamiento de Dios en nuestras vidas. Antes de llamar Dios a Jarena Lee a predicar, ella era ama de casa y madre de dos pequeños. Antes de su llamado C. Taylor a predicar, se estaba preparando para solicitar el ingreso a la Universidad de Michigan. James Earl Massey pensaba ser músico profesional antes de que Dios lo llamara a predicar. Massey escribe:

---

23. Proctor, *Certain Sound of the Trumpet*, 7.

24. Para más información sobre la carga de predicar, véase Massey, *Burdensome Joy of Preaching*, 13-17.

25. Massey escribe: «Por mucho tiempo he investigado el tema de la predicación y, con buen agrado lo he experimentado, como un gozo gravoso. Es gravoso porque los aspectos de la preparación y la pronunciación de la tarea del púlpito pesa sobre el ser predicador como persona, y con tantas exigencias raras. Pero predicar también es un "gozo", por el propósito divino que la hace necesaria y por estar tan llena de los incidentes redentores que puede efectuar para aquellos que la reciben con fe y con tanta sinceridad». *Burdensome Joy of Preaching*, 13.

«Todas las señales a lo largo del sendero de mis intereses me dirigían a una carrera como pianista, no como predicador. Pero no sería así, y por razones que sólo se pueden dirigen directamente a Dios».[26] El llamamiento a predicar tiene una forma de oponerse a las convenciones sociales y de interferir en nuestros planes vocacionales.

Hace varios años, Joseph Jeter predicó un sermón en el que contó la historia de una de sus estudiantes de homilética. Cuando él se encontró con ella por primera vez en su clase, ella le dejó claro que no tenía planes de ser predicadora. Sin embargo, como suele ocurrir con los jóvenes seminaristas, experimentó un cambio de dirección y un ajuste al llamado de Dios en su vida. Le encantó la predicación y encontró un sentido de propósito en hacerlo. Después de graduarse respondió al llamado de una pequeña iglesia de una pequeña ciudad de Texas y se entregó de todo corazón a la obra pastoral, sobre todo a la tarea de la predicación regular de los domingos por la mañana. Entonces de pronto le sucedió una tragedia: «Un camión de la basura se pasó de un semáforo en rojo pegándole por lleno en un lado del coche, quedando ella atrapada adentro». Los vehículos de emergencia llegaron y la encontraron inconsciente. Tuvieron que usar tenazas hidráulicas para sacarla. Ella podría haber muerto fácilmente si la situación hubiera sido un tanto diferente. Después de haber sido transportada a toda prisa al hospital, volvió en sí. Al explicarle el médico que necesitaba hacerle cirugías más extensas, «Justo antes de quedarse dormida, sonrió y dijo estas tres palabras: *"¡Todavía puedo predicar!"*».[27]

La carga de un predicador lo lleva más allá de frases comunes y superficial —«Se me da bien» o «es divertido predicar»— a un llamamiento más profundo para la vida y para el ministerio. Creemos que Dios nos ha llamado a predicar, que «ninguna otra obra, ninguna otra tarea, exigen la totalidad de [nuestra] energía y de [nuestro] compromiso como el llamado a predicar».[28]

«Uno sencillamente sigue adelante después de asegurarse de que ningún otro trabajo o tarea requiere que uno le empeñe todas sus energías y el compromiso al llamado a predicar. A partir de eso, no se ofrecen más garantías».
—Samuel D. Proctor

26. Massey, *Burdensome Joy of Preaching*, 29.
27. Graves, *Fully Alive Preacher*, 6 (cursivas añadidas). Graves cuenta que oyó a Jeter contar esta historia en un sermón que se predicó en la reunión anual de la Academia de Homilética a principios de la década de 2000.
28. Proctor, *Certain Sound of the Trumpet*, 7.

Por asuntos de convicción, decidimos hacernos predicadores que digan «¡Ay de mí si no predico!».

Dios predica por medio de los predicadores

El decidir Dios de predicar por medio de los predicadores parece tan contradictorio como un padre o madre decidir darle dinamita a un niño de dos o tres años. No sólo confunde la intuición; sino que también parece un descuido y una falta de sabiduría. Sin embargo, por razones que sólo Dios conoce, Él lo considera adecuado anunciar las buenas nuevas del reino por medio de los predicadores, aunque seamos pecadores finitos. En la predicación, Dios comunica la palabra escrita de la reconciliación mediante palabras humanas, para que palabras humanas presenten de nuevo la Palabra divina. Dios les habla *a* los predicadores para que Él, como Predicador, alcance al mundo, *a través* de la predicación. En la misteriosa providencia divina, los huesos se convierten en carne; las palabras se vuelven fuego; el sonido establece el contexto para el Espíritu. Así, la predicación cristiana sigue siendo paradójica; por una parte, resulta insolente y arriesgada, y, por otra, milagrosa y llena de gracia. En la predicación, Dios ha puesto un «tesoro en vasijas de barro», para que tanto la iglesia como el mundo puedan ver y ser convencidos de que «tan sublime poder viene de Dios y no de nosotros» (2 Co. 4:7).

Si creemos que a Dios le parece adecuado predicar por medio de la predicación, se requiere que haya en nosotros la disposición de colaborar con («co-laborar» significa literalmente «trabajar con») y depender del Espíritu Santo en la obra de la proclamación cristiana. Nos obliga a mantener la responsabilidad de estudiar y la de practicar el evangelio, y a la misma vez reconocemos con humildad que sólo el Espíritu puede supervisar el sermón. Predicar sin depender del Espíritu puede compararse a sentarse en un bote velero sin depender del viento.

El apóstol Pablo les recuerda a los tesalonicenses la centralidad de la presencia y de la obra del Espíritu cuando escribe: «Nuestro evangelio les llegó no sólo con palabras, sino también con poder, es decir, con el Espíritu Santo y con profunda convicción» (1 Ts. 1:5). Aunque él menciona el poder, el Espíritu, y la convicción juntos en este versículo, en el contexto más amplio de 1 Tesalonicenses, el Espíritu Santo tiene prioridad y es la fuente de los otros dos. Es decir, en la teología paulina, el poder y la convicción son actividades y disposiciones impregnadas por el Espíritu Santo.[29]

---

29. Como observa Angela H. Reed, «Pablo sabe que es el Espíritu Santo, y no las palabras solas, quien trae el poder divino para convicción (1:5). Los tesalonicenses tienen su propia conexión con Dios, quien les ha dado el Espíritu Santo (4:8). Aunque Pablo es quien les ofrece

Respecto al deseo de Dios de predicar por medio de los predicadores, Juan Crisóstomo habló de la «condescendencia de la Palabra de Dios», es decir, el milagro de Dios que condesciende (baja) y mora con nosotros. O sea, que en la predicación, Dios pronuncia palabras en nuestra lengua, le comunica gracia y verdad a la iglesia por medio del discurso humano en el que mora el Espíritu.[30] Cuando predicamos, escribe Dietrich Bonhoeffer: «La Palabra de Dios ha entrado de verdad en la humillación de la palabra del hombre. La palabra del hombre al predicar es la Palabra de Dios debido a su asociación voluntaria, por la cual Él se ha atado a ella».[31] Debería humillarnos cuando entendemos que el Espíritu de Dios está «atado [...] a la palabra del hombre», y permaneciendo sobre la proclamación cristiana, obrando en ella, por medio de ella y, a veces, a pesar del predicador que proclama la conmovedora palabra del Señor.

Predicar en colaboración con el Espíritu Santo tiene más sentido cuando recordamos que, en su definición más básica, la gracia es recibir un don que no merecemos.[32] Como lo expresa Lenny Luchetti, predicar «nos recuerda que Dios puede realizar, y realiza, lo imposible mediante métodos imposibles. Podría decidir simplemente manifestarse en las palabras de tal o cual predicador y transformar a tal y tal persona en discípulos que cambian el mundo».[33] Cuando nos aferramos a mostrar un intercambio saludable de que el predicar es, a la vez, divino y humano, presunción y gracia, sonido y Espíritu, esto equilibra nuestro temor y temblor con reverencia y confianza. Y, lo más importante, es que nos capacita para creer que Dios de verdad predica a través de predicadores.

Dios espera que seamos administradores fieles del evangelio

Los que se dedican a la homilética usan diferentes clases de imaginería y terminología para describir lo que es la predicación, ya sea palabras como «anunciar», «testificar», «confesar», «profetizar», «proclamar» y «declarar». La mayoría de estas palabras nos ayuda a entender lo que es la predicación y cómo podrían

---

instrucción sobre un estilo de vida como el de Cristo, es Dios quien lleva a cabo la transformación personal y comunitaria (5:24)». *Quest for Spiritual Community*, 86.

30. Véase *Reading and Preaching of the Scriptures*, 2:187.

31. Bonhoeffer, *Christ the Center*, 53. La idea más amplia de Bonhoeffer es que Cristo mismo viene a nosotros cuando la Palabra se proclama a través de la predicación: «La totalidad de Cristo está presente en la predicación, Cristo humillado y Cristo exaltado» (52).

32. Frederick Buechner ofrece esta descripción: «La gracia es algo que nunca puedes conseguir, sólo se puede dar. No hay forma de ganarla ni de merecerla ni de provocarla, así como tampoco se puede merecer el sabor de frambuesas con crema ni lograr ser guapo/a ni ocasionar el propio nacimiento». *Wishful Thinking*, 33.

33. Luchetti, *Preaching Essentials*, 19.

haber comprendido los escritores bíblicos su propósito y su función. Pero, una metáfora que poco se usa para predicar es «mayordomía» o administración.[34] Un mayordomo o administrador es uno a quien otro le ha confiado sus posesiones más preciadas como una casa, un castillo, un terreno y hasta a los miembros de su familia. Su tarea de ser un guardián fiel sobre aquello que se le ha encomendado. Vemos esta metáfora de forma más general cuando Jesús la usa en la parábola de los talentos (Mt. 25:14-30), la parábola del dinero (Lc. 19:11-27) o cuando describe a los siervos que cumplen con su deber (Lc. 17:7-10). Con respecto a la predicación, el lenguaje de la mayordomía y de que le encomiende a alguien el evangelio aparece en varios lugares, en especial en las epístolas de Pablo:

- 1 Corintios 4:1-2: «Que todos nos consideren *servidores de Cristo, encargados* de administrar los misterios de Dios. Ahora bien, a los que *reciben un encargo* se les exige que demuestren ser *dignos de confianza*».

- 1 Corintios 9:17: «En efecto, si lo hiciera por mi propia voluntad, tendría recompensa; pero, si lo hago por obligación, no hago más que *cumplir la tarea que se me ha encomendado*».

- Gálatas 2:7: «Al contrario, reconocieron que a mí *se me había encomendado predicar el evangelio* a los gentiles, de la misma manera que se le había encomendado a Pedro predicarlo a los judíos».

- 1 Tesalonicenses 2:4: «Al contrario, hablamos como hombres a quienes Dios aprobó y *les confió el evangelio*: no tratamos de agradar a la gente, sino a Dios, que examina nuestro corazón».

- Tito 1:3: «…la *predicación que se me ha confiado* por orden de Dios nuestro Salvador».

Hay que observar que el énfasis es ser fiel a una confianza mucho mayor que uno mismo. Pablo concibe su predicación como el fiel desempeño de una encomienda que Dios le ha puesto en las manos. Como resultado, le importa más agradar a Dios que a la gente, ya que cree que Dios es quien le ha confiado la tarea (1 Ts. 2:4; cp. también Gá. 1:10). Cuando predicamos es necesario recordar que somos mayordomos, no dueños. Los administradores no tienen un sentido exagerado de la auto importancia a la luz de sus funciones y responsabilidades. Se resisten al impulso de hacer que la tarea que tienen por delante no sea de ellos mismos.

---

34. La obra de Jason C. Meyer representa un ejemplo que destaca el lenguaje de la predicación como mayordomía. Meyer también enfatiza la predicación como anuncio, de manera que el lenguaje de la administración o mayordomía es un descriptor más y no el descriptor central o único para la predicación en su obra. Véase Meyer, *Preaching*, 21-23.

El evangelio que administramos tiene el poder de cambiar el mundo; no es nada menos que el «poder de Dios para la salvación de todos los que creen» (Ro. 1:16). En el evangelio, el reino de Dios tiene su gran entrada en el tiempo y en el espacio. El misterio de Dios se ha revelado por medio de Cristo (Ro. 16:25; 1 Co. 2:7-10; 4:1; Ef. 3:2-11; Col. 1:24-27; 4:3). En Efesios 2:14-22, Pablo afirma que a través de Cristo, el muro de separación entre los pueblos y las razas ha sido derribado, se ha forjado la paz, una nueva humanidad se ha creado, y los que una vez eran enemigos de Dios, y unos de los otros, han sido transformados en hermanos y hermanas en la familia de la fe. Es un mensaje que cambia la vida y transforma el mundo.

¿Qué detenemos en nuestras manos como predicadores? Podría asustarnos el pensar en ello, pero, en un sentido, sostenemos el poder de Dios para la salvación de todo aquel que cree. A mí, eso me suena como un niño de dos o tres años con dinamita en sus manos. No cabe duda de que *también* se trata de un mensaje que la gente oye a su debido tiempo y espacio. Aportamos nuestras voces, dones, personalidades y contextos al sermón; la predicación no nunca se puede despersonalizarse. Sí, Dios nos la encomienda en el tiempo y en el espacio, pero su poder y su relevancia dinámicos se expanden a través de estos. Como administradores de este mensaje que trasciende el tiempo, a veces me pregunto si nuestro temor no sea tanto que nuestra predicación *no pueda* hacer lo que creemos, sino que *sí puede hacerlo*.[35]

A Dios le importa más la fidelidad que el éxito

Es necesario que los predicadores le pongan más importancia al ser fieles que al tener éxito. El esforzarse para lograr el éxito en la predicación, por lo menos como lo definen los sistemas mundanos, desbaratará nuestros ministerios y producirá predicadores orgullosos, arrogantes, inseguros y sin ética. Una de las ironías de predicar es que un predicador de éxito podría concluir erróneamente que Dios pone barro en la vasija de un tesoro, en vez de poner un tesoro en una vasija de barro. Me resulta curioso que Jesucristo nunca usó el lenguaje del éxito cuando hablaba del ministerio y se negó hacerlo un resultado deseado para sus discípulos. Por lo contrario, Jesús usaba con más frecuencia el lenguaje de la fidelidad y la productividad. ¿Has sido fiel con los talentos que te confié? ¿Sigues conectado a la vid? (Mt. 25:14-28; Jn. 15:1-8).

Hace unos quince años, cuando yo era pastor asociado, asistí a un congreso de liderazgo de la iglesia con otros miembros del personal de nuestra congregación. Recuerdo muy poco el tema, a los oradores, a los participantes o los pasos

---

35. James Forbes observa: «Muchos de nosotros tememos a que se apodere de nosotros una presencia invisible que no podamos controlar». *Holy Spirit and Preaching*, 23.

de acción que nuestro equipo adoptó después del congreso. En realidad sólo me acuerdo de una de las frases que un pastor me dijo de pasada. Cuando hablamos sobre el pastorado, me comentó, «Jesús no le dijo a Pedro "Tú edificarás mi iglesia". Le dijo "Yo edificaré mi iglesia"». ¡Qué palabras tan liberadoras! En aquel momento sentí una paz y un descanso que no había sentido antes en el ministerio. Aunque el que hablaba conmigo no continuó con la parte que sigue en el versículo, sirve de provecho volver a familiarizarnos con esa parte. Jesús declaró: «Yo [...] edificaré mi iglesia y las puertas del Hades no prevalecerán contra ella» (Mt. 16:18 rvr1960). ¿Para ti, cómo sería el ser liberado de esa obsesión, que los resultados dependen de uno como predicador?

Consulte www.Practi casdelaPredicacion Cristiana.com para ver un video en que el pastor Ken Shigematsu nos exige a recordar que Dios no nos ve como personajes de escenario teatral que necesitan ser eficientes, sino como hijos preciados suyos.

Deje que Dios se ocupe de los resultados de su predicación. Teológicamente yo creo en esta declaración, pero en ocasiones lucho para creerla de manera práctica. Jesús le explicó a Nicodemo respecto al Espíritu: «El viento sopla por donde quiere» (Jn. 3:8), aunque algo dentro de mí quiere creer que puedo controlar el viento y, quizá, aun manejarlo. Algo en mí me impulsa a creer que depende de mí el convertir corazones de piedra en corazones de carne. Esta perspectiva me lleva a una de dos resultados: la arrogancia o la ansiedad. La arrogancia viene de confiar y de estar demasiado seguros de nuestros dones y de sentimientos presumidos de la auto importancia. De esa manera queremos ocupar el lugar central, un sitio que sólo Dios debe llenar. Me atrevería a decir que a Dios no le interesa llenar el mundo con más predicadores que intenten ser como Él. La ansiedad viene cuando transformamos nuestro amor por la gente en una conexión malsana hacia ellos y lo que ellos esperan de nosotros. Los que nos escuchan se convierten en nuestros mayores jueces en vez de Dios, y nos dejamos llevar por la corriente de la emoción bajo la carga constante de que si les agradamos o no. Nos preguntamos: «¿Están contentos conmigo y con mi predicación?», en vez de: «¿He sido fiel con los talentos que se me confiaron?». Cuando predico, me produce gran alivio al acordarme de que Jesús afirmó «Yo [...] edificaré mi iglesia» en vez de «Tú edificarás mi iglesia». Cuando estoy desalentado, también me ayuda a recordar lo que sigue: «y las puertas del Hades no prevalecerán contra ella».

La predicación que vive viene de vivir una vida que predica

Tomando prestado de las imágenes que pinta el Antiguo Testamento, Dios prefiere que nos rasguemos nuestros corazones en vez de nuestras vestiduras (Joel 2:13). Como ministros, sabemos por instinto que a Dios le preocupa la condición de nuestros corazones. Jesús les recordó a sus discípulos: «Lo que sale de la boca, del corazón sale; y esto contamina al hombre» (Mt. 15:18).

Pensamos y hablamos de gente, temas y cosas que nos cautivan. En *You Are What You Love: The Spiritual Power of Habit* (Eres lo que amas: el poder espiritual del hábito), James K. A. Smith afirma: «El corazón es la cámara existencial de nuestro *amor* y son nuestros amores los que nos orientan hacia un fin supremo o *telos*».[36] El deleite de nuestros corazones se manifiesta menos en los momentos públicos como la adoración y más en los momentos privados, cuando estamos solos, o en las interacciones cotidianas con la familia, los amigos y los desconocidos.

La predicación que vive viene de vivir una vida que predica.

A Dios le importa nuestro carácter.[37] Como les gusta afirmar a los predicadores antiguos: «Carisma sin carácter es una catástrofe». Uno puede mostrarse como pastor y predicador excepcionalmente carismático pero seguir sin los atributos de carácter que sostengan un ministerio productivo. En una breve enseñanza sobre los discípulos verdaderos y los falsos en Mateo 7:21-23, Jesús ofrece una espantosa advertencia. Para algunos líderes de grandes talentos, a las personas que profetizan en el nombre de Dios, expulsan demonios y hacen milagros, Dios les dirá: «Nunca os conocí. Apartaos de mí, hacedores de maldad».[38] Tal vez nuestra única respuesta, a este lado de la eternidad, debería ser: *Kyrie eleison. Christe eleison.* Señor, ten piedad. Cristo, ten piedad. ¡Ojalá que nunca hagamos grandes cosas para Dios sin caminar siquiera con Dios!

A Dios y a nuestra congregación les importa nuestro ejemplo. La gente estudia si la credibilidad de nuestro vivir autentifica la credibilidad de nuestra predicación. Se preguntan: «¿Nos esforzamos nosotros por ser gente del

36. En el mismo párrafo, Smith argumenta que el corazón capta nuestra atención y atrae nuestro afecto mucho más que nuestro intelecto. Después de describir el amor como el «fin supremo o *telos*», escribe: «No es sólo que yo "conozca" algún fin o "crea" en algún *telos*. Más que eso, *anhelo* un fin. *Quiero* algo y eso quiero a fin de cuentas. Son mis deseos los que me definen. En resumen, usted es aquello que ama». *You Are What You Love*, 9 (cursivas originales).

37. N. T. Wright afirma:
¡El carácter —lo que transforma, moldea, pone su marca en una vida y sus hábitos— generará el tipo de conducta a la que las normas hayan apuntado, pero que una *mentalidad* «cumplidora de normas» no puede lograr nunca! Y producirá la clase de vida que en realidad será fiel a sí misma, aunque el «yo» al que será leal al final es el yo redimido, transformado y no meramente el yo «descubierto» del pensamiento popular [...]. En el último análisis, lo que importa, una vez que has creído, no son ni las reglas ni el autodescubrimiento espontáneo, sino el carácter. (*After You Believe*, 7)

38. Jonathan Edwards interpreta este texto bíblico y otros, haciendo la distinción entre los «dones extraordinarios del Espíritu» y «las gracias del Espíritu». Argumenta que es posible que los cristianos parezcan poseer dones extraordinarios, pero al no haber experimentado las gracias del Espíritu, su falsedad quedará expuesta en el juicio. Véase el sermón de Edwards, «The Extraordinary Gifts of the Spirit Are Inferior to the Graces of the Spirit», en Edwards, *Works of Jonathan Edwards*, 2:279-312.

evangelio que llamamos a otros ser?» Antes de despedirse de los ancianos efesios, en Hechos 20, Pablo les recordó: «Ustedes saben *cómo me porté* todo el tiempo que estuve con ustedes, desde el primer día que vine a la provincia de Asia» (Hch. 20:18). A los tesalonicenses les escribe: «Por el cariño que les tenemos, nos deleitamos en compartir con ustedes no sólo el evangelio de Dios, *sino también nuestras vidas*» (1 Ts. 2:8). El sermón se extendió más allá de los confines de la asamblea que allí reunida. En su libro clásico, *The Reformed Pastor* (El pastor reformado), Richard Baxter escribe: «Todo lo que un ministro hace es una especie de predicación; y si usted vive una vida de envidia o descuidada, le predica estos pecados a su congregación mediante su comportamiento».[39]

Muchos de los que se dedican a la homilética se ponen nerviosos cuando las conversaciones se tratan de las cuestiones de santidad y carácter, por esa razón muchos libros de texto sobre la homilética evitan por completo estos temas. Por motivos teológicos, muchos autores temen que la gente piense que han enfatizado en exceso la operación humana han descuidado la intervención divina, que la santidad se ha convertido, de alguna manera, una carga. Por motivos prácticos, nos preocupamos de que nuestro intento de elevar una visión de santidad y enfatizar su centralidad en la predicación encuentre resistencia y tal vez cierta hostilidad debido a que la gente venga de distintas denominaciones, expresiones religiosas y orientaciones teológicas que tengan razón el enfatizar las diferentes prácticas y disciplinas espirituales distintas a las nuestras. Por razones personales, podemos sufrir de lo que la psicóloga Pauline Rose Clance se refiere el «fenómeno impostor», que más popularmente se llama el «síndrome impostor».[40] Nos inquieta vernos expuestos como fraudes. Como en un escenario dramático exagerado, ¿quiénes somos para hablarle a nadie de vivir una vida santa? Pero los que escriben libros de introducción a la predicación, es un descuido enorme a sus lectores el dar por hecho la santidad en vez de enfatizar su importancia.

A pesar de nuestras limitaciones y fracasos, la manera en que vivimos nuestras vidas y las comparten con otros, eso le importa a Dios, y también a nosotros nos debe importar como ministros del evangelio. El ministro de la Iglesia de Escocia del siglo XIX, Robert Murray McCheyne, ofreció el siguiente consejo a un joven ministro durante su ordenación: «Estudie la santidad universal de la vida. La totalidad de su utilidad depende de esto. Su sermón sobre el Sábat no dura sólo una o dos horas; su vida predica toda la semana».[41] El

39. Baxter, *Reformed Pastor*, 84.
40. Véase Clance, *Impostor Phenomenon*.
41. McCheyne, «Sermon XI: Positions and Duty of a Minister», en la ordenación de P. L. Miller, Wallacetown, Dundee, 1840, en McCheyne, *Works of Rev. Robert Murray McCheyne*, 68.

pastor Robert Lewis Gilbert les comentaba a los que se preparaban para el ministerio de su iglesia en Waco, Texas: «El setenta y cinco por ciento de su sermón es la vida que usted vive».[42] Que se declare sobre nosotros lo que se afirmó sobre Bernabé en Hechos 11:24: «Era un hombre bueno, lleno del Espíritu Santo y de fe. Y un gran número de personas aceptó al Señor».

Las prácticas de la convicción

Así que, ¿cómo nos convertimos, pues, en predicadores de convicción? Tal vez se me ocurra esta imagen porque lucho con mantener mi peso a un nivel saludable, de modo que, considere estas propuestas como alguien que acaba de consultar con un experto en la dietética y la nutrición. No me atrevo en buena consciencia a hacerme pasar por experto ni pretendo ser maestro en este campo. Sin embargo, sí puedo compartir algo que otros me han enseñado sobre la diferencia entre lo que es saludable y lo que no lo es. Si se me permite extender un poco más la analogía, déjenme ofrecer algo más sencillo y, tal vez, más intuitivo: *algunos hábitos hacen que uno se mantenga saludable mientras otros que uno se enferme.*

Empiezo esta discusión con cierto cuidado, porque me preocupa que me vean como uno que «sermonea» en un libro sobre los sermones. A la vez, no quiero dar a entender que hay normas fuera de contexto, rígidas, que se deben seguir en cada situación por todas las personas sin excepción, a menos que estemos hablando del tipo de cuestiones importantes que descalifiquen a una persona del ministerio cristiano. La mayor parte de lo que describo en esta sección viene de lo que he visto que otros incorporan en sus vidas y sus ministerios, y de aquello en lo que yo mismo sigo trabajando y creciendo en mi propia vida.

En la primera parte se consideran hábitos poco saludables que los predicadores deben evitar, lo que yo llamo prácticas negativas a las que un se resiste. Son las que nos enferman. Luego, se averiguan hábitos de provecho que los predicadores deben cultivar, a lo que me refiero como prácticas a perseguir. Son hábitos que nos mantienen saludables.

---

42. Pastor Robert Lewis Gilbert (1941-92) fue el padre de Kenyatta L. Gilbert quien, en su primer libro, escribe: «Tomando una página de la sabiduría popular del abuelo Benny, mi padre, que también fue un esforzado predicador, les indicaba a los ministros en formación que servían en nuestra iglesia: "El setenta y cinco por ciento de tu sermón es la vida que llevas"». *Journey and Promise of African American Preaching*, 1-2. Robert Gilbert fue el primer graduado afroamericano de la Universidad de Baylor y pastor de la Iglesia Carver Park Baptist de Waco, Texas, desde 1978 hasta 1989.

Hábitos negativos a que resistirse

Aunque sin duda podríamos tener una discusión productiva sobre las luchas generales a las que se enfrentan todos los cristianos, serviría mejor a nuestros propósitos tratar con los problemas específicos a los que se enfrentan los predicadores.

LA ADICCIÓN AL TRABAJO

Muchos de nosotros medimos nuestro valor delante de Dios basándonos en si nos hemos agotado en demasía por los demás. Sin lugar a dudas, algunos pastores tienen una tendencia distinta; luchan con la pereza y el letargo. Pero la mayoría de los pastores a los que conozco luchan con el problema opuesto. Se esfuerzan demasiado, dedican muchas horas; están agotados y tienen el alma cansada. El ministerio pastoral es muy parecido a tratar de limpiar una casa con niños pequeños. Tan pronto como parece estar limpia, vuelve a estar desordenada, y pasa que usted ha pisado algo o se ha tropezado con algo que no estaba ahí hace cinco minutos antes. Parece que siempre hay más gente que necesita consejería, más correos electrónicos o llamadas telefónicas que entran que los que se contestan y más crisis que de las que una sola persona pueda atender. La tentación es permitir que estas cosas nos vengan con tal fuerza que sacrificamos el bienestar de nuestras familias, nuestra salud física, la salud del alma —todo— para estar al día con las personas a las que nos sentimos llamados a amar y servir. Es más, si le agregamos a esto el peso de nuestro amor por la predicación, y nuestra vocación, esa carga total nos puede inundar. El peligro de convertirnos en adictos al trabajo está probablemente más a un nivel subconsciente entre los ministros, porque usamos palabrero religioso para autorizarlo. Quizás hay que llamarlo por su debido nombre en vez de justificarlo. Como lo expresa el viejo dicho: «Aunque la mona se vista de seda, mona se queda».

**Hábitos negativos
a que resistirse**

Adicción al trabajo

Vanidad

Celebridad

Arrogancia

Falta de autenticidad

Falta de oración

Figura 2.3. Hábitos negativos

LA VANIDAD

La vanidad puede definirse como «el orgullo excesivo por la apariencia de uno mismo o los logros propios; la presunción».[43] La vanidad se mete al escondite en nuestro ministerio de predicación cuando nos convencemos de

---

43. *American Heritage Dictionary*, 1.902.

que Dios tiene la fortuna de tenernos y que nuestras comunidades de fe son bendecidas por ser nosotros su líder. La vanidad nos lleva a creer que todo el éxito de la iglesia tiene su base en nuestro empeño, y que todas las dificultades con las que la iglesia tiene que tratar son por los fracasos de alguien más. Las personas que luchan con la vanidad se creen demasiado importantes para hacer tareas insignificantes. Con frecuencia miden su predicación según su superioridad sobre otros predicadores. Esta tentación puede ser especialmente fuerte entre los que con facilidad pueden predicar. Es fácil que eso se le suba a alguien a la cabeza si la gente lo halaga constantemente. Los problemas surgen de forma inevitable cuando uno les crees.

LA CELEBRIDAD (SER CÉLEBRE)

Esta tentación guarda un parecido semblante familiar a la vanidad, pero es un problema un poco distinto. Cuando Oprah Winfrey era más joven, le comentó a una íntima amiga: «Quiero ser actriz», y ésta le respondió: «Tú no quieres ser actriz. Quieres ser estrella».[44] Muchos predicadores luchan con la misma tentación, sobre todo en una cultura obsesionada por la celebridad. El obispo anglicano británico Charles Gore vio acercársele este peligro a finales del siglo xx, cuando declaró: «Esta enfermedad de la predicación moderna es su búsqueda de la popularidad».[45] En ocasiones me pregunto si la llegada y los alcances de los medios sociales hayan hecho que esta lucha sea especialmente persistente. Si carecemos de humildad y dejamos de rendir cuentas, caeremos fácilmente en esta trampa. Ninguna iglesia debería convertirse en una secta basada en la personalidad del predicador. Hay que vigilar que a mantengamos a Jesucristo en su puesto central a causa de nuestro deseo de ocuparlo.

LA ARROGANCIA

En muchos ámbitos de la iglesia local, los predicadores funcionan como el teólogo residente, el experto en exégesis bíblica. Sin querer, resulta que nuestra posición y conocimiento hagan que los demás se sientan inferiores. Además de proyectar una arrogancia intelectual, también nos arriesgamos a exhibir una arrogancia espiritual. El orgullo puede colarse en nuestra alma de tal manera que nos vamos impacientando cada vez más con los que nosotros percibimos estar a un nivel espiritual distinto al nuestro.[46] El sobreestimar

---

44. La historia sobre Oprah Winfrey que quería ser una estrella fue contada de segunda mano por un pastor entrevistado en Burns, Chapman y Guthrie, *Resilient Ministry*, 76.

45. La cita del obispo Gore aparece en Stewart, *Heralds of God*, 29.

46. Para más información sobre los peligros del egoísmo en el ministerio pastoral, véase Reid y Hogan, *Six Deadly Sins of Preaching*, 29-40.

nuestras capacidades intelectuales y espirituales no van de acuerdo con la teología cristiana del poder, cómo usamos el poder y para cuáles fines lo usamos (Mr. 10:38-45). Nuestra posición de autoridad espiritual no debe exhibirse como arma para dañar a otros (Ez. 34:1-10).[47]

LA FALTA DE AUTENTICIDAD

La mayoría de la gente sabe percibir una falta de autenticidad desde lejos. De ningún beneficio sirve, incluyéndonos ni a nosotros mismos, si luchamos para impresionar, preservar nuestra imagen y presentarnos de una manera falsa. [48] «En el núcleo central del falso yo —escribe David G. Benner— está el deseo de conservar una imagen de nuestro yo y una forma de relacionarnos con el mundo. Este es nuestro estilo personal, cómo pensamos de nosotros mismos y cómo queremos que los demás nos vean y piensen de nosotros».[49] Como predicadores, parte de nuestro trabajo es cerrar la brecha entre el personaje que presentamos y la persona que somos. Al hacerlo, aceptamos nuestro yo verdadero en vez del falso yo que proyectamos. Dios nos ama profundamente en Cristo, con realidades comprobantes a ello, diseñadas para no agotarnos en una falsa actuación y sino abrirnos a una versión mejor de la persona que Dios anhela que seamos. Al rechazar al falso yo, Benner nos explica que experimentamos esta paradoja: «Si encontramos nuestro verdadero yo hallamos a Dios, y si lo encontramos a Él, descubrimos nuestro yo más auténtico».[50] Como Juan Calvino declara en las primeras líneas de *The Institutes* (Los institutos): «Casi toda la visión que poseemos, es decir, la sabiduría verdadera y sana, consta de dos partes: el conocimiento de Dios y de nosotros mismos».[51]

LA FALTA DE ORACIÓN

Para ser sincero, en realidad, yo lucho con esta tentación como predicador. Algunos tienen la capacidad natural de orar profundamente durante largos períodos. Con frecuencia, mi naturaleza pecaminosa me hace sentirme molesto en vez de inspirado por esos períodos de oración. Todavía no he aprendido cómo experimentar a Dios con tanta profundidad y resistencia.

---

47. Ian Pitt-Watson nos recuerda: «En ocasiones, nuestro fracaso como predicadores no es más que el fracaso de pastores disfrazados». *Preaching*, 59.

48. Para más información sobre los peligros de la falta de autenticidad en el ministerio pastoral, véase Reid and Hogan, *Six Deadly Sins of Preaching*, 17-28.

49. Benner, *The Gift of Being Yourself*, 76.

50. Benner, *The Gift of Being Yourself*, 15. Para más información sobre distinguir entre el falso yo y el verdadero yo, véase también Mulholland, *Deeper Journey*, 22-25, 46-51.

51. Calvin, *Institutes of Christian Religion*, 1:35.

Se me olvida orar. Se me olvida invitarlo a que pase tiempo conmigo cuando estudio las Escrituras. Me distraigo y, como resultado, pierdo la oportunidad de comunicarme con y oír la voz de nuestro Trino Dios.

Desafortunadamente, la oración no recibe suficiente atención en la mayoría de las clases ni en los libros de textos de homilética. Al explicar la aparente ausencia de la enseñanza sobre la oración en las clases de homilética, Lucas A. Powery escribe: «La oración no se considera una prioridad, al menos en comparación con la exégesis bíblica, una teología de la palabra o diálogo sobre la forma del sermón. [...] La oración se deja homiléticamente para más tarde, aunque es irónico que sea la práctica espiritual que alimenta el fuego de la predicación».[52] Para muchos de nosotros, incluyéndome a mí mismo, la tentación de olvidarnos de Dios, ignorar la comunión con Él, es lo suficiente sutil como para no ver sus efectos perjudiciales. La falta de oración limita la productividad. Impide nuestro ministerio y agota nuestra alma. El comentario de Powery sobre la oración como combustible que enciende la predicación trae a la mente las palabras del predicador del siglo XIX, George MacGregor, quien expresó una vez: «Preferiría entrenar a diez [personas] para orar que a cien para predicar».[53]

Prácticas a seguir

El resistirnos a los hábitos negativos sólo nos llevará a recorrer parte del camino para convertirnos en predicadores de más convicción. Una vez, un joven seminarista le preguntó al renombrado erudito neotestamentario Brevard Childs cómo convertirse en un exégeta más competente, a lo cual Childs le respondió: «Si quieres hacer una mejor exégesis, hazte una persona más profunda».[54] Los predicadores se benefician cuando se convierten en personas

---

52. Powery, «Preaching and Prayer», en S. Brown y Powery, *Ways of the Word*, 54.

53. MacGregor murió joven. Esta cita se le atribuyó en una recopilación personal de G. Campbell Morgan, otro predicador muy respetado de fines del siglo XIX y principios del siglo XX. Morgan escribe:
> En la última conversación que tuve con mi amado y glorificado amigo, George MacGregor, habíamos comentado sobre la condición de la iglesia, del mundo, de la necesidad que había de algún nuevo poder con el cual tratar con los hombres y, de repente, se levantó de la silla en la que había estado sentado y caminando por la habitación con aquella seriedad que lo caracterizaba, me señaló: «Morgan, yo preferiría entrenar a diez hombres a orar que a cien a predicar». En aquel momento, tal vez pensé que la expresión era exagerada; pero me he convencido de que tenía razón. («Possibility of Prayer», 381)

54. O. Wesley Allen hijo informa que Childs le dijo esto a un estudiante (citado en Graves, *Fully Alive Preacher*, 7). Repitiendo los sentimientos de Child, Gordon D. Fee argumenta que el propósito de la exégesis es «producir, en nuestra vida y en la de los demás, la verdadera espiritualidad en la que el pueblo de Dios vive en comunión con el Dios eterno y vivo, manteniendo así la armonía con los propios propósitos divinos en el mundo». *Listening to the Spirit*, 6.

más profundas, cuando eliminan las tendencias destructivas y cuando las sustituyen por otras que dan vida. Hemos explicado qué costumbres nos enferman. Ahora consideramos cuáles nos mantienen sanos. Se hacen tres propuestas y se presentan como dialécticas.

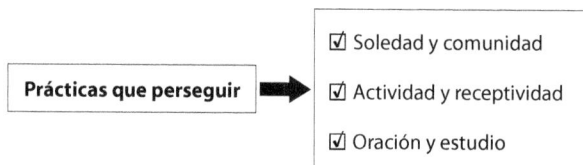

Figura 2.4. Hábitos saludables

LA SOLEDAD Y LA COMUNIDAD

Los predicadores de convicción mantienen una interacción saludable entre el silencio y la soledad, por una parte, y entre la comunidad y rendirle cuentas por la otra. No hay por qué escoger entre la soledad y la comunidad; ambas son necesarias en la vida de un predicador. ¿Hacia cuál de estos polos es atraído usted naturalmente y por qué es atraído a esa dirección? ¿Cómo podría usted desarrollar una interacción más saludable que la que tiene ahora?

Empezamos con lo que el psicólogo D. W. Winnicott llama «la capacidad de estar solo».[55] Nuestra vida con Dios se profundiza cuando convertimos el silencio y la soledad en una práctica intencional, aunque sea en pequeñas dosis. El silencio nos recuerda a que escuchemos la voz de Dios en un mundo en el que el murmullo y el ruido la ahogan con alarmante frecuencia e intensidad.[56] La soledad nos obliga a confrontar nuestra salud espiritual, emocional y física lejos de los que nos rodean, para que Dios pueda tratar con nosotros

---

55. Especializado en psicología infantil, Winnicott describe la capacidad de estar solo como «una de las señales más importantes de la madurez en el desarrollo emocional». «Capacity to Be Alone», 416. Véase también la obra del teólogo práctico Jaco J. Hamman, quien escribe: «Convertirse en pastor es estar a solas consigo mismo en la presencia de los demás y en la presencia de Dios». *Becoming a Pastor*, 88. Inspirándose en la obra de Winnicott, Hamman dedica todo un capítulo a la soledad: «Capacity to Be Alone» en *Becoming a Pastor*, 88-116.

56. Dallas Willard escribe: «Muchas personas no han experimentado *nunca* el silencio y ni siquiera son conscientes de que *no* saben lo que es. Nuestras casas y oficinas están llenas de los zumbidos, chiflidos, murmullos, charlas y quejas de los aparatos múltiples que supuestamente nos facilitan la vida. Su ruido nos consuela de alguna forma curiosa. En realidad, el silencio completo nos resulta chocante, porque da la impresión de que nada está sucediendo. En un mundo dinámico como el nuestro, ¡qué podría ser peor que eso!». *Spirit of the Disciplines*, 163 (cursivas originales).

tal como somos.[57] En *Life Together*, Dietrich Bonhoeffer escribe: «*Que aquel que no pueda estar solo tenga cuidado con la comunidad.* Solamente se hará daño a sí mismo y a la comunidad [...]. No puede usted escaparse de sí mismo; porque Dios lo ha apartado. Si usted se niega a estar solo está rechazando el llamado de Cristo, y no puede tener parte en la comunidad de los llamados».[58]

Vivimos en una sociedad superconectada, inundada de información y pobre en sabiduría, fuerte en eficiencia y débil en compromiso, rápida para hablar y lenta para escuchar. El silencio y la soledad nos permiten el espacio para volver a calibrar nuestras almas y desconectarnos de tener que hablar, una práctica que los predicadores, me atrevo a decir, necesitan más que muchos otros ya que hablamos en público con tanta regularidad.

Los predicadores también necesitan a la comunidad mucho más de lo que creen. Vivimos en una época rodeada de una epidemia de soledad.[59] Recientemente, Gran Bretaña nombró, por primera vez, a un ministro para tratar con la soledad, porque los investigadores del país descubrieron que más de nueve millones de personas informaron que se sentían solas con frecuencia o siempre.[60] Comparando los datos recientes con los del pasado, concluyeron que el número de los que experimentan la soledad y el aislamiento se había aumentado a un nivel alarmante, sobre todo en la población enfermiza y entre los ancianos.

Los predicadores no están exentos de los mismos sentimientos de soledad, aunque interactúen con personas con regularidad. Se puede predicar *a* una comunidad, pero en realidad nunca estar *en* comunidad. El problema es de doble filo. Por una parte, los miembros de una congregación sólo consideran a su pastor «en términos de su función y no como seres humanos que necesitan a los demás».[61] Por otra parte, los pastores luchan con dejarse conocer, porque se sienten restringidos por su papel, por razones de confidencialidad o porque prefieren protegerse de conocer y ser conocidos por otros. Así como se necesita desarrollar la capacidad de estar solo, también es preciso que lo mismo pase con la capacidad de estar en una comunidad auténtica. Después de hacer sus comentarios sobre el silencio y la soledad, Bonhoeffer explica una idea similar: «Lo contrario también es verdad: *El que no esté en comunidad tenga cuidado con estar solo.* Es más, la comunidad a la que usted

---

57. Willard escribe: «En la soledad encontramos la distancia psíquica, la perspectiva de donde podemos ver, por medio de la luz de la eternidad, las cosas creadas que nos atrapan, nos preocupan y nos oprimen». *Spirit of the Disciplines*, 161.

58. Bonhoeffer, *Life Together*, 77 (cursivas originales).

59. Para investigar sobre la soledad en el campo de la neurociencia social, véase Cacioppo y Patrick, *Loneliness*.

60. Ver Yeginsu, «U.K. Appoints a Minister for Loneliness».

61. Burns, Chapman y Guthrie, *Resilient Ministry*, 20.

fue llamado, no pretendía ser llamamiento sólo para usted; sino también un llamado a estar en comunidad con los llamados, con los que usted lleva su cruz, lucha, ora. No está solo ni en la muerte, ni en el día final, sólo será un miembro más en la gran congregación de Jesucristo. Si menosprecia el estar en comunión con los hermanos, rechaza el llamado de Jesucristo y, por eso, su soledad sólo puede dañarlo a usted».[62]

Por razones de su propio bienestar la espiritual, emocional y físico, mantenga relaciones caracterizadas por una comunidad de fuertes lazos. Tenga buenas amistades con las personas que compartan intereses comunes e incluso con amigos más cercanos con los que no haya secretos. Algunos predicadores hallan comunidad en su propia congregación, por ejemplo, con sus ancianos o diáconos. Otros buscan fuera de la congregación relaciones alentadoras, a menudo con otros pastores, porque necesitan espacios para hablar francamente sobre los desafíos únicos y las frustraciones a los que se enfrentan los ministros.

LA ACTIVIDAD Y LA RECEPTIVIDAD

En su libro *Kindling Desire for God* (Promoviendo el deseo de Dios), Kay L. Northcutt aconseja a los predicadores a que busquen prácticas de actividad y de receptividad para desarrollarse aún más espiritualmente, para que luego, puedan moldear a otros en lo espiritual. Ella afirma que las prácticas *activas* nos involucran con la exterioridad, es decir, con el mundo que nos rodea. Algunas prácticas activas nos envuelven en la vida de la iglesia: la adoración en conjunto, las reuniones de oración, los comités, los programas y las ocasiones especiales. Otras prácticas activas nos envuelven en la vida fuera de la iglesia: «visitar a los enfermos, vestir al desnudo, alimentar al hambriento y trabajar por la justicia».[63] Las prácticas *receptivas* nos involucran con nuestro interior, es decir, con atender el alma y con la contemplación. Ya he mencionado dos prácticas receptivas: el silencio y la soledad. Según Northcutt, otras prácticas podrían incluir la lectura devocional de las Escrituras, la meditación, *lectio divina*, la oración en silencio, la oración a voz alta, escribir en diario y caminatas de oración.

Déjenme hacer dos recomendaciones más para las prácticas receptivas que no aparecen en el libro de Northcutt. El cuidado de nuestros cuerpos físicos puede ser una práctica receptiva. Nuestra vida interior está destinada a sufrir si no prestamos atención adecuada a las relaciones entre nuestra alma, nuestro cuerpo y nuestra mente. Necesitamos tiempo para dormir, hacer ejercicio y alimentarnos adecuadamente al comer. ¿Cuánta energía física estaríamos

---

62. Bonhoeffer, *Life Together*, 77 (cursivas originales).
63. Northcutt, *Kindling Desire for God*, 104.

capaces de dedicarle a la predicación si fuera de ello no tuviéramos energía para nada más? Si descuidamos de nuestro cuerpo físico, ¿cuán eficientes seremos a largo plazo en el cuidado del cuerpo de Cristo?

El ayuno también puede ser una práctica receptiva. Nos obliga a orar durante momentos de hambre y vuelve a centrar nuestra atención en Dios como la fuente de todo lo que tenemos. Recuerdo a un ex alumno nacido y criado en Kenia, que llegó a los Estados Unidos para asistir al seminario. Me comentó que casi todos los pastores que él conocía de su denominación en Kenia decidía ayunar por lo menos una vez por semana. Ayunaba no sólo porque creían que esto los acercaba a Dios, sino porque era una práctica espiritual homilética. Ayunaban como parte del proceso de preparación del sermón con el fin de ayudarse a centrar sus pensamientos, enfocar sus corazones y escuchar la voz de Dios.

Si no nos envolvemos en prácticas activas corremos el riesgo de distanciarnos, de mantenernos al margen y de apartarnos del mundo que nos rodea. De la misma manera, si no nos involucramos en prácticas receptivas, arriesgamos el distanciarnos de nosotros mismos, o sea, ofreciéndoles agua viva a los demás mientras nosotros nos morimos de sed. Si empezamos con nosotros mismos y nunca tocamos la vida de los demás, perdemos la comunidad que nos rodea. Pero si comenzamos por ella y nunca participamos, perdemos nuestra alma. Como nos recuerda J. Kent Edwards: «Los sermones profundos no pueden predicarse por personas superficiales. Sólo se proclaman por los que disfrutan de una profunda relación con Dios. Nos guste o no, la condición de nuestra relación personal con Dios gobierna nuestro ministerio público para Él».[64]

Obramos *dentro del* mundo que nos rodea y lo hacemos también *dentro de* nuestra vida misma. La predicación requiere que obremos en ambos ámbitos. Así, sacamos del pozo que nos alimenta prácticas receptivas con el fin de capacitar a la iglesia (y a nosotros mismos) a que también se envuelva en prácticas activas.

La oración y el estudio

Los predicadores de convicción mantienen un equilibrio propio entre la oración y el estudio. Por supuesto, estas dos virtudes no toman sendas paralelas; deben entrecruzarse. Los monásticos medievales decían que «trabajar es orar» (*operare est orare*). Se puede orar a través del trabajo y a la inversa. Sin embargo, muchos predicadores tienen la tendencia de seguir un hábito más que otro. Oramos sin estudiar o estudiamos sin orar. El predicador de convicción pone en práctica la oración y no sólo en público, sino también en

---

64. J. K. Edwards, *Deep Preaching*, 43.

privado, a solas, con los amigos cercanos y sus familias.[65] Yo mismo necesito
oír esto tanto como cualquier otro. Pablo exhorta a los colosenses: «Dedí-
quense a la oración: perseveren en ella con agradecimiento» (Col. 4:2). A los
efesios les señala: «Oren en el Espíritu en todo momento, con peticiones y
ruegos. Manténganse alerta y perseveren en oración por todos los santos»
(Ef. 6:18). El erudito del Nuevo Testamento, Gordon D. Fee, afirma:

> Para ser un buen exégeta y, por consiguiente, un buen teólogo, uno debe conocer
> la plenitud del Espíritu; y esto incluye una vida de oración («orar en el Espíritu»,
> como lo denomina Pablo) y de obediencia.
>
>   Hay que entender que en esto acecha un gran peligro, sobre todo para los
> que han sido llamados por Dios para servir a la iglesia en las funciones pasto-
> rales y de enseñanza. El peligro consiste en convertirse en un profesional (en
> el sentido peyorativo de esa palabra): analizar textos y hablar *sobre* Dios, pero
> poco a poco dejar que el fuego de la pasión *por* Dios escasee, de manera que
> uno no pase mucho tiempo comunicándose *con* Dios.[66]

¿Cuánta importancia le ponemos a la oración fuera de la predicación? ¿De
qué forma integramos la oración en nuestra preparación y presentación del
sermón? ¿Cuánto de nuestro tiempo dedicamos a la oración en el proceso de
la preparación del sermón? ¿Hemos separado la tarea exegético-homilética
de la tarea espiritual de la preparación del alma?

Cuando consideramos a los padres de la iglesia, encontramos un nivel tan
superior de atención a la oración que nos podría parecer extraño que el mismo
énfasis tuviera que aparecer en los libros de texto homiléticos modernos.
Recuerden las palabras de Evagrio Póntico del principio del capítulo: «Si eres
teólogo, orarás de verdad, si oras de verdad, serás teólogo».[67] La mayoría de
los padres y madres de la iglesia no separaba la oración de la teología ni la
teología de la oración. Basilio de Cesarea creía que la oración «encuentra más
fresca y vigorosa al alma agitada por el anhelo hacia Dios»; permite que se
ore para «mantener a Dios siempre en la memoria» como en un «santuario
establecido dentro de nosotros».[68] La comunidad monástica de Basilio se reunía de siete a ocho veces al día para orar y entonar los salmos.[69] Tertuliano

---

65. R. A. Torrey escribe, «El que desee tener éxito en la vida cristiana debe llevar una vida
de oración. Gran parte del fracaso en la vida y en la obra cristiana de hoy, resulta de descuidar
la oración». *Succeed in the Christian Life*, 73.
66. Fee, *Listening to the Spirit*, 7 (cursivas originales).
67. Evagrio Póntico, «Praktikos 60», citado en Corrigan, *Evagrius and Gregory*, 163.
68. «Letter II: Basil to Gregory [of Nazianzus]», en Basil, *Saint Basil, The Letters*, 17.
69. Para un relato de la comunidad monástica de Basilio y sus hábitos de oración diarios,
véase Hildebrand, *Basil of Caesarea*, 143-44.

describe el poder transformador de la oración en la vida del creyente. Sirve de protector y defensor, es como muro y arma:

> [La oración] no sabe nada excepto recordar las almas que se salvaron de la senda misma de la muerte, transformar a los débiles, restaurar a los enfermos, purgar a los poseídos, abrir las rejas de las prisiónes y soltar las ataduras de los inocentes. Del mismo modo limpia de faltas, resiste tentaciones, reprime persecuciones, consuela a los de espíritu débil, está favor a los de espíritu contento, encamina a los viajeros, apacigua las olas, espanta a ladrones, alimenta a los pobres, dirige a los ricos, levanta a los caídos, detiene a los caídos, confirma a los fuertes. La oración es la pared de la fe: sus armas y sus misiles contra el enemigo que nos vigila por todos lados. Y, por lo tanto, nunca caminamos desarmados.[70]

San Agustín afirmó que la oración era un prerrequisito indispensable para la eficacia del sermón. Un predicador debe ser una «[persona] de oración antes de convertirse en una [persona] de palabras» (*sit orator antequam dictor*; literalmente, «sea una persona que ora antes de ser orador»).[71] Esto significa que Dios nos llama como predicadores para que seamos personas de oración antes de emprender en nuestra congregación la función de orador.

El estudio también importa en la tarea de la predicación. Como nos recuerda Calvin Miller: «Sin estudio, los místicos no son más que románticos espirituales que quieren una relación sin esfuerzo».[72] ¿Cómo puede alguien relacionarse en serio con las Escrituras sin involucrarse en ellas por medio del estudio? Sería como decir que uno conoce a alguien, y a la vez, uno no lo respeta lo suficiente como para pasar tiempo con él (o ella). Algunos de nosotros no estudiamos porque estamos demasiado ocupados. Otros hemos permitido que los hábitos que nos enferman nos distraigan de la tarea. H. B. Charles escribe: «La pasión por predicar sin el deseo de estudiar es querer ponerse un disfraz.».[73]

Un pastor de convicción se compromete de manera intelectual con las Escrituras, desarrolla una mente teológicamente formada y efectúa el trabajo duro exigido para preparar y presentar sermones. Si somos entrenados en seminarios y hemos estudiado las lenguas originales, el mantenerlas y no olvidarlas nos exige esfuerzo. Pero, a lo largo de los años esto nos dispone un contexto, una profundidad y color a nuestra exégesis y predicación. Sin duda, requiere esfuerzo estudiar las Escrituras, convertirse en un buen bereano. ¿Recuerda

---

70. Tertuliano, «On Prayer (Capítulo 29)», 690-91.
71. San Agustín, *On Christian Teaching*, 142.
72. Miller, *Table of Inwardness*, 83.
73. Charles, *On Pastoring*, 122.

a los bereanos convertidos al cristianismo? «Recibieron el mensaje con toda avidez y todos los días examinaban las Escrituras para ver si era verdad lo que se les anunciaba» (Hch. 17:11). A nivel básico, estudiar las Escrituras fortalece nuestro conocimiento y entendimiento para que no prediquemos sin estar informados; no hay razón que justifique que uno huya de la vida de la mente. A nivel más profundo, el estudio de las Escrituras nos da la fuerza y la resistencia para experimentar una relación íntima con Dios y animar a que otros vivan como Jesucristo.

Además de estudiar las Escrituras, seguimos un estudio activo cuando nos esforzamos en nuestro sermón de principio a fin. Esto se logra mediante actividades como la lluvia de ideas, tomar apuntes, poner por escrito nuestras reflexiones, la revisión de ellas y de nuestros sermones, la práctica, estar en conversación con nuestros semejantes y otros, sostener un intercambio de reacciones y reflexiones. Al principio de mi ministerio, cuando era copastor, visité a una familia en crisis en el hospital, después de llamarme un sábado por la tarde. Por lo normal, ellos le llamarían al pastor titular, pero estaba de viaje con su familia. Yo fui al hospital aquella tarde y, cuando regresé a mi casa aquella noche, me encontré con que mi familia padecía de una gripe estomacal. Me ocupé lavando montones de ropa sucia a lo largo de la noche prediqué el domingo por la mañana y visité a la misma familia en el hospital el domingo por la tarde. Éste es solamente un ejemplo menor de los muchos ejemplos que los pastores pueden compartir respecto de la naturaleza cambiante e impredecible del ministerio que se entrecruzan con la vida personal y familiar. En el ministerio pastoral, la vida tiene la tendencia de seguir horarios distintos a los que nosotros preferiríamos. Muchos nos enfrentamos a exigencias incesantes, a expectativas poco realistas y a crisis impredecibles. Aún así, nuestros hábitos homiléticos no tienen por qué deteriorarse porque los horarios en nuestro ministerio sean difíciles de domar. Como en otros ámbitos de la vida, apartamos tiempo para aquello que nos preocupa en el ministerio. Como lo declarara el gran predicador luterano, Paul Scherer: «El primer paso hacia un buen sermón es el trabajo duro, el segundo es más trabajo duro y el tercero todavía más».[74] Para regresar a algunos temas que se encuentran en la introducción, nos debilitamos en las tareas que no practicamos y siguen debilitándose si no las hacemos con esmero, y esfuerzo calculado cuando las pongamos en práctica.

La colección de temas en dialéctica que aquí se mencionan —la soledad y la comunidad, la actividad y la receptividad, la oración y el estudio— opera de forma muy parecida a las recetas saludables de un libro de cocina: las

---

74. Scherer, *We Have This Treasure*, 142-43.

comidas son buenas al paladar y provechosas para el cuerpo. Una dieta constante de estas prácticas ayudará al predicador a hacerse más fuerte, a gozar de mejor salud y ser más resistente a través del tiempo. Lo más pertinente de este capítulo es que nos ayudará a mantener una vida de predicación que se caracterice por la convicción.

Conclusión

Tres años después de que aconteciara lo de los Viajeros por la Libertad, y a unos 14.500 kilómetros más lejos, un activista que tendría unos cuarenta años fue juzgado por hablar en contra del *apartheid* en Sudáfrica. Después de que el gobierno presentó su caso, el equipo de la defensa tuve su turno de presentar el suyo ante el juez y el jurado. Entre sus otros acusado, los abogados estaba defendiendo a un joven activista, llamado Nelson Mandela. El 20 de abril de 1964, la defensa le dio a Mandela la oportunidad de defenderse contra los cargos. En vez de testificar sobre los hechos del caso, se dirigió al tribunal desde el banquillo del acusado y pronunció sin duda el discurso más convincente sobre la raza y el *apartheid* en la historia de Sudáfrica. Fascinó a los oyentes durante tres o cuatro horas. En vez de resumir su discurso, sólo haré mención de su párrafo final, sobre todo porque muestra más que cualquier otro mi idea central. Mandela declaró: «Durante toda mi vida me he dedicado a esta lucha del pueblo africano. He luchado contra la dominación blanca y he peleado contra el dominio negra. He apreciado los ideales de una sociedad democrática y libre en la que todas las personas viven juntas en armonía y con igualdad de oportunidades. Es un ideal para el que espero vivir y lograr. Pero si se presenta la necesidad, es un ideal por el que estoy dispuesto a morir».[75]

Cuando el juicio estaba a punto de concluir y había llegado el momento del veredicto, el juez tenía el poder de imponer la sentencia de muerte o de cadena perpetua. Escogió esta última, y optó por enviar a Mandela y a la mayoría de sus codefensores a Isla Robben, donde Mandela vivió durante la mayor parte de sus veintisiete años como prisionero político. Aún así con ese veredicto, el juez *no* tuvo el poder de quitarle a Mandela lo que había afirmado más de una vez en el último párrafo de su discurso: *no* podía quitarle sus ideales. Mandela permaneció convencido de que el ideal de la armonía racial no sólo merecía entregar su vida para lograrlo sino también su muerte.

75. Mandela, *In His Own Words*, 42.

Figura 2.5. Nelson Mandela

No todos los predicadores compartirán el mismo nivel de valor que Mandela mostró en el juicio de Rivonia en 1964. Conocemos su nombre, por lo excepcional que fue de verdad. Pero tenemos por lo menos una cosa en común. Nos hemos comprometido al evangelio de Cristo, con un «ideal» que a la vez es una persona, una persona en quien creemos digno de nuestra única vida. Un compromiso con una causa mayor que nosotros mismos —la causa de la proclamación del evangelio— alimenta una vida de fidelidad al llamado de Dios. Un predicador sin convicción es como un auto sin gasolina. Sirve para un propósito, pero no sirve para el propósito al que fue creado.

Videos adicionales para este capítulo se encuentran en www.Practicas delaPredicacion Cristiana.com.

3

Predique de forma contextual

Predicar de forma contextual es hacer la conexión entre la palabra predicada con las necesidades profundas de estas personas en ese momento. [...] El sermón no es una representación artística independiente.

—Mary S. Hulst, *A Little Handbook for Preachers*

Cada sermón se estira como la cuerda de un arco, entre el texto de la Biblia por una parte y los problemas de la vida humana contemporánea por la otra. Si la cuerda no está bien asegurada en un extremo u otro, el arco no es útil para nada.

—Ian Pitt-Watson, *Preaching*

Cuando yo tenía veintitantos años, recibí una hermosa tarjeta de Navidad con un breve versículo de las Escrituras en su interior: «Celebren mandándose regalos los unos a los otros.» (Ap. 11:10). El versículo despertó mi interés desde que era estudiante en la universidad y pensaba asistir al seminario. A esas alturas de mi vida, había leído el libro de Apocalipsis por lo menos una vez, pero seguía pensando que no lo entendía. El libro de Apocalipsis fascina, inspira e despierta la imaginación, pero también desconcierta y confunde a los no iniciados en su estudio. Un día me dio tanto interés en entender lo que decía que busqué Apocalipsis 11:10, que dice en su totalidad: «Los habitantes de la tierra se alegrarán de su muerte y *harán fiesta e intercambiarán regalos*, porque estos dos profetas les estaban haciendo la vida imposible». El «les» en este contexto se refiere a los dos testigos enviados del cielo a los que la Bestia ha venido del abismo a atacar, derrotar y matar (cp. Ap. 11:3, 7). De cierta forma, una parte de Apocalipsis 11:10 queda bien en una postal de Navidad, sólo si la persona que la recibe no busca la referencia. Pero, este versículo, en su totalidad, funciona bien si uno quiere maldecir a su enemigo o advertirle a alguien de un destino trágico inminente. Mi sospecha es que los de la compañía de tarjetas no buscaron el pasaje y supongo que la persona que me envió la postal de Navidad tampoco lo haya hecho. Fue un error por parte de varios, de otro modo, tendré que ser más selectivo con mis amigos.

El contexto importa. Es relevante cuando leemos las Escrituras y cuando predicamos sermones. Los predicadores fieles estudian el contexto de su predicación con la misma diligencia con la que analizan el contexto del pasaje bíblico sobre el que predican. En su libro clásico *Preaching* [La predicación], Fred Craddock escribe: «Sean muchos o ningún los recursos que se le provean al predicador, el sermón sólo echará raíces y florecerá cuando él / ella le haya añadido el *terreno local*».[1] Nadie puede negar que la predicación trata con temas que a todos les importa: la vida y la muerte, el pecado y la salvación, la esperanza y la desesperanza. Sin embargo, la predicación también se realiza en un momento particular; tiene rasgos de un lugar en particular. Se ocupa de lo abstracto, de lo trascendente y de lo universal, a la vez que *también* lucha por lo concreto, lo inmanente y lo particular. Predicar tiende un puente sobre la división entre lo transcontextual y lo contextual, lo atemporal y lo oportuno, la fidelidad y lo apropiado. Sensible a la circunstancia, sin ser dogmáticamente parroquial, honra el tiempo y el lugar, sin someterse al «orgullo cronológico», para usar la frase de C. S. Lewis.[2]

En este capítulo, se consideran varios ejemplos de la contextualización en las Escrituras; se explican lo que significa contexto y contextualización con respecto a la predicación; finalmente, se describe cómo convertir la contextualización en práctica homilética. El contexto es la segunda de las Cinco C.

Basta afirmar que «contexto» es un término casi tan difícil de definir como «cultura». Los teólogos y no teólogos por igual han escrito montones de ensayos y libros sobre contexto y contextualización.[3] ¿Cómo lo definimos?

1. Craddock, *Preaching*, 98 (cursivas añadidas).
2. Lewis define el orgullo cronológico como «la aceptación sin reservas el clima intelectual que se desarrolla en nuestra época y la suposición de que todo lo pasado de moda queda desacreditado». *Cautivado por la alegría*, 249.
3. Para obtener ejemplos de los que no son teólogas y que interactúan con temas de contexto, véase Adamopoulos y Kashima, *Social Psychology and Cultural Context*; Hartmann y Uggen, *Contexts Reader*; de Vet, «Context and the Emerging Story». Para obtener ejemplos de teólogos sistemáticos y escritores dedicados a la homilética, que definen o describen el contexto, véase

Las prácticas de la
predicación cristiana

Figura 3.1. Las Cinco C: El contexto

¿Qué sistema de control y equilibrio deben establecer los predicadores para impedir la falta de contexto, por una parte, y el sobrecargo de contexto, por la otra? ¿Es el contexto fijo y estático, o alterable y transformable? Debido a la globalización, ¿no deberíamos hablar también de la fragmentación o hibridación de contexto(s)? ¿Cómo conseguimos establecer un equilibrio entre lo atemporal y lo oportuno cuando predicamos? Las respuestas a estas y otras preguntas exigen mucho más tiempo y espacio de lo que podemos permitirnos aquí. Para los fines de este capítulo, nos esforzaremos en centrarnos más en nuestra discusión sobre el tema.

El contexto y las Escrituras

No es necesario ir más lejos de las Escrituras para reconocer lo importante que es el contexto para la proclamación cristiana. Gran parte del Antiguo Testamento trata con una pregunta contextual relevante: *¿Cómo es ser el pueblo de Dios en tierra extraña, ya sea en esclavitud, en tránsito o en el exilio?* Israel pasa una parte relevante a su historia *fuera* de la tierra prometida y tiene que encontrar una forma de vivir en otra cultura, sin renunciar a su carácter distintivo (Lv. 18:1-3). La carta a los exiliados, en Jeremías 29 (en especial los vv. 4-7), representa un ejemplo fascinante pertinente por su peculiaridad y presencia. Cuando el pueblo de Israel se enfrenta con la dicotomía entre huir de Babilonia o destruirla, la respuesta vuelve de nuevo: *¡Vivan en Babilonia!*

Bevans, *Models of Contextual Theology;* Schreiter, *Constructing Local Theologies*; Soskice, «The Truth Looks Different from Here»; Tanner, *Theories of Culture*; Tisdale, *Preaching as Local Theology*; Nieman, *Knowing the Context.*

Dios llama a la nación a que rechacen la falsa dicotomía de la asimilación o la destrucción y, en vez de eso, los anima a que se contextualicen al envolverse con sus vecinos mientras están en el exilio. Como lo expresa Eldin Villafañe, Dios llama a Israel a buscar «un compromiso crítico» con Babilonia.[4] ¿Cómo es esto? Según Jeremías 29, es algo así: edificar casas, plantar viñas, constituir familias, orar por la paz y buscar la paz de la ciudad donde Dios los haya colocado (vv. 4-7).

Vemos, asimismo, la proclamación contextualizada en los cuatro Evangelios, los principales testigos de la vida y del ministerio de Jesús. Los Evangelios representan cuatro comunidades interpretativas diferentes que se enfrentan a situaciones únicas de la vida, desafíos y necesidades. Janet Martin Soskice ofrece una imagen útil para describir las diferencias exclusivas entre las cuatro comunidades de los Evangelios: «Como las muchas caras de una piedra preciosa, estas particularidades son los medios por los cuales comprendemos, aunque no podamos entender, la gloria de Dios y su acto creador y redentor».[5] Dicho de otro modo, los diversos testigos de Jesús, engrandecen en vez de disminuir nuestra visión de quién es Cristo y de lo que vino a hacer. Las piedras preciosas revelan su belleza a través de sus múltiples ángulos de visión.

El libro de Hechos también ofrece un interesante caso de estudio sobre la contextualización. Mencionaré solo un ejemplo muy conocido. El apóstol Pablo cita el Antiguo Testamento cuando predica a una audiencia mayormente judía (aunque asistían algunos no judíos «temerosos de Dios») en la sinagoga de Antioquía de Pisidia (Hch. 13:13-52).[6] Sin embargo, cuando predica en la Colina de Marte (Hch. 17:16-33) ante los filósofos estoicos y epicúreos, se refiere a su religiosidad, observa su altar con la inscripción «A UN DIOS DESCONOCIDO» (Hch. 17:22-23) y cita a sus poetas (Hch. 17:27-28) antes de hacer su llamamiento a la salvación.[7] En ambos casos, Pablo se identifica

4. Villafañe escribe: «Contra los falsos profetas que podrían llamar (al pueblo) a la "asimilación", la "revolución" o el "escapismo", Jeremías lo llamó a un "compromiso crítico", a la presencia». *Seek the Peace of the City*, 2.

5. En el mismo párrafo, Soskice escribe: «No tenemos un solo evangelio, sino cuatro. La Biblia nos revela a Dios a través de la historia humana y desde perspectivas diferentes, que no debemos entender como carentes de un texto o conjunto de proposiciones claras y sin controversia, sino como algo que se requiere por la complejidad de lo revelado, Dios mismo». «The Truth Looks Different from Here», 58.

6. Dean Flemming escribe: «La audiencia, el ámbito y la presentación y el contenido del sermón de Pablo afirman con una sola voz que *no* se trata de un caso de comunicación intercultural del evangelio. Pablo habla como judío de la diáspora a paisanos judíos mismos de la diáspora, dentro del marco de las Escrituras judías y de la adoración al Dios de Israel». *Contextualization in the New Testament*, 58 (cursivas originales).

7. En su explicación de Hechos 17, Flemming escribe: «Pablo empieza, pues, donde su audiencia se encuentra y amplía sobre ese territorio común lo más posible que puede. En vez de

con sus oyentes, halla razones comunes y habla de manera contextual, sin peligrar su compromiso con el evangelio.[8]

Ejemplos de esto abundan a lo largo del Antiguo y del Nuevo Testamentos y son demasiado numerosos para mencionarlos aquí.[9] Sin embargo, por lo menos esto queda claro: los escritores bíblicos y los predicadores toman decisiones específicas para cada contexto tanto en la proclamación verbal como en la escrita. En *Contextualization in the New Testament* (Contextualización en el Nuevo Testamento), Dean Flemming argumenta de forma convincente que los escritores del Nuevo Testamento «son para nosotros modelos de un proceso de formar teología en contexto, de involucrarse en sus culturas y ofrecerles a sus audiencias una articulación nueva y apropiada a las buenas nuevas».[10] Se supone que los escritores neotestamentarios también mostraron su compromiso a la contextualización para *todos*, escribiendo sus letras en griego *koine* (común), la lengua del pueblo y no en la de los élites políticos y filosóficos.

Definición de contexto y contextualización

Etimológicamente hablando, el término «contexto» procede del latín *contextus,* que significa «entretejido, conectado o unido». En su forma verbal original, *contextere* significaba «tejer o entrelazar partes».[11] Las personas también usaban esta palabra al hablar de edificar, construir o recopilar.[12] Hace unos

---

hacer de menos su sistema de creencia o condenar su religiosidad, reconoce que en sus aspiraciones religiosas y necesidades percibidas hay algo genuino y lo usa como base para comunicar el evangelio». *Contextualization in the New Testament*, 76.

8. Según Flemming, una de las lecciones centrales que podemos tomar de los discursos de Pablo en Hechos, es que existe un acercamiento doble de alcance «identificativo» y «transformacional». Escribe: «Estos discursos son modelos para nosotros de un magnífico equilibrio, por una parte, entre un enfoque *identificativo* que proclama el evangelio en formas que la audiencia pueda entender y, por la otra, un planteamiento *transformacional* que se resiste a transigir respecto de la integridad del evangelio en un mundo pluralista. Este es un desafío al que cada predicador o comunicador de la Palabra se debe enfrentar». *Contextualization in the New Testament*, 86.

9. Por ejemplo, Grant Osborne considera 1 Co. 9:19-23, el pasaje en el que Pablo escribe sobre convertirse en todas las cosas para todas las personas como forma de «contextualización evangelizadora». *Hermeneutical Spiral*, 413.

10. Flemming, *Contextualization in the New Testament*, 296.

11. Por ejemplo, el retórico Cicerón afirmó: «La lana de oveja se entreteje para hacer la ropa de los hombres [*ovium villis contextis homines vestiuntur*]». Citado en Simpson, *Cassell's Latin Dictionary*, 146.

12. Varios escritores del siglo I A. E. C. usan la palabra de esta forma. Julio César utilizó el participio verbal: «Una tras otra, todas las obras se reúnen [*sic deinceps omne opus contexitur*]» (citado en Simpson, *Cassell's Latin Dictionary*, 146). El biógrafo Cornelio, que también escribió en el siglo I A. E. C., describe la continuidad de «la historia entretejida en nuestro tiempo [*contexta historia eorum temporum*]» (citado en Arnold, *Cornelius Nepos*, 106). Es decir, los

doscientos años, los eruditos empezaron a usar el término en explicaciones medioambientales y culturales.[13] Hoy, el vocablo tiene una aceptación mucho más amplia. En los círculos cristianos, en especial, uno oye a la gente hablar sobre «el contexto de la iglesia local», «mi/su/nuestro contexto», «contextos rurales frente a los urbanos», «contextos multiétnicos», «contexto estadounidense», «contexto latinoamericano», «contexto postcristiano», «el contexto postmoderno» o «la teología contextual».

Yo defino contexto como *una comunidad moldeada por los marcadores de identidad local y global, las experiencias, las expectativas y las alianzas.* Por una parte, le predicamos a gente interconectada a nivel local; son personas particulares que se encuentran en un lugar en particular, en un momento particular del tiempo. Hablan con acento local. Nadie más les predica con regularidad aparte de nosotros y nadie más (por lo general) nos escucha la mayoría de los domingos, menos ellos. Pertenecen a una comunidad de fe local y, de manera muy parecida a los miembros de una familia nuclear, comparten los parecidos familiares. Tal vez participan todos de un mismo rasgo de identidad, como el de los mileniales, o los jubilados, los rurales o los urbanos, los negros y los blancos, los ricos o los pobres. También podrían compartir un parecido familiar diferente como sus antecedentes, su afiliación, su ubicación geográfica, su nivel cultural, el país de origen o la lengua.

> *Yo defino contexto como una comunidad moldeada por los marcadores de identidad local y global, las experiencias, las expectativas y las alianzas.*

Considere también que la mayoría de los contextos de la predicación son fluidos y permeables, en vez de estáticos y fijos.[14] Parte de esta fluidez procede

---

lectores podrían compilar o entretejer una historia basada en el progreso y la continuidad de los escritos de Cicerón.

13. En la historia reciente, los historiadores de la Antigua Grecia y Roma han hablado de «contexto histórico» cuando describen los entornos de la vida en los textos y los objetos que examinaron. Los teóricos literarios han hablado de «contexto literario» cuando explican los textos en su contexto. Los antropólogos han usado «el contexto o contextos culturales» como término general para los grupos de personas que estudiaron para describir las creencias, los valores, las prácticas y las estructuras de significado de la comunidad, tanto a nivel discursivo como no discursivo.

14. El homilético Ronald J. Allen observa: «La predicación nunca es genérica. Siempre tiene lugar en un contexto particular. En realidad, es típico que la predicación suceda en contextos que se interactúen: la vida personal del predicador, su familia, la congregación local, la denominación, la comunidad cristiana global, el vecindario y la ciudad, el estado y la nación, el globo y el cosmos. Los contextos incluyen elementos físicos, intelectuales, emocionales y de comportamiento. Un contexto no es estático, sino que cambia». *Interpreting the Gospel*, 19.

de un rápido cambio demográfico en la sociedad, junto con el rápido crecimiento de las iglesias multiétnicas y las de la diáspora inmigrante. Como
observa Gabriel Salguero: «Los desafíos de la predicación aumentan cuando
se tienen múltiples etnias, culturas y generaciones en la congregación».[15]

Por otra parte, predicamos a personas relacionadas entre sí a nivel global.
Pertenecen a una familia humana más amplia y comparten aspectos comunes: son creadas a la imagen de Dios; participan de la naturaleza pecaminosa
común; viven y mueren; anhelan respuestas a preguntas más profundas sobre
el significado, el propósito y la prosperidad humana; y tienen almas y son
seres eternos.[16] Haddon W. Robinson observa: «Las personas normales no
pierden el sueño por los jebuseos, los cananeos ni los perizitas, ni tan siquiera
por lo que hayan dicho o hecho Abraham, Moisés o Pablo. Se le va el sueño,
preguntándose sobre los precios de los alimentos, las cosechas arruinadas, las
disputas con el cónyuge, un diagnóstico maligno, una vida sexual frustrante
o el mundo tan competitivo en el que sólo parecen ganar los canallas».[17]

Los oyentes de todo el mundo también tienen esto en común: escuchan
nuestros sermones en el mundo contemporáneo, *en lo presente* y no en el de
hace cincuenta o cien años ni en el mundo antiguo del texto. El mundo en que
habitan compite por sus alianzas, para lograr su afecto, desafía su resistencia y
los tienta con la idolatría. Pero ese mismo mundo también provee para sus necesidades básicas, los desafía en su egoísmo, invita a su participación y los llama
a la misión. «Si el sermón no marca gran diferencia en ese mundo», escribe
Robinson, «[los oyentes] se preguntan si de verdad existe alguna diferencia».[18]

Es posible que una analogía nos ayude a pensar de forma distinta sobre
un término familiar. Considere las semejanzas entre el contexto y el aire que
respiramos.[19] La mayoría de nosotros no se queda toda la noche pensando

---

15. En una entrevista sobre la predicación, Gabriel Salguero explica las complejidades de
predicar en contextos multiétnicos, multilingües y multigeneracionales: «Cada grupo tiene su
propia particularidad, tanto en la adoración como en la proclamación. Si no estamos al tanto
de las diferencias, como sugiere una película popular, se pueden "perder cosas en la traducción".
En realidad, el encargo no consiste hoy tan sólo en predicar a congregaciones multiculturales,
sino en predicar a identidades múltiples que forman parte de los congregantes, que incluyen
generación, clase, etnia, persuasión política y cultura». Vease la entrevista de Salguero con otros
predicadores en iglesias multiétnicas en Johnston, Smith y Tisdale, *Questions Preachers Ask*, 79.

16. Gardner C. Taylor entendió estas conexiones globales muy bien cuando describió el
cambio de su predicación, a mediados de la década de 1950 hacia las «grandes consideracio-
nes universales, nuestras esperanzas, nuestros temores, el hecho de haber nacido, de amar, de
odiar, de enfermar, de morir, de reír, de llorar». Como se cuenta en Thomas, *African American
Preaching*, 100.

17. H. Robinson, *Biblical Preaching*, 10

18. H. Robinson, *Biblical Preaching*, 10.

19. Le debo el uso de la imaginería del aire para el contexto a la filósofa feminista Luce
Irigaray. Argumenta que «los filósofos siguen sin pensar» en algo tan fundamental como el

en el aire, aunque éste nos rodee por todas partes. Lo tomamos por hecho, como la tierra o el agua. Sin embargo, el aire moldea nuestra salud general, nuestros hábitos y nuestra experiencia del mundo. El aire también contiene varios contaminantes con la posibilidad de dañar, interrumpir y hasta envenenar el ecosistema. Algunos de ellos afectan al aire de maneras que podemos observar, mientras que otros son tan sutiles y subversivos que estamos inconscientes a ellos. Sería ingenuo concluir que el aire que respiramos está de algún modo sin defecto o es puro y, también, sería presuntuoso suponer que podríamos contenerlo o resumirlo todo lo que se sabe sobre el aire, en toda su complejidad y su matiz, con total objetividad y finalidad. En otras palabras, se requiere una dosis amplia de humildad para hacer una pausa y reflexionar antes de decir con seguridad: «Entiendo mi contexto por completo».[20]

De una forma muy parecida al aire, nuestro contexto moldea nuestra salud, nuestros hábitos y nuestra experiencia del mundo, tanto a nivel consciente como inconsciente. Algunas personas tienen más claro que otras cómo el contexto da forma a su experiencia, por las circunstancias de su vida o los niveles de la competencia intercultural.[21] Algunos navegan por más de un contexto con flexibilidad y comodidad, mientras que otros luchan en contextos que

---

aire. Sin aire, morimos. Lo tomamos por hecho incluso cuando lo necesitamos para sobrevivir. Irigaray usa el «aire» de manera metafórica al afirmar que el contexto en el que muchos filósofos occidentales dirigieron la filosofía fue el «aire» que moldeó su pensamiento, un aire al que no le supieron dar nombre. De forma particular, le apunta el dedo a Martin Heidegger. Irigaray argumenta que la fenomenología de Heidegger, un legado que Ricoeur sigue con el cual se autoidentifica, ha sellado a las mujeres en «sobres, proposiciones y allíes» que no sólo son patriarcales, sino que también ignoran por completo las formas de entendimiento de las mujeres. En opinión de Irigaray, Heidegger se le ha olvidado respirar el aire de la experiencia vivida, lo que ella llama la «expansión abierta», porque miró hacia dentro en una introspección desconectada e incorporada. Véase Irigaray, *Forgetting of Air in Martin Heidegger*, 26, 56-57.

20. En esto tengo una gran deuda con la teóloga sistemática, Kathryn Tanner, y su obra sobre la cultura. Tanner defiende un entendimiento más fluido y cinético de la cultura, en oposición a uno estático y fijo. Escribe: «Cada vez parece menos posible suponer que las culturas se autocontienen y atan a las unidades con claridad, coherentes en su interior, y transmiten sencillamente la totalidad de las creencias y los valores unificados a cada miembro de sus grupos respectivos como principios de orden social. Lo que podría llamar un estrés postmoderno sobre el proceso interactivo y la negociación, la indeterminación, la fragmentación, el conflicto y la porosidad, sustituye estos aspectos del entendimiento moderno de la cultura posterior a la década de 1920». *Theories of Culture*, 38. Yo argumentaría a favor de una forma de pensar similar respecto al contexto de las explicaciones homiléticas. A mi juicio, cometemos un costoso error cuando descuidamos la fluidez, la maleabilidad, la eventualidad y hasta la fragilidad de los contextos en los que predicamos.

21. Yo defino la competencia intercultural como «el cultivo del conocimiento, de las aptitudes y de los hábitos para negociar de forma efectiva la diferencia cultural, racial y eclesial». Alcántara, *Crossover Preaching*, 30. Para obtener información adicional sobre la importancia de la competencia intercultural en la predicación, véase *Crossover Preaching*, 30, 191-236.

les son poco familiares.[22] El buen pastor contextual se pregunta: ¿Cómo es el aire en *mi* comunidad? Un análisis detallado y estructurado revela creencias y valores que moldean las conductas, los niveles de diversidad dentro de un contexto, y contaminantes que amenazan a socavar la salud de la comunidad. Por ejemplo, las cuestiones de poder que con frecuencia existen en un contexto; algunas voces son privilegiadas y otras se silencian.[23]

Los predicadores con alta capacidad de responder al contexto se hacen preguntas específicas sobre la comunidad: ¿Qué diferencia tiene el aire de donde yo estoy parado que con el de otro lugar? ¿Qué contaminantes debilita la fe de mi comunidad? ¿De qué forma es distinto el aire hoy en comparación con el del año pasado o con el de hace cinco años?

Si el contexto es la comunidad en la que sucede la predicación, la *contextualización* es el proceso y el acto por los cuales los predicadores localizan un sermón para una comunidad. Porque «contextualización» es una palabra tan cargada de significado, permítame ofrecer una clarificación en cuanto a lo que *no* me refiero con este término.

Lo que no es el significado de la contextualización

En primer lugar, por contextualización *no* me refiero a que el aprender a conectarse con sus oyentes deja libres a los predicadores de la responsabilidad de estudiar cuidadosamente y estudiar las Escrituras con base en la oración. Samuel D. Proctor escribe que, antes de empezar a escribir el sermón, la suposición operativa debería ser que «ha habido oración en privado y reflexión, un estudio fiel del texto para el sermón y un examen concienzudo de los

22. Por ejemplo, niños de primera de grupos raciales minoritarios sabe navegar por la cultura de los de la mayoría en ámbitos escolares a través de «cambios de código» o «entretejer códigos», es decir, alterando la gramática, la sintaxis y los patrones de conducta. Algunas de las investigaciones sobre «cambios de código» y «entretejer» en la teoría de la educación consideran la improvisación lingüística que los estudiantes afroamericanos usan en las escuelas mayormente blancas y, en particular, en las escuelas públicas. Véase Young *et al.*, *Other People's English*. Ver también DeBose, «Codeswitching».

23. En *Ways of the Word*, Sally A. Brown usa el lenguaje de la «vista escondida» de la vida de la congregación con el fin de mencionar la dinámica del poder existente en un contexto eclesial. Brown argumenta que, cuando los predicadores presentan un análisis congregacional, deben considerar tres puntos de ventaja: la vista cercana (pp. 108-14), la vista amplia (pp. 114-17) y la vista oculta (pp. 117-20). La vista de cerca examina los símbolos y las historias de la congregación local. La vista amplia examina la «dinámica cultural que afecta la vida de la congregación». La vista oculta examina la dinámica del poder en la iglesia local. Respecto a esta última, Brown escribe: «Los predicadores necesitan saber quién ejerce el control sobre los procesos de tomar decisiones y a quién se marginaliza [...]. Seguir el flujo de poder en una congregación es crucial para un liderazgo pastoral sabio». «Preacher as Interpreter of Word and World», en S. Brown y Powery, *Ways of the Word*, 117. Véase también Tisdale, *Preaching as Local Theology*, 64-77.

comentarios académicos disponibles sobre el texto».[24]No deje llevarse por la tentación de dejar atrás el compromiso con las Escrituras y la oración que alimenta el alma. Por mucho que disfrute (y me beneficie de) de observar una charla TED en YouTube, estoy convencido de que nuestros púlpitos están llenos de demasiados ponentes, pero no suficentes predicadores. Por supuesto, es necesario que entendamos nuestros contextos congregacionales mejor de lo que los entendemos ahora, y tenemos que predicar en un lenguaje específico al tiempo y en el lugar de nuestros oyentes, pero estos compromisos no han de hacerse a expensas de la competencia exegética, teológica y espiritual. La contextualización no debería equipararse a una preparación mediocre, a una mala teología, a una exégesis descuidada ni al hábito constante de la falta de oración. También es preciso realizar la exegética y la obra espiritual. Ian Pitt-Watson nos recuerda: «A menos que nuestra exégesis bíblica y nuestra teología sean sanas, no reconoceremos a Cristo en la experiencia contemporánea, aunque nos encontremos con Él allí».[25]

En ocasiones, los predicadores usan el contexto contemporáneo como si tuviera mejor valor frente a cualquier cosa conectada con el mundo del texto. Un énfasis desequilibrado sobre el mundo contemporáneo nos lleva, a menudo, a descuidar el mundo antiguo y las exigencias que el texto bíblico presenta a los oyentes de hoy. El predicador debe involucrarse en la contextualización *crítica* y no en la contextualización no crítica. En palabras de Paul G. Hiebert, «El evangelio debe estar contextualizado, pero seguir siendo profético. Debe juzgar lo malo de todas las culturas así como lo de todas las personas».[26] Consciente de esta tendencia entre los pastores, el predicador luterano Paul Scherer afirmaba que un predicador no debería encontrarse con alguien «en el lugar donde está. Con demasiada frecuencia estará en un lugar equivocado».[27]

---

24. Proctor, *Certain Sound of the Trumpet*, 19.
25. Pitt-Watson, *Preaching*, 70.
26. En 1987, Hiebert escribió un ensayo, que ahora es clásico sobre la contextualización, en el que rechaza el imperialismo asociado con frecuencia a la infracontextualización y el sincretismo a menudo asociado con la sobrecontextualización. En su lugar, opta por una forma de contextualización pos relativa, independiente y antropológicamente arraigada, mientras que sigue siendo intransigente y profética. Escribe: «El llamado a la contextualización sin un llamamiento simultáneo a preservar el evangelio sin la transigencia abra la puerta al sincretismo [...]. Lo extraño de la cultura que le añadimos al evangelio indigna a otros y debe ser eliminado. Sin embargo, el evangelio mismo irrita. Debe ofender y no hay que debilitar esa ofensa». *Anthropological Reflections*, 86; el ensayo aparece, originalmente, como Hiebert, «Critical Contextualization».
27. Scherer, *Word God Sent*, 7. John Stott expone una idea similar, cuando escribe: «Si nos preocupamos solamente en responder a las preguntas que se nos hacen, podríamos pasar por alto que, a menudo, nos hacen preguntas equivocadas y es necesario ayudarles a que se hagan las correctas. Si nos dejamos llevar por un auto entendimiento del mundo sin hacer críticas, podríamos encontrarnos siendo siervos de la moda más que de Dios». *Between Two Worlds*, 139.

El aceptar todo sin crítica en nuestro contexto contemporáneo puede llevarnos a la aprobación involuntaria —en vez de exponer— los ídolos que adoramos. El misionólogo David Bosch escribe: «Por supuesto, el evangelio sólo puede leerse y tener sentido en nuestro contexto presente, pero presentarlo como criterio significa que puede criticar, y lo hace con frecuencia, el contexto y nuestra interpretación del mismo».[28]

John Stott usa la expresión «escuchar doble» para describir la dimensión crítica de la contextualización.[29] En esto, los predicadores escuchan el mundo del texto y el de los oyentes, pero no necesariamente a cada uno de los dos mundos de la misma manera. Prestan oído a ambos con intención y sensibilidad, pero no de un modo indiscriminado o que no sea suficiente crítico.[30] Al hacer eso, se permite que los llamados divinos del antiguo texto ofrezcan una palabra profética a la situación contemporánea.

En segundo lugar, por contextualización *no* me refiero a la adaptación simplista típica. Los predicadores contextualizan en comunidades complejas y heterogéneas. En su libro *Paradox and Discovery* (Paradoja y descubrimiento), John Wisdom describe su encuentro con el cuidador de un zoológico, quien tenía un gran éxito criando leones; se llamaba Sr. Flood. Cuando Wisdom le preguntó cuál era el secreto de su éxito, Flood respondió: «Entender a los leones». Al insistirle un poco más sobre cómo entendía a los leones, él contestó: «Cada león es diferente».[31] Recuerde que aunque un contexto local parezca homogéneo, si le quita suficientes capas se encuentra mayor diversidad de la que se veía al principio.

Los contextos existen dentro de un contexto.[32] Permítame ofrecer una ilustración personal para desarrollar esta idea. Soy mitad hondureño. Cada vez que oigo declaraciones rotundas sobre la «experiencia» latina, la mayoría

---

28. Bosch, *Transforming Mission*, 430.
29. Ver Stott, *Contemporary Christian*, 13.
30. Stott escribe: «Escuchamos la Palabra con humilde reverencia, ansiosos para entenderla, y decididos a creer y obedecer lo que llegamos a entender. Escuchamos la palabra con una alerta crítica, pero nerviosos para comprender la también, y no necesariamente resueltos a creer y obedecer, sino a empatizar con ella y a buscar la gracia de descubrir cómo se relaciona el evangelio con ella». *Contemporary Christian*, 28. Para más información sobre cómo entiende Stott la «doble escucha», ver Scharf, «"Double Listening" Revisited»; Scharf, *Let the Earth Hear His Voice*, 131.
31. Wisdom, *Paradox and Discovery*, 138.
32. En su libro *One Gospel, Many Ears*, Joseph R. Jeter hijo y Ronald J. Allen declaran que, por lo menos ocho factores moldean la forma en que sus oyentes escuchan y filtran los sermones: por el género, la edad, el tipo de personalidad, los patrones de operación mental, la etnia, la clase social, la raza y la orientación teológica. *No* sugieren que algunas de las cuestiones dominantes en cuanto a la raza, la etnia, la clase social y el género no sean sin importancia en las congregaciones, donde existe mucha diversidad en estos ámbitos particulares. Más bien

de las veces son más erróneas que acertadas. Algunos me gritan «¡Feliz Cinco de Mayo!» y, amablemente, les recuerdo que esa fecha es una fiesta mejicana y que mi familia procede de Honduras, no de México. Alguien más dice algo con respecto a que las tortillas son un alimento de primera necesidad en cada comida de un hogar latino, sin darse cuenta de que los puertorriqueños (mi esposa lo es a medias) no las comen por lo general. ¿Se remontan todos los latinos a España en sus raíces culturales? Los oradores españoles de ascendencia coreana en Argentina no; tampoco los de ascendencia japonesa que viven en Perú ni los que descienden de europeos judíos del este que residen en Argentina. ¿Hablan español todos los que se identifican como latinos? No. Los brasileños hablan portugués. Los mayas, los aztecas y muchas personas de ascendencia africana hablan dialectos locales o tribales y pueden saber o no hablar español. De ser así, ésta podría ser su segunda o tercera lengua. ¿Hablan español todos los latinos de los Estados Unidos? Muchas segundas, terceras o cuartas generaciones latinas crecieron en hogares de habla inglesa. Algunas lo aprendieron en la escuela y no en sus casas; otros lo entienden, pero no lo hablan; y otros saben tanto de español como yo del idioma Klingon o de la lengua Élfica. ¿Emigraron todos los latinos a los Estados Unidos después de que llegó la enorme ola de emigración no europea en la década de 1960? Un gran número de personas ha emigrado en los últimos sesenta años, pero muchos otros han vivido en los Estados Unidos durante cinco generaciones o más. Si usted habla con muchas de las familias latinas en el suroeste, se da cuenta que han vivido en los Estados Unidos mucho más tiempo que muchos angloamericanos. Sus raíces se remontan a una época cuando partes del sur y del suroeste eran territorios mexicanos. Por lo tanto, nunca emigraron. No «fueron» a los Estados Unidos. Fue a la inversa. Las diferencias existen incluso en la terminología debido a la «complejidad de la identidad latina».[33] Algunos prefieren usar el término latino, otros hispanos, otros latinx y aun otros

complican los entendimientos tradicionales de lo que importa ser diverso, en especial en situaciones en las que los pastores podrían concluir, de un modo prematuro, que ministran en un contexto homogéneo.

33. Juan Francisco Martínez hace la observación siguiente respecto a la terminología: En la Plaza Olvera de la ciudad de Los Ángeles se venden playeras que dicen «I am Chicano, not Latino» (Soy chicano, no latino). Por otro lado, un amigo recién llegado a los Estados Unidos se estaba lamentando: «Toda la vida he sido argentino. Ahora llego a los Estados Unidos y me dicen que soy latino. Nunca he sido latino y no entiendo bien lo que es eso». Estos dos casos reflejan la complejidad de la identidad latina. Utilizamos términos como latino o hispano para describirnos y algunos insistimos en uno y otros en el otro. También existen muchos entre nosotros que rechazan cualquiera de los dos vocablos o que no entienden porque se nos identifica como latinos o hispanos y no por términos que identifiquen nuestro trasfondo nacional específico. (*Caminando entre el pueblo*, 19)

prefieren usar términos relacionados con sus antecedentes nacionales (p. ej., argentinos, cubanos o colombianos). Los numerosos ejemplos de diversidad en las comunidades latinas representan un caso entre muchos que podrían usarse para describir contextos dentro de un contexto.

En tercer lugar, por contextualización *no* me refiero a que cada predicador debería pasar largas horas intentando convertirse en un experto en la cultura popular. Con esto no pretendo sugerir que la relevancia cultural carezca de importancia, y desde luego no quiero que se me tome por un cascarrabias. Los predicadores deberían tener *algún* conocimiento de tendencias en la música, el arte, el cine, la televisión, la literatura y los deportes. Demasiados predicadores apenas se dan cuenta de lo que está ocurriendo en el mundo que los rodea. Se puede suponer que nuestra credibilidad aumenta cuando la gente se da cuenta que no vivimos escondidos bajo una roca, en algún lugar desconocido. Demasiados pastores fomentan un «estilo cuarentena» de predicación en el que el objetivo es de proteger a todos del mundo «de allá afuera».[34] Si Daniel y sus amigos tenían «sabiduría e inteligencia para entender toda clase de literatura y ciencia» (Dn. 1:17), debían de saber *algo* de la cultura Babilonia. Pisamos terreno peligroso cuando ignoramos los movimientos en la cultura popular o cuando subestimamos su influencia inflexible y destructiva sobre los que ministramos. Un enfoque de cuarentena no es suficiente para cumplirá la meta.

Con eso tampoco nos beneficiamos de hacer ídolos de lo pertinente. ¿Es la experiencia siempre la mejor forma de alcanzar a las personas en la cultura popular? No necesariamente. Hay muchas formas de relacionarnos con el contexto. Todavía podemos tener un entendimiento propio sin conocer la referencia cultural de los programas de televisión, de las películas o de la música. Hacer inversiones activas en la vida de la gente es una forma más preciada y genuina de pertinencia: saber los nombres de los niños; sentarse a la cabecera de una cama en el hospital; recordar los aniversarios, los cumpleaños

---

34. Tomo prestado el lenguaje de «estilo cuarentena» de Lamin Sanneh, *Translating the Message*. Sanneh hace lista de las tres clases mayores de organizaciones religiosas, siendo la tercera el modelo preferido: cuarentena, sincretista y reformado. Así es como describe el estilo cuarentena: «Por culpa de la timidez, la ansiedad, la expectativa o las justificaciones escatológicas, los creyentes se separan para mantener una estrecha vigilancia sobre su vida y conducta en semejante aislamiento del mundo. El contacto con los de fuera se reduce al mínimo, y los discípulos se juntan para la oración, comparten el pan, la exhortación y la ayuda mutua» (44). Aunque existen algunos marcadores positivos en este estilo, como el impulso comunitario y la preocupación por la santidad, Sanneh advierte: «Si la cuarentena se vuelve permanente, se convierte en un gueto sellado, un enclave temporal suspendido en el espacio. De esta manera, aunque en la iglesia primitiva hubo elementos de cuarentena, el impulso peregrino del movimiento cristiano los modificó». *Translating the Message*, 45.

y el fallecimiento de nuestros seres queridos. Al final, la mejor forma en que un predicador se relaciona con contexto es estar presente. Tal vez la declaración atribuida a William Ralph Inge, decano de la catedral de San Pablo en el siglo XX, nos sirve de útil recordatorio: «El que contrae matrimonio con el espíritu de esta época será viudo en la próxima».[35] Emil Brunner ofrece una percepción similar: «Cuando la Iglesia intenta ser moderna, siempre llega demasiado tarde y el mundo —con razón— sólo se divierte con su "modernidad"».[36]

Lo que sí significa la contextualización

Ahora que hemos establecido lo que no quiero decir con el término contextualización, la pregunta sigue siendo: ¿Qué quiero decir con eso? En general, defino la contextualización como *la interpretación inteligible y la transmisión de la fe cristiana a través de los conceptos y de los medios personalizados y hechos a la medida para las necesidades de una comunidad en particular.* Los líderes cristianos (p. ej., pastores, misioneros, teólogos académicos, maestros, ancianos, etc.) se involucran en la reflexión teológica, en la educación, la formación o la misión *dentro de* una comunidad en particular; toda teología es contextual. Del mismo modo, comunican de un modo que tiene sentido *para* una comunidad en particular; toda teología es misional o, al menos, debería serlo. Interpretan los textos bíblicos, la vida cotidiana y las «señales de los tiempos» *a través de* una comunidad en particular, por medio de un lente interpretativa a lo concreto *y luego,* ponen en acción estrategias para transmitir la fe de forma inteligible y orientadas a la comunidad. Hacen su trabajo a medida y de un modo personalizado para su contexto, muy parecido a un sastre que confecciona un vestido o traje a la justa medida de alguien en particular. Sus estrategias «se encajan» en el contexto. No atienden a las necesidades de su comunidad como psicólogos pop o gurús culturales, sino como antropólogos y embajadores, como intérpretes de la cultura local y como alguien enviado por Dios para llamar a la gente a reconciliarse con Él, y los unos con los otros (2 Co. 5:16-21).

Defino la predicación contextualizada como *una proclamación fiel y adecuada que se transmite en un lenguaje local, inteligible, hospitalario y transformador.* Los predicadores contextualmente sensibles proclaman el evangelio con un acento local (localidad); hablan en un idioma que las personas entienden (inteligibilidad); comunican de una forma que los respeta y los

---

35. Abundan las designaciones a distintos autores, pero la cita original no se pudo encontrar. Para una designación, véase Bass, *Christianity after Religion,* 7.
36. Brunner, *Divine Imperative,* 566.

dignifica (hospitalidad); y los llaman al arrepentimiento y a ser como Cristo (transformación).[37] Se instalan *en* sus comunidades, reconocen las influencias locales y globales que las *rodean*, se mueven por la diversidad *en el seno* de sus comunidades y buscan la transformación *de* éstas a la imagen y semejanza de Cristo (Gá. 4:19).

Dos palabras en particular —«fiel» y «apropiado»— añaden entendimiento a mi definición. Tomo estos términos prestados de Leonora Tubbs Tisdale, quien afirma que el objetivo de la contextualización debe ser «una predicación que no sólo apunte a una mayor fidelidad con respecto al evangelio de Jesucristo, sino también hacia lo más "apropiado" (en contenido, forma y estilo) para una congregación en particular».[38] Los predicadores contextuales, por una parte, se mantienen fieles a un evangelio que trasciende el contexto y, por la otra, practican lo que es más apropiado para «las comunidades locales de fe».[39] El predicador se aferra a la peculiaridad, a la vez que toma decisiones locales imprevistas con respecto al contenido, la forma y el estilo.

Cuando los predicadores mantienen estos dos compromisos en tensión, no tienen que abandonar la fidelidad al evangelio por la pertinencia contemporánea, ni a la inversa. Lo apropiado no compite con la fidelidad. Los predicadores proclaman un mensaje atemporal y oportuno *a la vez*. Como lo expresa James S. Stewart: «El evangelio no es para *cierta* época, sino para todas las edades: sin embargo, es para esta época *en particular* —para esta hora en la historia y ninguna otra— en la que Dios nos ha encargado hablar».[40]

Figura 3.2. El doble objetivo

Tres elementos de la buena contextualización

La buena contextualización en la predicación exige por lo menos tres elementos: traducción, equilibrio y amor. Los predicadores sensibles al contexto

---

37. Respecto a la necesidad del arrepentimiento, C. S. Lewis escribe: «El hombre caído no es sencillamente una criatura imperfecta que necesita mejorarse. Es un rebelde que debe abandonar sus armas, pedir perdón, darse cuenta de que ha escogido el camino equivocado y estar dispuesto a empezar su vida de nuevo desde el suelo [...] esa es la única manera de salir del "hoyo". Este proceso de rendición —este movimiento hacia atrás y a toda máquina— es lo que los cristianos llaman arrepentimiento». *Mero cristianismo*, 73.
38. Tisdale, *Preaching as Local Theology*, 33.
39. Tisdale, *Preaching as Local Theology*, 30.
40. Stewart, *Heralds of God*, 11.

traducen el evangelio a un lenguaje que la gente entiende. Haré esta afirmación más adelante en mi capítulo sobre la claridad, cuando los llamo a un enfoque a la predicación que utiliza un lenguaje accesible, relevante y relacional como forma de traducción. Aún así, la tarea exige más de nosotros que la claridad oral. La traducción requiere un compromiso constante a entender, estudiar y comunicar en el dialecto local de los que servimos.[41]

Considere el trabajo del traductor de la Biblia que sirve como recién llegado a la cultura del país anfitrión. Aprende la lengua, pero esto demanda más que la capacidad de proponer equivalentes literales con el fin de publicar un léxico. El traductor también pregunta: ¿Cuáles son las preguntas predominantes en el lugar donde sirvo? ¿Cuáles son las creencias y los valores bajo la superficie de las costumbres observables? ¿Cuáles son las historias, las metáforas, las analogías y los coloquialismos? ¿Cómo convierto lo poco familiar en familiar en un lugar y entre personas diferentes a mí?

En *Preaching: A Kind of Folly* (La predicación: una especie de locura), Ian Pitt-Watson argumenta que la mayoría de los pastores predica sermones en la «lengua de Canaán», mientras que los oyentes hablan con fluidez la «lengua de Babilonia». Poseen cierto conocimiento de nuestro idioma, pero la mayor parte de lo que expresamos se pierde en la traducción. Al no haber estudiado *su* lengua y su cultura, con suficiente tiempo y energía, acabamos ofreciendo respuestas teológicas a preguntas que no se están haciendo y en una lengua que no entienden.[42] Aunque Dios puede usar cualquier comunicación humana para hablarle a la gente, la mayoría de los oyentes no se beneficiarán de sermones que suenan como si se presentaran en un idioma extranjero. Es probable que yo pudiera aprovechar *algo* al ver un programa de noticias en una lengua que desconozco, pero le doy mejor uso a mi tiempo escuchando a un presentador que hable mi idioma y que por lo menos sepa algo del lugar donde vivo. ¿Qué es más fácil, que el predicador perfeccione el hablar babilonio o que todos los oyentes lleguen a tener un buen dominio de la lengua de Canaán? Pitt-Watson no pretende aseverar que el idioma de Canaán carezca de valor o que sea irrelevante para la tarea de la predicación.[43] Más bien, anima a los predicadores a que traduzcan el idioma que conocen a la que su congregación entiende.

---

41. James R. Nieman critica los entendimientos simplistas del contexto: «La conciencia contextual no debería reducirse a un eslogan de la educación teológica ni de la práctica ministerial, un sinónimo confirmado por todos que, por lo tanto, no necesita mayor reflexión». *Knowing the Context*, 1.

42. Pitt-Watson escribe: «Antes de que la gente escuche nuestras respuestas teológicas, deben quedarse satisfechos de que nosotros hemos entendido las preguntas que *ellos* nos hacen. Gran parte de nuestra predicación da la impresión de ofrecer respuestas complicadas a preguntas que *nadie* está haciendo». *Preaching*, 52 (cursivas originales).

43. Pitt-Watson, *Preaching*, 51-52.

Según escribe Pitt-Watson, el objetivo consiste en involucrar a la gente en «las preguntas que se están haciendo, usando el idioma que ellos hablan».[44] Además, los predicadores contextualmente sensibles *equilibran* su trabajo, con el fin de evitar los extremos opuestos de la infracontextualización (falta de contextualizarse) y de la sobrecontextualización (hacerlo demasiado). Los profetas del Antiguo Testamento tuvieron que establecer un equilibrio similar. Cuando Israel se convirtió a un estado de cuarentena y el aislamiento (infracontextualización), los profetas le recordaron de su llamamiento a ser el pueblo de misión, que el Dios de Israel también era Dios de todos los demás (Am. 9:7). Sin embargo, cuando la nación se inclinó a la idolatría y el sincretismo (sobrecontextualización), los profetas los llamaron a regresar a la adoración del Dios vivo (1 R. 18:21; Esd. 9:1-4).

El misionólogo Lesslie Newbigin describe los dos extremos de la infracontextualización y la sobrecontextualización como la «Escila» y la «Caribdis» del testimonio cristiano. Newbigin escribe: «Toda senda misionera tiene que encontrar el camino entre estos dos peligros: la falta de pertinencia y el sincretismo. Y si a alguien le asusta más un peligro que el otro, sin duda caerá en lo opuesto».[45] Newbigin escribe específicamente sobre la misión intercultural, pero su propuesta se aplica a la predicación cristiana. Cuando infracontextualizamos, nos arriesgamos a perder a las personas *a quienes* les predicamos. Tal vez «nos metamos en grandes conceptos bíblicos, pero con ello la audiencia siente que Dios pertenecía a un momento muy lejano y muy remoto».[46] Cuando contextualizamos en demasía, nos arriesgamos a perder

---

44. Pitt-Watson, *Preaching*, 52.

45. Newbigin, *Word in Season*, 67. David Allan Hubbard hace una afirmación similar sobre la contextualización:

> El evangelista y el estratega de misiones están sobre el filo de una hoja de afeitar, conscientes de que caer de un lado u el otro tiene consecuencias terribles. Si cae a la derecha, acaba en el oscurantismo, tan apegado a sus formas convencionales de practicar y enseñar la fe, que cubre su verdad y su poder a los que quiero verlo con ojos muy diferentes. Si se desliza a la izquierda y se desploma en el sincretismo, frágil de resistir el l impacto del paganismo en su multiplicidad de formas que se compromete con respecto a la unicidad de Cristo e inventa «otro evangelio que no es evangelio». (Prólogo a Gililand y Hubbard, *Word among Us*, vii)

46. Haddon Robinson escribe:

> Un ministro puede pararse r ante una congregación y presentar sermones exegéticamente exactos, académicos y organizados, pero muertos y sin poder, porque ignoran los problemas difíciles que cambian la vida y las preguntas de sus oyentes. Tales sermones, presentados en una voz como de vidriera, qusan un lenguaje codificado nunca oído en ese ambiente t, se pasea en grandes conceptos bíblicos, pero sus oyentes siente que Dios se encuentra en un momento muy lejano y remoto. Los expositores no sólo deben responder a las preguntas que hicieron nuestros padres y madres; deben luchar con las de nuestros hijos. (*Biblical Preaching*, 47-48)

las buenas nuevas *que* predicamos.[47] Tal vez hallemos un punto de contacto, pero perdemos la idea de la predicación.

En mi definición de la predicación contextualizada, también menciono la hospitalidad y la transformación, porque el predicador debe aprender a navegar por la tensión existente entre ambas. El predicador que tiene buenos instintos de la contextualización se identifica con los oyentes, los respeta, los dignifica hablándoles en su lengua y se ocupa de sus preguntas. A esto me refiero por hospitalidad. Pero el predicador también desafía a su audiencia, los llama y hasta les suplica que persigan ser como Cristo. A esto me refiero por transformación. La contextualización crítica en la predicación exige un compromiso a la identificación *y* la transformación.[48] El equilibrio adecuado ayuda a distanciarse de Escila y Caribdis.

Finalmente, los predicadores contextualmente sensibles *aman* a las personas que los escuchan de tal manera que están dispuestos a hacer sacrificios con el fin de alcanzarlas. Martin Lloyd-Jones observa: «El problema con algunos de nosotros es que nos encanta la predicación, pero no siempre somos cuidadosos a la hora de asegurarnos de que amamos de verdad a quienes les estamos predicando».[49] Considere el amor celoso de Moisés hacia el pueblo de Israel cuando predicó: «Sin embargo, yo te ruego que les perdones su pecado. Pero, si no vas a perdonarlos, ¡bórrame del libro que has escrito!» (Éx. 32:32). Recuerde la decisión que Ester mostró al orar, ayunar y actuar con valentía a favor de la nación. Cuando se enfrentó a la aniquilación de su propio pueblo y la destrucción del pacto, exclamó: «¡Si perezco, que perezca!» (Est. 4:16). Piense en el profundo amor de Pablo cuando escribió estas palabras: «Desearía yo mismo ser maldecido y separado de Cristo por el bien de mis hermanos, los de mi propia raza, el pueblo de Israel» (Ro. 9:3-4). El amor por las personas cubre multitud de defectos homiléticos. Los predicadores contextualmente sensibles practican la disciplina espiritual de estar con las personas, orar con ellas y por ellas. Practican el arte de amarlas en vez de sólo caerles bien.

La gente escucha si creen que su pastor se preocupa por ellos. Un pastor que ama a la gente encuentra las formas de hacer sermones a la medida y personalizados respecto a la realidad, a las situaciones concretas a las que se enfrenta la gente aquí y ahora. Tisdale escribe: «El predicador que también

---

47. Como escribe David Bosch: «A pesar de la innegable naturaleza crucial y la función del contexto, no se debe, pues, tomar como autoridad única y básica para la reflexión teológica». *Transforming Mission*, 431.

48. Flemming usa el lenguaje de «identificacional» y «transformacional» en su descripción de la predicación del apóstol Pablo en el libro de Hechos, en *Contextualization in the New Testament*, 86.

49. Lloyd-Jones, *Preaching and Preachers*, 92.

es pastor se sienta en el estudio con la plena conciencia de que Susan y Dave están a punto de divorciarse, que Ida acaba de ser informada de que su cáncer es terminal, que Ray es la última víctima del desempleo debido al rebaje de personal corporativo. Y que Libby, de cinco años, muestra todas las señas de haber sido víctima de abusos físicos [...]. Los huesos deformados de la humanidad universal están cubiertos de carne y sangre, de personalidad y de carácter, cuando el predicador se enfrenta con cuestiones de fe y vida a favor de individuos particulares representados en el seno de la congregación».[50]

Los pastores le predican una palabra encarnada y específica a la gente en toda su especificidad, no una palabra vacía para toda la humanidad en lo abstracto. Aunque el evangelio tiene una relevancia universal que *no* debemos olvidar, también toma su forma como palabra localizada en la lengua y la cultura del tiempo y del espacio, una palabra que entra en los vecindarios donde vive, trabaja y se divierte la gente.[51] Los predicadores que conocen y aman a la gente, que conocen y aman los vecindarios donde vive, podrían no alcanzar el mismo nivel de elocuencia, educación o talentos que los demás, pero su amor consigue para ellos lo que Fred Craddock describe como el «poder irremplazable [de] lo apropiado».[52]

> *«Los huesos deformados de la humanidad universal están cubiertos de carne y sangre, de personalidad y de carácter, cuando el predicador se enfrenta con cuestiones de fe y vida a favor de individuos particulares representados en el seno de la congregación».*
>
> —Leonora Tubbs Tisdale

50. Tisdale, *Preaching as Local Theology*, 11-12.
51. Newbigin escribe:
    Ni al principio ni en ningún tiempo después alguno hay o puede haber un evangelio que no esté cubierto de de una forma culturalmente condicionada de palabras. La idea de que uno pueda o pudiera, en algún momento, apartar mediante algún proceso de destilación un evangelio puro sin adulterar por acreciones culturales algunas, es una ilusión. Es, en realidad, un abandono del evangelio, porque el evangelio se trata de la palabra hecha carne. Toda declaración del evangelio en palabras está condicionada por la cultura de la que estas palabras forman parte y cada estilo de vida que afirma comprometerse a la verdad del evangelio es un estilo de vida culturalmente condicionado. No puede haber jamás un evangelio libre de cultura. (*Foolishness to the Greeks*, 4)
52. Craddock escribe: «Hay que rotundamente anunciar lo contrario, los predicadores más eficaces en esta u otra generación son pastores, cuyos nombres podemos conocer o no. Esto no es un comentario sobre aptitudes oratorias ni una amplia bendición sobre cada esfuerzo que los pastores hacen en el púlpito. Más bien, es el reconocimiento de la importancia fundamental de conocer a los oyentes propios, hecho que hace posible tener ese poder irremplazable: lo apropiado». *Preaching*, 91-92.

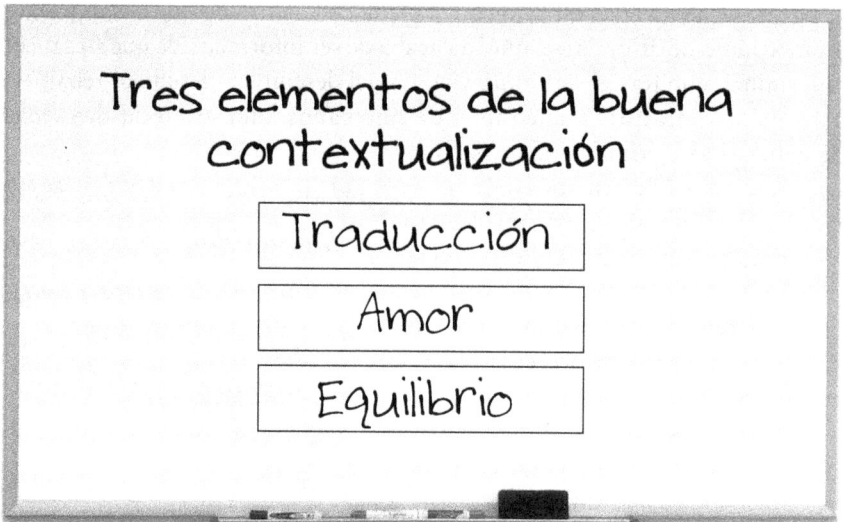

Figura 3.3. Elementos de la contextualización

La mayoría de la gente se da cuenta de si le importa a sus pastores, si es amada o tan sólo tolerada, si la recuerdan en oración, si escogen la solidaridad sobre la enemistad. ¿Significa esto que la gente siempre escucha y presta atención al llamado de Jesucristo al discipulado? No necesariamente. Algunas no le hacen caso al llamamiento de Dios, por la simple razón de que sus corazones son duros (1 S. 6:6; Sal 95:8; Zac. 7:12; Mt. 19:8; Mr. 10:5). Pero, ¿acaso es *más probable* que la gente responda al llamado de Dios si creen que sus pastores se preocupan por ellos? Sí.

Las prácticas de la contextualización

En la última sección de este capítulo recomiendo tres estrategias homiléticas diseñadas para ayudarnos a practicar la contextualización: averiguar puntos ocultos culturales, convertirse en un etnógrafo congregacional y escuchar a nuestros oyentes. Esta lista no es completa sino sugerida. Nos encamina hace un plan estructurado pero no nos lleva al destino final.

Averigüe los puntos ocultos culturales

En una ocasión, un grupo de teólogos estadounidenses invitó a Gonzalo Arroyo, un sacerdote jesuita chileno, a venir a los Estados Unidos y hablar en una de sus reuniones. Inició así su presentación: «Díganme, ¿por qué cuando

hablan ustedes de *nuestra* teología la llaman "teología latinoamericana" y
se refieren a la *suya* como "teología" a secas?».[53] Al formular la pregunta,
Arroyo expuso un problema perdurable: *nuestros puntos ocultos culturales
a veces hacen que no nos demos cuenta de cómo nuestra ubicación social
moldea nuestra teología, nuestro ministerio y nuestra forma de estar en el
mundo.* Regresando a una analogía anterior, los que asistían al congreso no
sólo se habían olvidado del aire que respiraban, sino también de cuánto ese
aire había moldeado su experiencia del mundo. Recuerde que toda teología es
contextual. Como nos recuerda Orlando E. Costas, la teología es un «reflejo
contextual de la acción de Dios en la historia. Fingir ser otra cosa no es sino
una ilusión, y bastante peligrosa para la iglesia».[54]

Todo predicador tiene puntos ocultos. Cuanto antes nos demos cuenta,
mejor para todos. Podemos decidir ignorar esta verdad sobre nosotros mismos, pero entonces seremos muy parecidos a un conductor que ignora los
puntos ocultos de su retrovisor: nos convertimos en un peligro para nosotros
mismos y para los que nos rodean. Algunos de estos puntos ocultos existen
sencillamente porque somos lectores modernos que interpretamos un texto
antiguo. Libros como el de Kenneth E. Bailey, *Jesus through Middle Eastern
Eyes* (Jesús a través de los ojos del Medio Oriente) y el de E. Randolph Richards y Brandon J. O'Brien, *Misreading Scripture with Western Eyes* (Leer
mal las Escrituras con ojos occidentales) intentan tender un puente sobre el
vacío existente cuando los lectores modernos intentan interpretar un texto
del antiguo Oriente Medio.[55]

Otros puntos ocultos culturales se producen debido a nuestra nacionalidad, raza, etnia, género y clase social. A veces estos marcadores de identidad
nos ayudan a ver cosas que otros no podrían ver y, en otras ocasiones, nos
impiden ver lo que tenemos claramente por delante: hacen que seamos in-
sensibles. Por ejemplo, John S. Mbiti advierte a los teólogos norteamericanos
de los peligros de olvidar cómo las experiencias de la vida de las personas
moldean su reflexión teológica cuando escribe: «El teólogo africano que ha
experimentado las agonías de tener un hambre desgarrador, sin nada que
comer, teologizará sin duda de un modo distinto sobre el tema de la comida

---

53. Historia original en R. Brown, *Gustavo Gutiérrez*, xix.

54. Costas, *Christ outside the Gate*, 3-4. Otros teólogos estarían de acuerdo. David Bosch
escribe: «Interpretar un texto no es un mero ejercicio literario; es asimismo un ejercicio social,
económico y político. Todo nuestro contexto entra en juego cuando interpretamos un texto
bíblico. Uno, por lo tanto debe reconocer que toda teología (o sociología, teoría política, etc.)
es contextual por su propia naturaleza». *Transforming Mission*, 423.

55. Ver Bailey, *Jesus through Middle Eastern Eyes*; Richards y O'Brien, *Misreading Scripture
with Western Eyes*. Ver también Bailey, *Paul through Mediterranean Eyes*.

que al teólogo estadounidense que conoce la incomodidad de tener un plato lleno de bistec, pero no tiene apetito».[56]

Si quiere usted averiguar sus puntos ciegos, hágase algunas preguntas difíciles como las siguientes:

- ¿De qué forma me afecta el privilegio racial, positiva o negativamente?[57]
- ¿De qué forma afecta mi género mi vida y ministerio, o las percepciones que otros tienen de mí?
- ¿Qué partes de mi trasfondo racial o étnico debería yo celebrar, y cuáles necesitan romperse y reestructurarse?
- ¿Cómo afecta mi riqueza o la falta de ella, positiva o negativamente?
- ¿Cómo me guía mi posición social (p. ej., raza, clase social y etnia) a darle privilegio a algunas perspectivas y descuidar de otras?
- ¿Cómo afecta mi posición social a mi forma de relacionarme con los demás (p. ej., otros culturalmente diferentes o los que están en el poder) y la manera como los demás se relacionan conmigo?

Solamente porque algunos de nosotros no estemos acostumbrados a formular estas preguntas culturales críticas no significa que deberíamos evitar de hacerlas. Matthew D. Kim observa que, a veces, en el ministerio pastoral, «con el bullicio de la vida y es ser domados por la "tiranía de lo urgente", raras veces pensamos en quiénes somos, dónde hemos estado y en quiénes nos estamos convirtiendo como personas y como predicadores».[58] Pero si queremos alcanzar a otros con la predicación y prosperar en el ministerio, necesitamos un autoestudio cultural más crítico.[59]

Nuestros puntos ocultos culturales proceden de nuestro sistema cultural de valores que, a menudo (pero no siempre), va atado a nuestra nacionalidad.[60]

56. Mbiti, «Theological Impotence», 15.
57. Al hacer esta pregunta, un recurso útil de consulta es Emerson y Smith, *Divided by Faith*. Afirman que el privilegio racial afecta la visión propia del mundo y la manera de generar soluciones a los problemas de la sociedad.
58. Kim, *Preaching with Cultural Intelligence*, 45.
59. Para un análisis más profundo del autoestudio cultural crítico y su necesidad de predicarse, véase Alcántara, *Crossover Preaching*, 198-201, 287-90.
60. Uso el término «a menudo» con respecto a la nacionalidad, porque las «agrupaciones culturales» existirán con frecuencia en la misma nación debido a su diversidad, sus patrones migratorios y sus cambios demográficos, siendo los Estados Unidos un ejemplo principal. Por ejemplo, vivimos en una sociedad estadounidense ampliamente individualista, pero no sería de extrañar que se hallaran subculturas colectivistas, sobre todo en las comunidades inmigrantes que vienen de las sociedades colectivas. Para obtener más detalles sobre lo que son las agrupaciones culturales y cómo funcionan, véase Livermore, *Expand Your Borders*.

Nuestros valores culturales existen bajo la superficie de nuestras costumbres y prácticas como las creencias y las estructuras interpretativas, y con frecuencia desconocemos lo que son.[61] Aunque dirigen nuestras actitudes y conductas, con frecuencia se disfrazan como normas en vez de valores específicos culturales, sobre todo en contextos interculturales. En su obra pionera, Geert H. Hofstede argumentó que las sociedades operan de acuerdo con los siete valores culturales siguientes:[62]

- *El individualismo o el colectivismo*: la identidad y los derechos individuales toman mayor importancia sobre el grupo, *o* la identidad y los valores del grupo prevalecen sobre el individuo
- *Baja distancia al poder o alta distancia al poder*: poco o ningún interés en las diferencias de estatus y un enfoque más democrático al liderazgo, *o* mayor inversión en las diferencias de estatus con decisiones típicamente tomadas por los que controlan la autoridad
- *Baja evitación de la incertidumbre o alta evitación de la incertidumbre*: alta tolerancia de lo imprevisto, lo flexible y la improvisación *o* baja tolerancia de esto mismo
- *Cooperativa o competitividad*: se enfoca en la colaboración y la mutualidad en el trabajo, *o* en el logro individual y la realización de tareas en el trabajo
- *Corto plazo o largo plazo*: se enfoca en producir resultados inmediatos ahora mismo *o* se centra en los objetivos y los beneficios a largo plazo frente a los resultados rápidos
- *Bajo contexto o alto contexto*: comunicación directa con mayor atención al discurso verbal *o* comunicación indirecta con mayor atención a lo no verbal
- *Ser o hacer*: las relaciones y los compromisos sociales crean líneas borrosas entre el trabajo y la vida *o* la realización de las tareas toman precedencia sobre las relaciones

Algunos de estos valores son de mayor importancia al pastorado que a la predicación. Por ejemplo, nuestra posición en el espectro de la distancia al poder nos enseñará más sobre nuestro estilo de liderazgo que sobre nuestra forma de predicar. Sin embargo, muchos de estos valores moldean nuestra predicación. Cuando predicamos, ¿tendemos a la aplicación individualista

---

61. Para consultar un recurso útil a la hora de entender nuestra propia cultura y entender las diferencias culturales entre usted y los demás, véase Lane, *Beginner's Guide to Crossing Cultures*.
62. Véase Hofstede, *Culture's Consequences*. Véase también Livermore, *Expand Your Borders*.

—Jesucristo y yo— o hablamos sobre la aplicación para la iglesia, la sociedad o al mundo entero?[63] ¿Nos hacemos entender mediante la comunicación
directa de bajo contexto en un ambiente donde muchos de nuestros oyentes
podrían ser indirectos y de contexto alto? ¿Nos centramos en llamar a las
personas a hacer en vez de ser, o a la inversa? Estas y otras preguntas deberían
encaminarnos a profundizar nuestros niveles de inteligencia cultural. Como
nos recuerda Kim: «Una opinión adecuada y saludable del "yo" puede ser una
de las herramientas más empoderantes y alentadoras que se pueda poseer en
el púlpito».[64]

Convertirse en un etnógrafo congregacional

Tomo prestado el término «etnógrafo congregacional» de Tisdale, quien
lo usa para describir lo que están llamados a hacer los predicadores contextualmente sensibles.[65] El término «etnógrafo» significa «uno que escribe sobre
la cultura o la estudia». Un etnógrafo estudia la comunidad en la que vive,
reflexiona en ella y funciona como alguien de adentro y de fuera a la vez,
un participante y un crítico al mismo tiempo. Como etnógrafos congregacionales, los predicadores hacen más que estudiar textos; también analizan
los contextos congregacionales. Nadie puede afirmar tener el trabajo de un
etnógrafo sin tomarse el tiempo ni hacer el esfuerzo para estudiar, aprender
de una comunidad y escucharla. ¿Confiaría usted en alguien que proclamara
ser un experto etnógrafo sobre la raza de usted, su etnicidad o su nacionalidad, pero que no dedicó tiempo ni llegó a conocer jamás a alguien que viene
de ella? ¿Por qué le creería una congregación a un predicador que asegurara
conocerla, pero que no hubiera dedicado tiempo a ello?

Según Tisdale, la etnografía local exige un «análisis simbólico de la cultura
en la vida congregacional» con un objetivo específico en mente: «llegar a
conocer a nuestras congregaciones de un modo más profundo para también
poder predicarles de maneras más adecuadas y transformadoras de acuerdo
a quienes son de verdad».[66] En *Preaching as Local Theology and Folk Art* (La
predicación como teología local y arte popular), Tisdale destaca siete símbolos del contexto local que los predicadores pueden estudiar para entender
a sus comunidades mejor que ahora:

---

63. Según Pablo Jiménez, «Tradicionalmente, los sermones se dirigen al individuo, no a la
comunidad. Esta perspectiva individualista es irreal. Los seres humanos vivimos en sociedad.
Nuestra conducta afecta tanto a las personas con las cuales convivimos como al mundo que
nos rodea». Jiménez, *La predicación en el siglo XXI*, 37.
64. Kim, *Preaching with Cultural Intelligence*, 45.
65. Tisdale, *Preaching as Local Theology*, 18, 35, 59-61, 64-76, 91.
66. Tisdale, *Preaching as Local Theology*, 65.

- *Historias y entrevistas.* Las historias de una comunidad local de fe poseen un poder instintivo. ¿Qué historias institucionales conoces respecto de su contexto? ¿Quiénes fueron los participantes cuando se formó la congregación? ¿Quiénes son ahora? Si se reúnen ustedes en un edificio, ¿quién lo construyó y de qué manera? ¿Cómo resultó llegar la comunidad en el lugar donde se encuentra ahora? Tisdale recomienda hacer entrevistas. Formular preguntas a las personas sobre su relación con la comunidad.

- *Material de archivo.* Los documentos también nos hablan del contexto. Los archivos nos cuentan la historia de la iglesia, como también lo hacen las actas de las reuniones del concilio, bodas y funerales, y otras fuentes de sabiduría.

- *Datos demográficos.* Estudie cómo han cambiado las estadísticas demográficas de su iglesia y la comunidad que la rodea. Por ejemplo, en la iglesia donde yo servía de pastor de enseñanza, en Nueva Jersey, los no blancos representaban el número de crecimiento más rápido en la nueva membresía durante los cuatro años que estuve allí, del 30 % de nuevos miembros el primer año hasta el 70 % en el último. Estas tendencias formaron de nuevo nuestra congregación local.

- *Arquitectura y artes visuales.* Este símbolo tiene más que ver con los edificios históricos de la iglesia, pero sigue siendo relevante en otros contextos. ¿Qué le sugiere el espacio respecto a la gente? ¿Son algunos grupos «propietarios» de espacios? ¿Qué les indica el edificio a los visitantes? ¿Qué comunica la arquitectura del púlpito, la plataforma o el altar?

- *Rituales.* Entérese de los bautismos, las celebraciones comunes, los matrimonios, las confirmaciones, los funerales y otros acontecimientos relevantes. ¿Cuáles son las costumbres? ¿Por qué se llevan a cabo estos hábitos tal como se hacen?

- *Acontecimientos y actividades.* ¿Qué tipos de actividades y acontecimientos reciben mayor atención? ¿Qué eventos son más polémicos? ¿Cuáles son más gozosos?

- *Personas.* ¿Quiénes son los participantes clave en la iglesia? ¿Quiénes dejan saber su opinión y quiénes no? ¿A quién se considera sabio en la congregación? ¿Quién parece acomodarse bien allí y quién no?[67]

Tisdale no afirma que estas siete fuentes sean las únicas en un contexto dado. Tampoco asevera que cada una de ellas tenga igual peso en todo

---

67. Para obtener un resumen de las siete fuentes de exégesis congregacional, véase Tisdale, *Preaching as Local Theology*, 64-77.

contexto. En algunas situaciones, las historias y las entrevistas son más importantes, mientras que en otras lo son los cambios demográficos. Dado que el ministerio pastoral a veces avanza a un ritmo frenético y que no hay suficientes horas en el día, reunir datos será probablemente más informal, específico y ocasional que en un lugar académico. Los objetivos son diferentes. No aprendemos más sobre una comunidad porque queramos escribir una tesis magistral; nos enteramos de más cosas al respecto porque la amamos y queremos alcanzarla.

Procurar entender a las personas a las que les predicamos también nos ayudará a formular preguntas interpretativas: ¿Cómo está cambiando mi comunidad? ¿Qué es posible para que el evangelio sea inteligible en este espacio y en este tiempo? ¿Cuál es la herida que necesita curarse aquí? ¿Qué dones de la comunidad se necesitan celebrar? ¿Qué ídolos necesito exponer? ¿Qué contaminantes encuentro en el aire? ¿Cómo puedo alcanzar a más personas que ahora? Estas y otras preguntas nos ayudan a avanzar; más allá de entender los datos y las historias, nos ayudan a interpretarlos.

Escuche a los oyentes

Si queremos aprender más sobre cómo procesa la gente nuestros sermones e interactúan con ellos, tal vez deberíamos preguntarles a ellas. Es mucho más exacto que cavilar y especular sobre lo que piensan y sienten. Sus repuestas se verán, supuestamente, como la curva de una campana. Los datos que aparecen en los extremos opuestos de la curva importan menos que los que aparecen en parte central. Es probable que el 10 % de las personas nos elogie en exceso, que el 10 % nos critique injustamente y que el 80 % de los del medio quizás nos dé la información exacta e importante. Se requiere una dosis alentadora de humildad para escuchar a los oyentes opinar sobre nuestra predicación, cuando sabemos que sus respuestas podrían hacernos sentir inseguros o a la defensiva. Pero la valoración que nos dan es incalculable. No sólo nos enseña sobre nuestra predicación en general, sino también a ser más contextualmente sensibles cuando preguntamos lo correcto y nos enfrentamos a ello. Los beneficios que logramos son mayores que los sacrificios que hacemos, aunque la apreciación que recibamos hiera un poco nuestro ego.

Los predicadores usan numerosas estrategias para solicitar reacciones.[68] Algunos centran mucha atención en la «prorreacción». De antemano examinan el material del sermón en un estudio bíblico, con un equipo de liderazgo,

---

68. Para varias estrategias en establecer un sistema de retroalimentación de parte de personas laicas en su congregación, consulte el capítulo de Shaddix, «Rising above Foyer Feedback» en Shaddix y Vines, *Progress in the Pulpit*, 167-83.

un equipo de planificación de la alabanza o con colaboradores designados y seleccionados por el pastor. Al hacer eso, se familiarizan con las preguntas, las reacciones, las ideas y las contribuciones de la gente. Tanto Lucy Atkinson Rose como John S. McClure afirman que reclutar colaboradores estratégicos de la comunidad de oyentes (por lo general que no sea otro pastor ni miembro del personal), incluso en las primeras etapas del proceso de preparación, puede marcar una enorme diferencia en la predicación.[69]

Otros predicadores reciben de inmediato las respuestas o, poco después del sermón, las reciben de parte de aquellas personas en las que confían. Los que predican el mismo sermón varias veces durante el mismo fin de semana podrían solicitar la reacción informal del equipo pastoral, de los miembros del personal o de las personas laicas entre los cultos de alabanza con el fin de conseguir hasta la más pequeña información de cómo le llegó el sermón a la congregación. Un enfoque más común sería pedirles a los oyentes que anoten su opinión en algún tipo de hoja de evaluación para que puedan entregársela después al predicador. Las evaluaciones con frecuencia contienen toda clase de preguntas, algunas relacionadas con la contextualización y otras que nada tienen que ver con eso. A continuación, algunas preguntas relacionadas con el contexto que se puede incluir en una posible hoja de evaluación:

- ¿Relacionó el sermón, de alguna manera, el antiguo mundo con el mundo contemporáneo? Si es así, ¿cómo? Si no, ¿por qué no?
- ¿Hizo el predicador que su lenguaje se entendiera a los oyentes modernos, o el sermón presentó en un tono demasiado académico, indiferente o distante? Si el lenguaje se entendía, ¿qué lo hizo así? Si no pudo hacerlo, ¿qué lo impidió?
- ¿Fueron las ilustraciones comprensibles y pertinentes? ¿Por qué sí o por qué no?
- ¿Se dirigió el mensaje a su vida de forma personal, a las vidas de quienes lo rodean o, de alguna manera, a cuestiones del mundo contemporáneo? Sí es así, ¿cómo? Si no pudo hacerlo, ¿por qué no?
- ¿Parecía el sermón conectarse con el mundo real? Si es así, ¿cómo? Si no pudo hacerlo, ¿qué le hizo perder el contacto con la realidad?
- Si estás en una iglesia multigeneracional: ¿Fue el sermón lo bastante accesible para que un alumno de sexto grado pudiera entender algo, pero

---

69. Usan el simbolismo de la «mesa redonda» y el enfoque de planificar como forma de defender un planteamiento colaborador, en vez de hacerlo de manera unilateral. Para más información sobre el enfoque de mesa redonda para la predicación, véase Rose, *Sharing the Word*; McClure, *Roundtable Pulpit*.

lo suficiente escencial para que un niño de seis años pudiera beneficiarse también de él? Si fue así, ¿por qué? Use ejemplos. Si no, ¿por qué no?

Recuerde: No les pida *sólo* a personas parecidas a usted que evalúen su predicación. Pregúntele a personas racial o culturalmente distintas a usted, personas de género y edad diferentes. Si escucha diversas perspectivas de su predicación, conseguirá un mejor sentido de sus puntos ocultos y disminuye la probabilidad de un enfoque de evaluación tipo auto-resonante, donde oye lo que quiere oír. Asimismo, asegúrese de ampliar el círculo de sus evaluadores más allá de los pastores y de los miembros del personal. Puede solicitar la opinión de pastores o personal a los que se les paga, de vez en cuando, pero recuerde que así como usted, muchos de ellos hablan la lengua de Canaán en vez del idioma de Babilonia. Aunque no pueda pagarles a los voluntarios que escoge, halle un modo diferente de «pagarles» por medio del reconocimiento, por alguna celebración o algún tipo de confirmación escrita o verbal. A algunos predicadores les gusta solicitar la opinión mediante encuestas anónimas. En ocasiones, el anonimato permite comunicar mayor sinceridad y una evaluación franca, de una manera que otras formas de valoración podrían limitar o impedir el recibir información útil.

Una posibilidad final de la retroalimentación es el reclutar a mentores a su vida —en particular a personas que ya utilizan bien la contextualización en la predicación—, y que lo puedan orientar. Piense en los líderes cristianos de su círculo de influencia que ya predican en un lenguaje que la gente entiende, se conecte con sus oyentes contemporáneos y mantenga un equilibrio notable entre la fidelidad y lo apropiado del sus sermones. Invítelos a que sean parte de su círculo para que escuchen sus sermones. Pregúnteles qué oyen cuando lo escuchan predicar. Pídales asistencia para que usted mejore en la predicación. Hay que solicitar de ellos lo que oyen cuando lo escuchan a usted predicar. En particular, pídales que anoten de que manera es si usted se conecta con su congregación. También, se pueden contratar mentores que lo orienten la distancia. Uno puede escuchar a predicadores excelentes que también ponen bien en práctica la contextualización, que puedan ser sus mentores desde lejos.

Conclusión

En este capítulo observamos cómo los escritores bíblicos, definían términos, se explicaron los compromisos de la contextualización y se recomendaron las prácticas homiléticas. Una persona sabia y capaz, dedicada a la homilética, podría publicar un tomo sobre la contextualización —definir lo que es, cómo funciona, por qué importa, a cuáles aspectos hay que darles prioridad—, y aún así ofrecería un análisis parcial, incompleto. Aunque existiera un manual así, los predicadores locales, en sus ámbitos locales, seguirían siendo los expertos residentes en su contexto y en su contextualización. Esto significa que usted conoce su contexto mucho mejor de lo que yo jamás podré conocerlo.

¿Por qué importa la contextualización? Tal vez una breve anécdota nos ofrece un vistazo a la respuesta. El popular teólogo keniata John S. Mbiti cuenta la historia ficticia de un joven estudiante africano de teología que abandonó la iglesia de su aldea para dedicarse a estudios doctorales en una famosa escuela de teología en el Occidente. Después de nueve años y medio lejos de su hogar, pasó sus exámenes orales y se graduó con un doctorado en teología. Aparte de aprender inglés, también estudió varias lenguas antiguas y modernas, y todas las disciplinas clásicas de la teología. Escribió una disertación sobre un «oscuro teólogo de la Edad Media».[70] Antes de abordar el avión de regreso a su hogar, pagó con gusto por el exceso de equipaje donde llevaba copias de la Biblia en todos los idiomas que había aprendido y libros de todos los teólogos de renombre que había estudiado.

Al llegar a casa, el joven teólogo se da cuenta que casi todos los aldeanos se han reunido para celebrar su regreso —músicos, bailarines, parientes, viejos amigos—, personas a las que recuerda bien y niños pequeños cuyos nombres tiene por aprenderse. Mtibi escribe: «Todos han venido a comer, a regocijarse, a escuchar a su héroe [...] que ha leído tantos libros teológicos, él es la esperanza de su iglesia pequeña, aunque va experimentando un rápido crecimiento». Entonces, sin avisar, les sucede una tragedia. La hermana mayor del joven grita y cae al suelo, gimiendo de dolor. Él corre a su lado y grita: «¡Llevémosla al hospital!». Eso les toma a por sorpresa a los aldeanos y un joven le informa: «Señor, el hospital más cercano está a ochenta kilómetros y hay pocos autobuses para llegar hasta allá». Otra persona grita: «Está poseída. Los hospitales no la pueden curar». El jefe de la aldea le dice: «Tú has estudiado teología en el extranjero [...], ahora ayuda a tu hermana».[71] Sin saber qué hacer, pronto agarra uno de sus libros favoritos, consulta el índice y encuentra la sección sobre la posesión espiritual, después de lo cual insiste en que no es el caso de su hermana. Debe de ser otra cosa. Mientras la multitud grita: «¡Ayuda a tu hermana! ¡Está poseída!», él también grita: «¡Pero Bultmann ha desmitificado la posesión demoníaca!».[72]

70. Mbiti, «Theological Impotence», 7.
71. Mbiti, «Theological Impotence», 7.
72. Mbiti, «Theological Impotence», 8. En el contexto de este artículo, Mbiti no sólo usa esta historia para explicar una idea respecto al vacío entre la academia y la iglesia; algo que concuerda más con el mensaje de todo el libro, esta historia también muestra el vacío entre el

Aunque apócrifa, la historia de Mbiti nos recuerda que nos asociamos con personas reales con preguntas reales en situaciones reales. ¿Cuánto les ayudará la lengua de Canaán a los que hablan el idioma de Babilonia? Por supuesto, la obra del ministerio pastoral exige que los predicadores lean y estudien el texto bíblico, que practiquen la exégesis y la teología. Pregúntele a cualquiera de los que nos dedicamos a la educación teológica (yo incluido) si estas cosas importan y le responderemos sin demora: «¡Desde luego que sí!». Aun un poco de mala teología puede causar una barbaridad de daño. Pero ¿qué diferencia marcarán nuestras teologías en la vida de las personas reales sin por lo menos una capacidad satisfactoria de contextualizar? Nuestros oyentes viven en un tiempo y en un lugar en particular. Si queremos pastorear ovejas, deberíamos tomarnos el tiempo de conocerlas primero.

Vídeos adicionales para este capítulo se encuentran en www.Practicas delaPredicacion Cristiana.com.

cristianismo occidental y las experiencias al vivir en las iglesias del hemisferio sur. Más adelante, en el artículo, Mbiti escribe:

Teólogos de iglesias nuevas (o más jóvenes) han hecho sus peregrinajes al aprendizaje teológico de las iglesias más veteranas. No tuvimos alternativa. Hemos comido teología con ustedes; hemos bebido teología con ustedes; hemos soñado teología con ustedes. Sin embargo, todo ha sido unilateral; en un sentido, todo ha sido su teología (si por un momento podemos regresar a la agonizante dicotomía que es real y, sin embargo, falsa). *Les conocemos teológicamente. La pregunta es: ¿nos conocen ustedes teológicamente? ¿Les gustaría conocernos teológicamente? ¿Pueden conocernos teológicamente?* Y, ¿cómo puede haber verdadera reciprocidad y mutualidad teológica si sólo un lado conoce al otro bastante bien, aunque la otra parte tampoco conozca o no quiera conocer a la primera? («Theological Impotence», 16-17 [cursivas añadidas])

4

Predique con claridad

Lograr la sencillez en la predicación es de mayor importancia para
todo ministro que les desee ser útil a las almas.

—J. C. Ryle, *Simplicity in Preaching*

El secreto para ser aburrido es contarlo todo.[1]

—Voltaire, *Oeuvres complètes de Voltaire*

E l tema de este capítulo es la claridad: su importancia a la predicación
y el ponerla en práctica en los sermones. La claridad es la tercera de
las Cinco C de la predicación. Los sermones claros muestran sencillez,
elegancia, validez y brevedad. En este capítulo, propongo que los sermones
claros muestran cuatro características en particular: una exégesis concisa, un
lenguaje inteligible, una idea principal clara y el compromiso a la brevedad.

Pero antes de entrar al tema de la claridad, permítame compartir por lo
menos una historia sobre por qué la claridad puede tener tanto impacto.

El discurso duró poco más de dos minutos y constaba de 272 palabras en
total. La mayoría de los predicadores no habría acabado la introducción a
su introducción en dos minutos y menos aun de presentar todo un mensaje
de principio a fin. ¿Qué se puede decir realmente en tiempo tan corto? Según
nuestra denominación, algunos creen que se necesitan por lo menos veinte,
treinta o hasta cuarenta y cinco minutos. Nos decimos: «En fin, mi sermón

---

1. En francés: *Le secret d'ennuyer est celui de tout dire.*

Las prácticas de la
predicación cristiana

Figura 4.1. Las Cinco C: Claridad

debe tener una introducción atractiva, explicar las complejidades del texto
que se predica, ofrecer una idea principal clara, contener ilustraciones convincentes, aplicar el texto de forma completa como para tratar las diversas
necesidades de diferentes oyentes y luego, resumirlo todo con una conclusión
memorable». Con tantos platos que hacer girar, lo último que un predicador quiere oír en cuanto a su sermón es «manténgalo a una página a doble
espacio».

Algunos eruditos afirman que estaba dándole los últimos toques al discurso
en el tren. Cuando él y sus acompañantes llegaron, la multitud le extendió
una calurosa bienvenida y le expresaron una profunda gratitud por su disposición a viajar tan lejos a pesar de la triste ocasión que provocó la visita,
en un día tan frío de noviembre. Aquel día, el orador principal era otra persona, un hombre llamado Edward Everett. Según Ted Widmer, del *New York
Times*, Everett había pasado toda su vida preparándose para ese momento:
«Su inmensa erudición y su reputación como orador había puesto muy altas
las expectativas con respecto al discurso inminente».[2] Como era de esperar,
pronunció el tipo de discurso acostumbrado para aquel tiempo: «un elogio
al estilo tradicional, en el que alabó las virtudes de los soldados durante dos

---

2. Respecto a la prominencia de Everett, Widmer escribe: «Vivía profundamente en el presente, como gobernador de Massachusetts, congresista, presidente de Harvard, ministro de la
Corte de St. James, secretario de Estado y senador. Pero nunca dejó de actuar como oráculo
de los Estados Unidos, canalizando los espíritus de los muertos mientras su país se movía
aceleradamente hacia el futuro. Sus discursos eran extraordinariamente populares; en una
ocasión, en Nueva York, habló en un auditorio para miles de personas sentadas y, sin embargo,
la multitud derribó las barricadas, desesperada para que se le permitiera la entrada». «The
Other Gettysburg Address».

horas».³ En total, la disertación contenía más o menos trece mil palabras y
lo presentó en su totalidad, sin apuntes.⁴

Cuando Everett concluyó, el siguiente orador ocupó su lugar en la tribuna
y pronunció el discurso de 272 palabras que duró poco más de dos minutos.
Según Widmer, sus palabras fueron «en su mayoría, de una y dos sílabas, de
raíces anglosajonas y normandas hasta el estilo de cómo hablaban realmente
los estadounidenses».⁵ Era el 9 de noviembre de 1863. El presidente Abraham
Lincoln empezó y acabó el discurso de Gettysburg tan rápido que la mayoría
de los fotógrafos no tuvo tiempo de montar su equipo. Por eso, no existen
fotografías de cerca de Lincoln consagrando el Cementerio Nacional de Gettysburg y sólo hay nueve imágenes de la ceremonia.⁶ Sin embargo, muchos
consideran que el discurso de Gettysburg es una de las más extraordinarias
exposiciones orales en la historia de los Estados Unidos. Hasta Everett estuvo
de acuerdo. Al día siguiente, le escribió una carta a Lincoln, elogiando la «elocuente sencillez y lo apropiado» del discurso. «Me alegraría» —escribió— «si
pudiera halagarme a mí mismo si me acercara tanto a la idea central de la
ocasión en dos horas, como usted lo hizo en dos minutos».⁷ Resulta que uno
sí puede decir mucho en una página, a doble espacio.

Muchos de nosotros predicamos más como Edward Everett que como
Abraham Lincoln, tal vez porque nos hemos convencido de que la versión de
dos horas siempre será mejor que la de dos minutos. Sin embargo, ¿de verdad
somos mejores si un sermón más largo opacara nuestra claridad? ¿Qué es
más fácil, predicar un sermón de cuarenta y cinco minutos de 2 Corintios
5, sobre cómo reconcilia Dios al mundo por medio de Cristo, o hacerlo en
quince minutos? ¿Qué es más difícil, seguir las huellas de la narración en el
libro de Rut en veinte minutos, o tomarse una hora?

¿Debería durar cada sermón dos minutos? ¡No dejen que sus corazones
se aflijan! No les estoy pidiendo que se comparen con la «elocuente sencillez
y lo apropiado» de Lincoln. Mi voz interior me grita: «Tú, señor, no eres

3. Duarte, *Resonate*, 176.
4. Para conocer la extensión del discurso y su contenido, véase Widmer, «The Other Gettysburg Address».
5. Esto sirvió de firme contraste con el discurso de Everett y, según Widmer, «Nadie esperó
una pronunciación importante del presidente. No era su función. No era un historiador. No
sabía leer griego ni latín». «The Other Gettysburg Address».
6. Sólo tres fotos de aquella ocasión muestran a Lincoln en Gettysburg, una cuya veracidad
se cuestiona y dos de las que no se cuestionan. Para más información sobre dichas fotos tomadas
en Gettysburg, véase Lidz, «Will the Real Abraham Lincoln Please Stand Up? (Que por favor
se pare el verdadero Abraham Lincoln)».
7. Para esta cita y la carta de respuesta de Lincoln, véase Nicolay y Hay, *Complete Works of
Abraham Lincoln* (*La obras completas de Abraham Lincoln*), 9:210-11. Vease también Duarte,
Resonate, 176.

Figura 4.2. Abraham Lincoln en la dedicación del Cementerio Nacional de los Soldados en Gettysburg, Pensilvania. Lincoln se encuentra un poco a la izquierda del centro, justo detrás de la masa borrosa de personas.

un Abraham Lincoln». En muchas iglesias, la gente se preguntaría lo qué el predicador hizo toda la semana si se para detrás del púlpito y predica por dos minutos. En realidad, en muchas tradiciones de predicación entre la gente de color, los predicadores invitados se reservan los cinco primeros minutos para agradecerles a los anfitriones, a la familia, a los miembros de la iglesia, honrar a los mentores y alabar a Dios. Si un predicador entra directamente al sermón sin pasar primero por los pasos culturalmente adecuados, sería como servir la cena sin poner la mesa. Aunque la comida tenga buen aspecto y de buen sabor, el camarero da la impresión de ser un maleducado y un torpe sin modales. Por lo general, si uno predica por dos minutos, no ha predicado. El discurso de Gettyburg es un caso especial e histórico que ilustra una idea.

Mi punto más importante *no* es que todo sermón debe ser breve, es que todo sermón debe ser *claro*. San Agustín nos recuerda: «La función de la elocuencia en la enseñanza no es convencer a la gente que les guste lo que una vez los ofendió ni obligarlos a hacer lo que ellos detestan, sino hacer claro lo que estaba escondido».[8] Para decirlo de un modo distinto, el viejo dicho tiene razón: «El vapor en el púlpito es neblina en las bancas». Un sermón poco claro es una neblina, dure veinte, cuarenta o sesenta minutos. El predicador tiene que captar la esencia del mensaje a comunicar y presentarlo de una forma que tenga sentido para los que lo escuchan; de otro modo, la falta del predicador de transmitir el mensaje con claridad lo hará mucho más difícil para que los oyentes comprendan lo que se les está diciendo.

Como idea inicial de esta explicación, permítame solicitarle la ayuda a un contribuyente que no aparecería en la mayoría de las conversaciones sobre la predicación: el famoso pintor e inventor italiano del Renacimiento, Leonardo da Vinci.

Lo que Leonardo da Vinci puede enseñarles a los predicadores sobre la claridad

¿Qué pueden aprender los predicadores de Leonardo? Tal vez la mayor lección sea *evitar las falsas dicotomías*. Para mejorar la claridad no hay por qué decidir entre extensión o profundidad, complejidad o sencillez, amplitud o concisión. El predicador puede ser claro sin ser cursi ni manido. A Leonardo le gustaba expresarlo de esta forma: «La sencillez es la sofisticación suprema».[9] Los predicadores que ponen en práctica la claridad al presentar sus sermones buscan una sencillez elegante.

El alto nivel de sofisticación en las pinturas y en los inventos de Leonardo nos recuerda que *no* hay por qué abandonar la complejidad para lograr lo sencillo. Es decir, que la sencillez en la predicación no debe confundirse con la predicación simplista. Algunos de nosotros cometemos el error de concluir que, si una persona lucha para lograr la sencillez, de alguna manera diluye

> *El predicador puede ser claro sin ser cursi ni manido. A Leonardo le gustaba expresarlo de esta forma: «La sencillez es la sofisticación suprema».*

el contenido del mensaje o convertir verdades profundas en eslóganes vacíos. No hay que minimizar el desafío de conseguir una sencillez sofisticada. Se cuenta que el juez de la Corte Suprema de los Estados Unidos, Oliver Wendell Holmes declaró: «No daría un pepino por la sencillez a este lado

---

8. San Agustín, *On Christian Teaching*, 117.
9. Esta cita aparece en varios libros, ensayos y artículos y se le atribuye a Leonardo. Para un ejemplo de cita, véase Mounce, *So They Say*, 2.

de la complejidad, pero daría mi vida por la sencillez del otro lado de la complejidad».[10]

La sencillez sofisticada lucha para lograr algo que existe del otro lado de la complejidad. ¿Qué es más difícil, comunicar pensamientos abstractos usando pensamientos abstractos que tengan sentido para los que comparten su nivel de educación o comunicar esos mismos pensamientos de forma concreta a diversos oyentes de distintos niveles educativos? Para los que se están estudiando para el ministerio cristiano, ¿qué es más fácil, usar un lenguaje que parezca salir de un libro de texto o uno accesible a «la gente común»? Si su objetivo es predicar sermónes que sólo los congregantes de más alta sofisticación puedan entender, ¿qué indica esto sobre sus prioridades? La mayoría de los predicadores están de acuerdo que es más desafiante comunicar ideas abstractas de forma concreta, usando un lenguaje que la gente pueda entender. La sencillez sofisticada exige mayor tiempo, energía y aptitud que la argumentación excesivamente compleja.

Leonardo confirmó sus declaraciones a lo largo de su vida y, de manera más especial, en sus obras. Él descubrió una forma de unir la sencillez y la sofisticación en sus pinturas, sus dibujos y sus inventos. Considere un cuadro como la *Mona Lisa (La Giaconda)* o un dibujo como *El hombre de Vitruvio.*

Leonardo también dibujó prototipos para el ala delta y el paracaídas. Eran sólo dibujos y no las invenciones reales, pero hasta una mirada rápida nos muestra lo premonitorios que fueron para su época.

La tecnología todavía no se había desarrollado para transformar los dibujos de Leonardo en invenciones reales. Aunque se la crédito a otro hombre el haber inventado el paracaídas —Louis Sébastien Lenormand, de Francia, a fines del siglo XVIII— Leonardo sentó las bases de la idea centenares de años antes. En 2000, un británico arriesgado llamado Adrien Nicholas diseñó un paracaídas que concuerda con las dimensiones exactas del de Leonardo. Ignorando los consejos de los expertos que «aquel armatoste de lona y madera no volaría», se subió Nicholas en un globo de aire caliente y se dejó caer desde tres mil metros con un paracaídas que pesaba más o menos 85 kilos. En efecto, funcionó sumamente bien sobre las llanuras de Sudáfrica donde él realizó la prueba.[11]

¿Qué tienen en común los dibujos y las pinturas? Cada uno mantiene la sencillez y la sofisticación en una tensión notable. No son ni una cosa ni la otra. Leonardo creía que sus obras podía ser modelo de ambas.

10. Citado en Covey, *8th Habit*, 103.
11. Carrington, «Da Vinci's Parachute Flies».

Figura 4.3. *Mona Lisa*

Claridad en las Escrituras y en la historia de la iglesia

Tal vez Leonardo tomara algunas sugerencias de la Biblia. Considere que algunas de las ideas más poderosas de las Escrituras son sencillas y sofisticadas a la vez. Cuando Dios se encuentra con una pobre esclava egipcia embarazada, llamada Agar, en medio del desierto y ella responde con fe, el texto afirma:

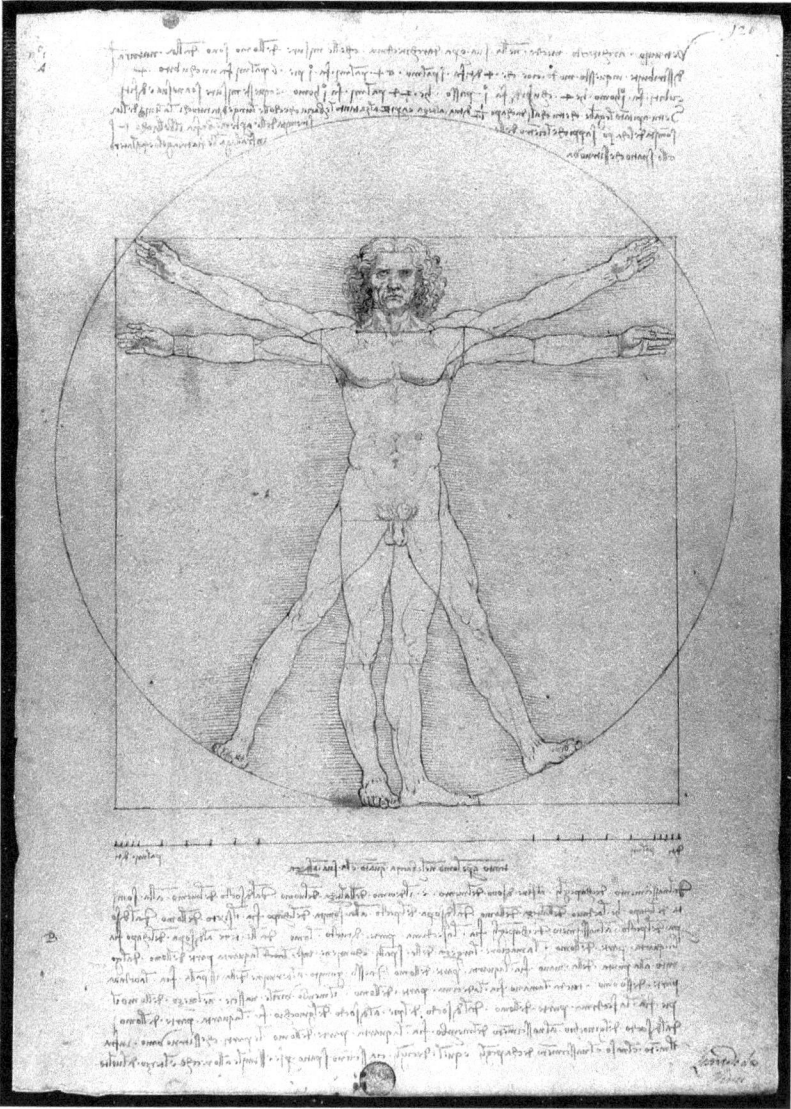

Figura 4.4. *El hombre de Vitruvio*

«Como el SEÑOR le había hablado, Agar le puso por nombre "El Dios que me ve", pues se decía: "Ahora he visto al que me ve"» (Gn. 16:13). Dios es un Dios que nos ve en períodos de prueba y aflicción. Piense también en los salmos. Leemos estas palabras de la pluma del rey David: «El SEÑOR es mi pastor, nada me falta» (Sal. 23:1). Dios nos dirige, nos guía, nos protege, nos alimenta y cuida de nosotros con tanta dedicación que tenemos todo lo que

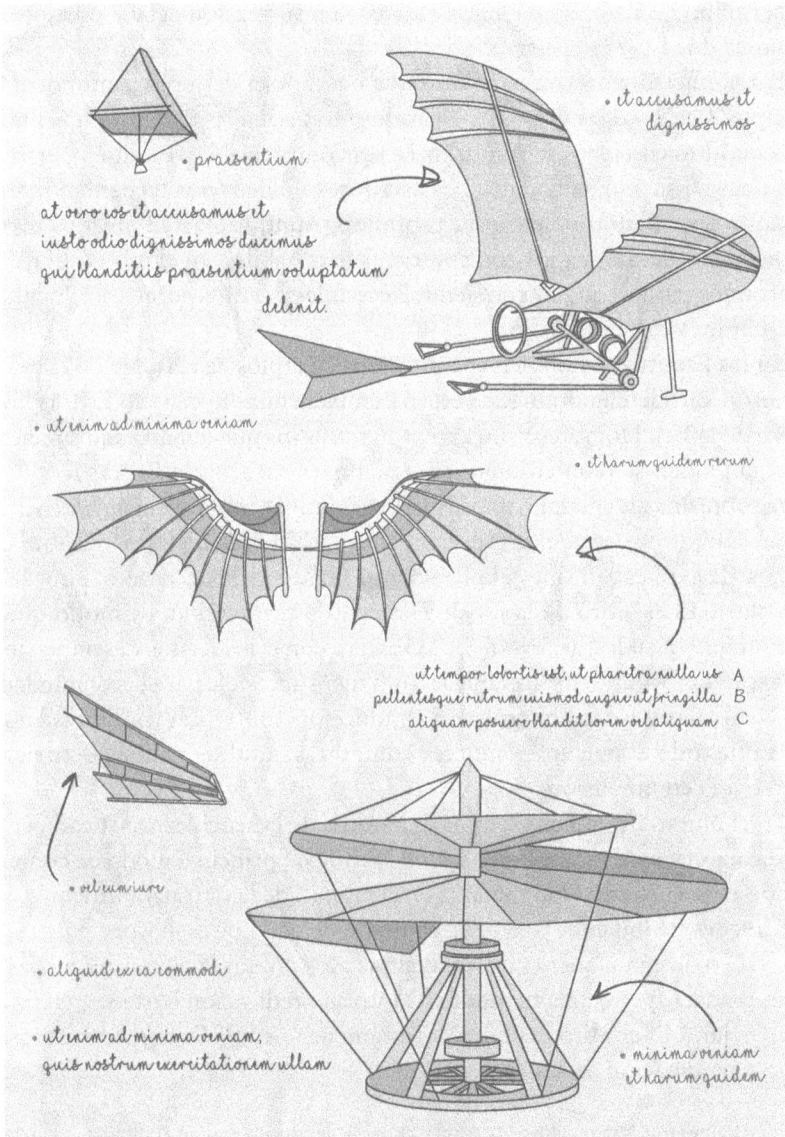

Figura 4.5. Reproducciones de los dibujos del ala delta y del paracaídas de Leonardo da Vinci

necesitamos. Considere una de las declaraciones de Jesús en los Evangelios. Confrontado con la muerte de Lázaro y la tristeza de Marta, Jesús declaró: «Yo soy la resurrección y la vida. El que cree en mí vivirá, aunque muera» (Jn. 11:25). Después de que Marta le respondió a Jesús que sabía que vería a su hermano resucitar a una nueva vida en la resurrección del día postrero, Él le indica que Él *es* la resurrección y la vida.

Por supuesto, en varias ocasiones, la enseñanza de Jesús confunde a los discípulos en vez de serles clara. De todos modos, en las Escrituras encontramos un libro con ideas profundas y a la vez comprensibles, escrito a personas comunes en su lengua común. Los escritores bíblicos nos recuerdan que no hay que ser catedrático para ser profundo. Aunque existen muchos textos bíblicos que desafían a los comentaristas más hábiles, en el mismo libro encontramos pasajes que siguen siendo accesibles para los pobres, los incultos, los simples y los marginados.

En las Escrituras, también encontramos ejemplos de claridad en la *predicación*. Considere la dramática escena en Nehemías 8, cuando Esdras lee el Libro de la Ley. Hombres y mujeres, con todos los que tenían edad suficiente para entender, se reunieron en Jerusalén para escuchar a Esdras leer de la Torá sobre una alta plataforma de madera (algunos traducen el *migdal* hebreo como «púlpito») construida especialmente para la ocasión (Neh. 8:2, 4).[12] Los levitas «le explicaban la ley al pueblo, que no se movía de su sitio. Ellos leían con claridad el Libro de la ley de Dios y lo interpretaban de modo que se comprendiera su lectura» (8:7-8).[13] Observe cómo los levitas desempeñaban un papel importante en hacer que la Torá fuera accesible para la comunidad.[14] En Nehemías 8 vemos instrucción, traducción e interpretación presentada para que todo el pueblo —mujeres y hombres, adultos y niños— tuvieran acceso a la comprensión.

En el Nuevo Testamento, Jesús es modelo de la sencillez sofisticada en su predicación y enseñanza. Usa parábolas como el principal modo de comunicación en una comunidad inmersa en el mundo de la narrativa. Además, usa con frecuencia imaginería agraria en una sociedad que es mayormente rural. Él predicó de una manera tan sencilla que «los pobres laicos eran capaces de comprender», pero jamás simplificó tanto su predicación hasta se percibiera superficial.[15] El erudito del Nuevo Testamento, Adolf Deissmann, describe bien la predicación de Jesús:

12. Algunas traducciones interpretan el término «plataforma» como «púlpito», incluyendo la Reina Valera 1960.

13. Según el erudito del Antiguo Testamento, Mark A. Throntveit, la tarea de los levitas era de «interpretar, explicar o posiblemente parafrasear en arameo, la lengua del pueblo, lo que Esdras leía en hebreo, como ayuda a la comprensión». *Ezra-Nehemiah*, 96.

14. En hebreo, «clarificar» (*meporash*) puede significar «traducir» y «dar el significado» (*vesom sekel*), y puede traducirse «interpretar».

15. Martín Lutero escribe: «Cuando Cristo predicaba, rápidamente seguía una parábola y hablaba de ovejas, pastores, lobos, vides, higueras, semillas, campos, arado. Los pobres laicos podían entender estas cosas». *Luther's Works*, 54:160.

Sin largas frases ni preguntas especulativas, todo era popular, simple, conciso, transparente, sucinto, adaptable; todo esto y, sin embargo, jamás fue trivial. Aunque siempre predicaba en las esquinas de las calles, nunca fue charlatanería; aunque clara, nunca fue superficial ni usó fórmulas abstractas, sino siempre dibujos y bosquejos realistas [...]. El oyente no sólo escucha, sino que mira y ve; y lo que se oye y se ve, permanece. Es decir, las palabras se quedan en la mente y en el alma de hombres sencillos que nunca habían tenido que cargar el peso del aprendizaje eruditos. Pero, sus palabras también encantan a los bien educados, no como expresiones que sólo se han pronunciado; sino que han crecido.[16]

Jesús se hizo accesible y profundo, cautivador y profético. Se expresaba en un lenguaje que el «simple» pudiera entender, aunque jamás les habló con aire de superioridad. Al mismo tiempo convencía a los instruidos de que no estaban escuchando a un maestro común.

Además de los ejemplos en las Escrituras, la historia de la iglesia está llena de predicadores que comprendieron la importancia de la claridad. Padres de la Iglesia como Basilio el Grande y Juan Crisóstomo adoptaron un enfoque *sermo humilis*: un estilo de comunicación básico y simple, sobre todo entre los indoctos.[17] El benedictino francés medieval, el predicador Gilberto de Nogent, urgía el uso de un enfoque que atrajera a los incultos. En su tratado «Cómo hacer un sermón», Gilberto escribe: «Cuando un predicador tiene gran fervor en su alma y su memoria no carece de materia variada a su alcance, también posee poder para hablar con elocuencia y elegancia en cantidad suficiente para sus necesidades, entonces déjalo considerar la débil capacidad de quienes escuchan en silencio y que *sería mejor recibir algunos puntos con agrado que muchísimos ninguno de los cuales será retenido*».[18]

Los reformadores protestantes también valoraron la claridad. Juan Calvino predicó en un estilo familiar, usando imágenes, expresiones de humor y un lenguaje cotidiano. Comentando sobre la predicación de Calvino, T. H. L. Parker escribe: «Adapta a propósito su estilo a la comprensión de las personas comunes de la congregación. Para usar un término que él [Calvino] emplea con frecuencia respecto a los escritores bíblicos, él 'se adapta' a la ignorancia

---

16. Deissmann, *New Testament in Light of Modern Research*, 94.

17. Jaclyn L. Maxwell escribe, «Basilio defendía el estilo simple, porque su [de los predicadores] objetivo debe ser educar a los oyentes y no presumir de todas sus aptitudes. Creía que las homilías deberían ser apropiadas para su principal audiencia, es decir, para las personas sencillas e indoctas. De manera similar, Juan Crisóstomo podía quejarse de su congregación y llamarles la atención a su ignorancia y sus malos modales, pero también les decía con orgullo cómo unos pescadores analfabetos habían triunfado sobre los filósofos». *Christianization and Communication in Late Antiquity*, 35.

18. Gilberto de Nogent, «How to Make a Sermon», 9:290. Gilberto publicó su tratado a principios del siglo XII (cursivas añadidas).

de las personas».[19] Martín Lutero creía que la claridad era fundamental para el sermón cristiano. La misma persona que tradujo la Biblia al alemán (Nuevo Testamento en 1522; Antiguo Testamento y libros apócrifos en 1534) y enfrentó las críticas de sus oponentes mediante tratados teológicos sumamente técnicos, *también* se irritaba ante la idea de que su predicación perteneciera tan sólo al origen de los élites intelectuales. Aludiendo a su ministerio como pastor en Wittenberg, Lutero observó en una ocasión: «Yo no considero a los doctores y maestros de los cuales hay apenas unos cuarenta presentes, sino al centenares o millares de jóvenes y niños. A ellos es a quienes predico, a ellos me entrego, porque ellos también necesitan entender».[20]

También se pueden encontrar numerosos ejemplos en la historia de la iglesia estadounidense. Sólo mencionaré dos. Primero, Sojourner Truth fue «una de las mujeres más reconocidas del siglo XIX», principalmente por su defensa de las mujeres y de los afroamericanos. Priscilla Pope-Levinson afirma que la *verdadera* razón de que Truth cambiara su nombre a Sojourner y que se trasladara al este de los Estados Unidos fue «el propósito de 'testificar de la esperanza que había en ella'».[21] Su llamamiento real fue como evangelista itinerante. Según Annelise Orleck, la plataforma ministerial de Truth creció (como el tamaño de su audiencia), por dos cualidades principales que poseía: «poder y claridad en la oratoria».[22] En su predicación y su conversación, Truth alcanzó a los cultos y a los incultos, a los ricos y a los pobres, a los blancos y a los afroamericanos, a las élites poderosas y a la gente común. Hablaba en un lenguaje inteligible para personas de distintos trasfondos.

En segundo lugar, consideramos también la predicación de Martin Luther King hijo en la segunda mitad del siglo XX. King recibió una excelente educación, primero en la Universidad Morehouse y en el Seminario Teológico Crozer, y después en la Universidad de Boston para su doctorado. Sin embargo, King se aseguró de que sus numerosos logros académicos no produjeran un elitismo intelectual alineado con los valores burgueses. Siempre hacía la conexión entre la vida de la mente y la proclamación pública de la iglesia en la sociedad. La teología académica no existía para propagar la torre de marfil, el aislamiento del intelectualismo, sino más bien para producir una teología que marcara la diferencia en la vida de la gente cotidianas. Así, en 1954, King, cuando tenía veinticinco años, hizo que su predicación fuera lo más accesible para los parroquianos cuando asumió su primer pastorado en Dexter Avenue

19. Parker, *Calvin's Preaching*, 148.
20. En el mismo párrafo, Lutero declara: «Me adapto a las circunstancias de las personas comunes». *Luther's Works*, 54:236; véase también 43:160, 235-36, 383-84.
21. Pope-Levison, «Sojourner Truth», 510-11.
22. Orleck, *Rethinking American Women's Activism*, 8.

Baptist Church, en Montgomery, Alabama. Una serie de acontecimientos en 1955-56 transformó a King, un predicador local, en portavoz durante el boicot de 380 días contra el sistema de autobuses de Montgomery y lo lanzó a la prominencia nacional como el líder más reconocible de los derechos civiles en la historia estadounidense. Bendecido con una rara combinación de sofisticación intelectual, de elocuencia en el púlpito, de claridad cotidiana y de destreza en la improvisación, King usó sus dones de un modo muy parecido a como Sojourner Truth usó los suyos: haciendo que su predicación y su discurso fueran accesibles *tanto* para la gente común *como* para los élites intelectuales. Tal vez, más que cualquier otro predicador del siglo XX, King sabía comunicarse con sofisticada sencillez. A continuación unos ejemplos que manifiestan su don para la claridad:

- «Ya no es una decisión, amigos míos, entre la violencia y la no violencia. Es no violencia o no existencia».[23]
- «Debemos usar el tiempo de forma creativa, en saber que el tiempo siempre es oportuno para hacer lo justo».[24]
- «La oscuridad no puede hacer huir la oscuridad. Sólo la luz puede hacerlo. El odio no puede expulsar el odio; sólo el amor lo puede hacer».[25]
- «Tenemos que enfrentarnos al hecho vergonzoso de que la iglesia es la principal institución más segregada de la sociedad estadounidense, y que la hora más segregada de la semana es [...] las once de la mañana del domingo».[26]
- «No hay nada nuevo sobre la pobreza. Lo nuevo es que ahora tenemos las técnicas y los recursos para deshacernos de ella. La verdadera pregunta es si tenemos la voluntad».[27]
- «La injusticia en cualquier lugar es una amenaza de justicia en todas partes».[28]

Observe cómo King hace profundas declaraciones usando sólo unas palabras y mediante un lenguaje básico. Estas declaraciones son verdaderas

23. Del sermón «Remaining Awake through a Great Revolution» en King, *Knock at Midnight*, 220.
24. King, «Letter from a Birmingham Jail», 266.
25. Del sermón «Loving Your Enemies» en King, *Strength to Love*, 51.
26. Del sermón «How Should a Christian View Communism?», en King, *Strength to Love*, 101-2.
27. Del sermón «Remaining Awake through a Great Revolution», en King, *Knock at Midnight*, 216.
28. King, «Letter from a Birmingham Jail», 257.

y concisas a la vez. Aunque no podamos imitar sus dones e influencia, de todos modos podemos aprender de su ejemplo. Todos se benefician cuando cultivamos la claridad en nuestra predicación. Los oyentes escuchan sermones que les ofrecen profundidad y altura, complejidad y sencillez, amplitud y concisión. Pero ¿cómo aprendemos a establecer el equilibrio? ¿Cómo cultivamos la claridad?

Los cuatro modos de claridad en la predicación

En esta sección se considera cómo cultivar la claridad en la predicación a través de lo que yo nombro «los cuatro modos de una predicación clara». El término «modo» puede usarse de varias maneras pero aquí lo empleo en el sentido de «forma» o «medio» como en «medios de transporte». Los cuatro son necesarios con el fin de allanar el viaje y llegar adonde queremos ir. Los cuatro modos de claridad son una exégesis concisa, un lenguaje accesible, una idea principal clara y un compromiso con la brevedad.

Practique una exégesis concisa

Si quiere convertirse en un predicador más claro, sea un exégeta conciso. En 2 Timoteo 4:2, Pablo le hace este encargo a Timoteo: «Predica la Palabra; persiste en hacerlo, sea o no sea oportuno; corrige, reprende y anima con mucha paciencia, sin dejar de enseñar». Si Pablo le pide a Timoteo que se especialice en algún libro, es en las Escrituras. Por supuesto, el llamamiento a predicar la Palabra requiere *más* que una exégesis concisa. No se debe confundir la predicación de las Escrituras con lo siguiente: comentar sin reverencia, informar sin aplicación, exponer sin contextualización o explicar sin proclamación. La exégesis concisa no consiste en descargar datos en el cerebro de la gente. Aunque el púlpito no necesita hoy más comentaristas desapasionados sobre los textos bíblicos, tampoco necesita más predicadores con poco o ningún compromiso con la exégesis. Mi idea es que demasiados predicadores acuden a la Biblia como una ocurrencia tardía. Como observa Haddon Robinson: «En muchos sermones, el pasaje bíblico que se lee a la congregación parece el himno nacional interpretado en un partido de béisbol: hace que las cosas empiecen, pero no se vuelven a oír durante la tarde».[29]

Una exégesis clara y cuidadosa manifiesta respeto y amor por las Escrituras. No se dejan atrás ni se descartan. John Wesley se describía a sí mismo

29. H. Robinson, *Biblical Preaching*, 5

como un *homo unius libri*: un «hombre de un libro».[30] ¿Qué debe cambiar en su predicación para que permanezca usted atado al texto, para ser una persona de «un libro»?

En sus escritos sobre la exégesis, Cecilio Arrastía afirma que el predicador es como un maestro joyero y el texto es *como una joya*. Cuando realizamos la exégesis de las Escrituras, descendemos a «las minas de Dios» para extraer piedras preciosas. Al descubrirlas, examinamos y apreciamos su belleza: sus colores, sus cortes, sus lados y sus dimensiones. Entonces, como un maestro joyero, la levantamos hasta el ángulo correcto hacia la luz con el fin de estudiar sus características y explorar sus caras. Amamos el texto como el maestro joyero ama la joya. Arrastía escribe: «No se puede predicar sin enamorar el texto, sin seducirlo hasta que nos entregue sus secretos más íntimos. [...] Enamorar el texto es hacer exégesis».[31] Orlando Costas expone una idea similar cuando afirma que el texto «debe ser estudiada con seriedad. Todo predicador debe procurar ser un buen exégeta bíblico. Debe vivir con una constante preocupación por conocer la mente de Dios a través de la revelación bíblica».[32]

Como predicadores no nos acercamos al texto como observadores imparciales, académicos distantes ni críticos escépticos. Se le aproxima como quien ha invertido interés en escuchar una palabra del Señor. Dirigimos la exégesis *homilética* con el fin de predicar a una comunidad, en vez de escribir un comentario.[33] Tenemos una conversación con las Escrituras como práctica homilética espiritual, con la proclamación por objetivo. Permitimos que el Espíritu Santo nos predique la Palabra antes de que nosotros se la proclamemos a los demás. En nuestra exégesis tomamos el tiempo para descender a la mina de Dios, de manera que Él pueda hablarnos por medio del texto. ¿Nos enamoramos del texto como los salmistas amaban la Torá? Escuche de nuevo lo que declara el salmista: «¡Cuánto amo yo tu ley! Todo el día medito en ella» (Sal. 119:97). En Salmos 119:72 leemos: «Para mí es más valiosa tu enseñanza que millares de monedas de oro y plata».

Una forma de respetar el texto así como texto y, como resultado, lograr la claridad es usar las herramientas que guíen su exégesis. Estos instrumentos

30. Wesley, *Wesley's Standard Sermons*, 1:32.
31. Arrastía, *Teoría y práctica de la predicación*, 26-27.
32. Aquí es la cita completa en su contexto: «Dada la importancia de la Biblia en la predicación y, por consiguiente, en la vida del predicador, esta debe ser estudiada con seriedad. Todo predicador debe procurar ser un buen exégeta bíblico. Debe vivir con una constante preocupación por conocer la mente de Dios a través de la revelación bíblica». Costas, *Comunicación por medio de la predicación*, 163.
33. Para más información sobre la exégesis homilética —en particular la práctica de la exegética espiritual de interpretar las Escrituras en la preparación para la predicación— véase S. Brown, «Interpreting Scripture for Preaching», en S. Brown y Powery, *Ways of the Word*, 123-49.

exegéticos le pueden ayudar a enfocar una mayor atención en entender lo que las Escrituras están diciendo y haciendo. Hay que usar los recursos que tiene a su disposición. Use las fuentes históricas, literarias y gramaticales que tenga a su alcance, en especial en esta época electrónica.[34] Si sabe griego y hebreo, traduzca el (los) texto(s) de la lengua original. La traducción le obliga a leer el pasaje a un paso más lento, y así notar aspectos de la lectura que de otra manera no los podrían notar. Yo comparo este proceso a caminar por una calle que, por lo general, uno acostumbro recorrer en auto. Cuando uno anda por la calle, se va más despacio para observar cosas que nunca antes se percibían.

Como exégeta, las lenguas originales son una herramienta entre muchas otras que tiene a su disposición. Tómese tiempo de estudiar la teología del texto, el contexto histórico, el autor, la audiencia, la oportunidad de escribir, el mensaje más extenso del libro, el género, los elementos literarios y la imaginería. Lea los comentarios para obtener información adicional de los antecedentes junto con las palabras, los lugares y los nombres poco familiares. A diferencia del pasado, ahora puede encontrar muchos de estos recursos, disponibles de forma gratuita, en páginas web o en aplicaciones de teléfono móvil. Sólo asegúrese de exponerse a distintas perspectivas cuando estudie las Escrituras, para poder apreciar las muchas caras de la joya.

Un lenguaje accesible

Use un lenguaje que sus oyentes puedan entender. Así como los predicadores no deben hablar con aire de superioridad a su audiencia, tampoco debe caer en el peligro opuesto de hablar con ellos más allá de su entendimiento con una jerga académica o una argumentación confusa. Como afirmaba uno de mis profesores en el seminario: «Recuerden que son ovejas de Dios y no sus jirafas». Los predicadores claros se aseguran de que el alimento esté en un lugar donde las ovejas lo puedan alcanzar. Si los oyentes no entienden sus palabras, porque usted no habla de manera que ellos puedan entender o porque su lenguaje es demasiado abstracto, ¿quién tiene que adaptarse para resolver el problema?

Para usar un lenguaje inteligible en un sermón, el predicador no tiene por qué dejar de usar palabras poco familiares (p. ej., «santificación» o «escatología»), pero absténgase de sofisticación retórica o evite contenido complejo. A la mayoría de los oyentes no les incomoda necesariamente escuchar una palabra nueva si alguien se la define. El problema a veces surgir cuando desconoce

---

34. Luchetti escribe: «El predicador diligente explorará el uso y el significado de las palabras, el trasfondo sociohistórico, el contexto literario y el tipo de texto bíblico». *Preaching Essentials*, 82.

uno de cada *cinco* términos. Recuerde lo que afirmó Lutero. Aunque reconoció que los doctores y los líderes empresarios estaban presentes en el santuario, se aseguró de que el lenguaje de su sermón fuera accesible para los jóvenes y para los niños. En algunas situaciones, como en las capillas de universidades, subculturas académicas y otros lugares donde el nivel promedio de educación es bastante alto, siempre se puede utilizar un lenguaje más sofisticado, pero incluso en esos contextos los predicadores deberían usar una forma de hablar que sus oyentes puedan comprender. Porque una persona predique en un clima académico no quiere decir que sus oyentes lo entiendan.

Todavía recuerdo una reunión durante mi programa doctoral, en el que me senté con uno de los miembros de mi comité de disertación y debatimos el capítulo que yo había entregado unas semanas antes. Me señaló: «Es evidente que usted ha hecho sus deberes para el capítulo presentado y que sabe de lo que está hablando con respecto a la investigación, pero permítame ser sincero con usted por un momento. Este capítulo ha sido pesado y aburrido». Es un mensaje claro, ¿no es así? ¿Qué me estaba indicando? «Usted ha superado la prueba de la presentación de la investigación, pero ha reprobado la prueba de comunicarse claramente». En otras palabras, yo necesitaba superar dos pruebas en vez de una. Yo no había escrito en un lenguaje claro, entendible, que hiciera que mi trabajo fuera a la vez relevante e interesante para mis lectores.

En la predicación, así como en la escritura, una persona puede presentar un mensaje exacto y verdadero sin que sea convincente o inteligible. Cuando preparamos nuestros sermones debemos preguntarnos si usamos el lenguaje más adecuado, de la forma más apropiada, en el momento oportuno, por razones de mayor utilidad y para la audiencia de debido carácter.

Los predicadores que usan un lenguaje accesible también entienden el cambio del discurso escrito al oral. Pueden discernir la diferencia entre *predicar para el oído* y *predicar para el ojo*. Un famoso proverbio árabe dice: «El mejor orador es el que puede convertir el oído en un ojo».[35] Con frecuencia, los teóricos de las comunicaciones modernas usan este dicho para enfatizar la necesidad de ser visual cuando nos involucramos en hablar en público, de manera que los oyentes vean, sientan, gusten y toquen las escenas que describimos y las historias que contamos. Los oradores enriquecen la experiencia de los oyentes cuando transforman lo que ellos escuchan en algo que pueden ver. Aunque esto es verdad (y se discutirá esto de cierto modo en el capítulo sobre la creatividad), otra idea puede también surgir del mismo proverbio: *si quieres convertir el oído en ojo, predica para él y no para el ojo.*

---

35. Para consultar una referencia a este proverbio árabe en un libro de texto de finales del siglo xix, véase Ryle, *Simplicity in Preaching*, 36.

Cuando usted escribe un sermón para el oído, lo hace de la manera en que usted habla y sus oyentes son su congregación. Cuando escribe un sermón para el ojo, lo hace para una persona que va a leer su obra. En el primer caso, el sermón suena como si perteneciera al género de los sermones: oral, aural y preparado para una comunidad de oyentes. En el segundo caso, escribe un sermón que suena como si perteneciera al ámbito académico, es decir, un informe de exégesis oral preparado para un lector individual como un catedrático.

Escribir para el oído exige un cambio de pensamiento. El predicador tiene que *des*aprender muchas de las reglas más básicas de escribir para el ojo. Las normas suenan un poco así: «No se usan fragmentos de oraciones, siempre oraciones completas. Nunca. Oraciones continuas son una grande falta y usted no debe usarlas nunca, porque recibirá una mala nota cuando el maestro corrija su tarea. [...] Nunca, nunca, nunca repita lo que acaba de escribir».[36]

Estas normas funcionan bien cuando queremos escribir un ensayo para una clase, pero con frecuencia nos limitan y no son las más apropiadas cuando queremos escribir un sermón para una congregación. Como Donald R. Sunukjian nos aconseja, «no se siguen estas reglas cuando hablamos. Ninguna de ellas. Hablamos con frases breves. Con fragmentos. Frases fáciles de seguir. No usamos grandes palabras. No sonamos como literatos, sino como gente común. Hablamos para que los niños de once años puedan entendernos».[37]

¿Cómo se escriben, pues, sermones para el oído y no para el ojo? La respuesta fácil es escribir como hablamos. Use fragmentos de frase. Acorte la extensión de las oraciones. Hable con palabras que la gente conozca y no con palabras que no conozca. En vez de decir «Un análisis a fondo de la perícopa en el Evangelio según Marcos, capítulo 2, revela una conclusión inspiradora», digo lo siguiente «cuando estaba estudiando Marcos 2, esto es lo que descubrí». Estas son algunas estrategias que le ayudan a predicar para el oído:

- *Recuerde que la repetición y la reafirmación son sus amigas, no sus enemigas.* Cuando se escribe un ensayo, la repetición y la reafirmación suenan redundantes y hasta distraen la atención. Sin embargo, ambas se esperan (con moderación) cuando se escribe un sermón para el oído. Si incluye ideas en un sermón, asegúrese de repetirlas y reafirmarlas. Repita

36. Jacks, *Just Say the Word!*, 2. Nótese que Jacks quebranta deliberadamente estas normas en su cita, con el fin de ilustrar esta idea. Para otra fuente útil, véase «Writing for the Ear», en Sunukijian, *Invitation to Biblical Preaching*, 256-67. Ver también Troeger y Tisdale, *Sermon Workbook*, 115.18.
37. Sunukjian, *Invitation to Biblical Preaching*, 258.

la idea principal. Aprenda a decir lo mismo de forma diferente, en vez de introducir nuevas ideas en cada frase. En los discursos, las palabras desaparecen; son transitorias. Es necesario repetirlas y reafirmarlas.

- *Esté al tanto de su uso de palabras grandes.* En una carta escrita en 1956, C. S. Lewis le señaló a un joven escritor estadounidense: «No use palabras demasiado difíciles para el tema. No diga 'infinitamente' cuando quiere decir 'mucho'; de otro modo, no le quedará una palabra para cuando quiera hablar sobre algo *realmente* infinito».[38] En ambientes académicos, una persona tiende a usar palabras importantes con el fin de transmitir conceptos complejos. Si somos sinceros con nosotros mismos, algunos de nosotros usamos palabras grandes, porque nos gusta parecer inteligentes en frente a los demás. Admito, yo soy culpable de los cargos. Si no nos guardamos en contra de eso, un sermón con muchas palabras difíciles sonará como si se hubiera pronunciado *sólo* para los que sean lo suficientemente inteligentes para entenderlas. ¿Es este realmente el mensaje que le queremos enviar a la gente?

- *Si usted conoce las lenguas originales, esté consciente de que su uso no crear distancia.* Cuando diga «los griegos afirman» o «el hebreo dice», usted puede en realidad poner barreras en vez de eliminar obstáculos. Sí, los oyentes pueden aprender nuevos conocimientos profundos del texto bíblico, pero también es posible que se sientan despojados de su derecho de estudiar las Escrituras por sí solos. Use las lenguas originales para construir un puente en vez de un muro. Recuerde que la tarea de mayor desafío es usar un lenguaje accesible para comunicar un concepto difícil de entender. Scott Manetsch, erudito muy respetado de la Reforma, me recordó en una conversación personal que un predicador tan acreditado como Juan Calvino no hizo referencia jamás en sus sermones «el griego dice» o «el hebreo dice».[39]

---

38. Lewis, *Collected Letters of C. S. Lewis*, 3:766.
39. El predicador puritano del siglo XVI, William Perkins estaba de acuerdo con Calvino. Perkins advirtió en contra del uso del griego y el latín en vez del griego y el hebreo, pero el argumento esencial era el mismo:

> El discurso espiritual es el que enseña el Espíritu Santo (1 Co. 2:13). Es simple y claro, hecho a la medida del entendimiento de los oyentes y adecuado para expresar la majestad del Espíritu (Hch. 17:2, 3; 2 Co. 4:2-4; Gá. 3:1). Por esta razón, nada del vocabulario especializado de las artes ni de las frases en griego o latín ni los extraños giros de frase deberían usarse en el sermón. Éstos distraen la mente de los oyentes que no pueden ver la relación entre lo que se ha expresado y lo que sigue. Además, las palabras no comunes estorban en vez de ayudarle a la gente en su esfuerzo de comprender lo que se ha estado diciendo. Y también tienden a distraerles la mente del tema que se está tratando y llevarlas a otras cosas. («Art of Prophesying», 69)

Considere otra forma de comunicar sus conocimientos gramaticales, como «la frase que tenemos es "sean llenos del Espíritu" pero el escritor, en realidad, escribe aquí "caminen en el Espíritu"», o quizás "aquí el término es el mismo que los contemporáneos de Pablo usaban para hablar de la belleza" o "esta palabra se usaba para las batallas militares"». Podría resultarle más difícil preparar sermones de esta clase para usted como predicador, pero les resultarán más fáciles de entender a sus oyentes.

- *Use un lenguaje relacional.* Recuerde que ha preparado su sermón para una congregación y no para un catedrático de estudios bíblicos o un erudito literario. En la literatura académica existe la tendencia de eliminar lo más posible lenguaje relacional para que suene más intelectual y académico. ¡Pero ése no es el caso en la predicación! Asegúrese de expresarse con «nosotros o nos» y «yo o usted». Si quiere predicar para el oído, tráigale de nuevo el lenguaje relacional a su sermón. La frase: «En Hechos 2, Pedro llama al pueblo de Israel a arrepentirse y ser bautizado como respuesta al mensaje del evangelio que proclamó respecto a Jesucristo» se puede convertir relacionalmente en «Nuestra respuesta al evangelio debería ser clara: Dios nos llama a arrepentirnos y a ser bautizados».

- *Ensaye su sermón en voz alta.* Como resultado su bosquejo o manuscrito recibirá más como sermón si lo presente en voz alta de antemano. A la vez que ayuda a examinarlo antes de practicarlo, es grande la diferencia si lo escucha para saber cómo suenan sus expresiones y sus frases. Cuando ensaye, ya sea en tiempo real o escuchándose en una grabación, hay que guardarse de usar palabras grandes, las expresiones peculiares o la jerga académica. No sólo le puede hacer cambios al bosquejo o manuscrito como resultado de la práctica, sino también usted se puede internalizar su bosquejo o manuscrito de tal manera que suene más como predicador que le predica a la gente de una congregación en vez de como escritor que le escribe un documento a un editor.

- *Use coloquialismos.* Son palabras informales, expresiones o jerga. El objetivo es que suene más parecido a cuando hablamos. En español, podríamos usar un coloquialismo como «No nací ayer», para transmitirle a alguien que no somos unos necios ni ingenuos. En ocasiones, podríamos afirmar: «A menos que haya vivido bajo una roca durante los últimos años, es probable que hayas oído a este famoso músico». «Vivir bajo una roca» es una forma de decir que una persona es inconsciente o está desconectada del mundo que la rodea. Cada cultura y lengua tiene distintos coloquialismos, de modo que es importante saber cuáles tienen sentido en su contexto. ¿Cómo podría usted usar expresiones cotidianas, frases clave o jerga con el fin de hacer su sermón más accesible para las personas en su contexto particular?

Sin duda estas estrategias no se aplicarán del mismo modo si usted está predicando un sermón académico en la capilla de una universidad o si lo hace en otra comunidad de oyente críticos. En estos contextos, los coloquialismos o el lenguaje relacional podrían crear distancia en vez de desarmar a los oyentes. Las estrategias recomendadas arriba funcionarán mejor en las comunidades donde existe mayor diversidad generacional y educativa.

Recuerde que si está acostumbrado a escribir para el ojo y no para el oído, quizás se necesite práctica y dedicarse a que su lenguaje sea más accesible a los oyentes. Los sermones no son ensayos hablados; más bien son una forma de discurso oral, ambos responden a un conjunto de reglas distintas.

Desarrolle la idea principal

Demasiados sermones carecen de un punto principal claro o, si lo tienen, el predicador es el único que lo sabe.[40] Si usted pudiera decirles a sus oyentes una cosa, ¿cuál sería? Si pudiera declararles la idea principal de su sermón en una frase, ¿cuál sería? Si pudiera traducir lo que, en su opinión, es el impulso principal del (de los) pasaje(s) de las Escrituras, usando un lenguaje que las personas pudieran entender, ¿qué diría?

Los que se dedican a la homilética usan distintas palabras o frases —como: el enfoque, la idea general, la declaración de la tesis, la idea principal, el núcleo central, la afirmación principal o el tema central— para referirse a la idea principal del sermón. En este capítulo, me refiero a eso como idea principal. La mayoría de los que hacen homilética están de acuerdo en que un sermón con una idea principal clara tiene mayor probabilidad de alcanzar a los que los escuchan. H. Grady Davis escribe: «Que el mejor sermón sea la esencia que surge de una sola idea no es una norma, sino un informe preciso de los hechos».[41] Samuel D. Proctor comenta: «Se puede asumir e que del texto o de una experiencia relacionada al texto, una idea dominante, una propuesta impulsora, ha poseído la mente y conmovido el alma del predicador».[42]

---

40. Cuando Gardner C. Taylor presentó su ponencia en las Conferencias Lyman Beecher de 1976 sobre la predicación, en la Universidad de Yale, preguntó: «¿Cuántos puntos deben haber en un sermón? ¡Al menos uno!». Para leer esta historia, véase McMickle, «What Shall They Preach?», 103.

41. Davis, *Design for Preaching*, 36.

42. Proctor, *Certain Sound of the Trumpet*, 19. Véase también Ian Pitt-Watson, quien escribe: «Debería ser posible declarar, en una frase sencilla, sin cláusulas relativas, cuál es el tema principal de un sermón». *Preaching*, 66.

Admito que Dios puede obrar poderosamente a través de la fragilidad de un sermón poco claro con una idea complicada. Pero ¿debería la soberanía divina ser una excusa para una comunicación poco rigurosa? La diferencia entre un sermón con una idea principal clara y otro que carece de ella es muy parecida a la diferencia entre una bandeja en baloncesto y un tiro que entra desde el otro extremo de la cancha, al final del partido. Ambas cosas tienen la oportunidad de entrar en el cesto, pero sólo uno cuenta con un alto porcentaje de lograrlo.

Una idea principal debe ser convincente y controladora en su alcance: convincente en el sentido de que es memorable y merece repetirse, y controladora porque es el núcleo central del sermón por el cual se organiza y se estructura otro contenido. Después de desarrollar la idea principal, encuentre una forma de repetirla varias veces en el sermón. Como norma general, si usted predica sermones cortos (menos de veinte minutos), vuelva a mencionar la idea principal por lo menos cuatro a seis veces. Si acostumbra predicar sermones más largos (más de veinte minutos), trate de hacerlo entre seis y ocho veces.

Imagínese un gran blanco para el tiro con arco y flecha, con una serie de círculos concéntricos. La idea principal es dar justo en la diana. Así como el arquero, el predicador apunta con la flecha justo en el punto central. Si la flecha se clava en los círculos externos, ¿el arquero estará satisfecho o decepcionado? El objetivo sigue siendo siempre el mismo: dar en el centro de la diana. Un sermón con una idea principal vaga, imprecisa, podría pegarle al círculo externo del blanco, pero no llegará al punto central hasta que la idea sea clara como el cristal tanto para el predicador como para los oyentes.

Ahora imagínese un trozo de madera en manos de un carpintero profesional. El artesano crea una hermosa forma dedicando bastante tiempo y atención a tallar la madera. Tallar significa esculpir con el propósito expreso de crear la forma deseada. Cuando la madera no tiene el aspecto intentado o las equinas filosas tienen que suavizarse, el carpintero sigue cortando la madera hasta que surja la forma que busca. Si quiere desarrollar una idea principal que sea fiel a las Escrituras y notable para los oyentes, siga puliendo la madera hasta conseguir una forma hermosa. Un sermón mal formado es de menos impacto que uno de forma claramente definida.

¿Qué nos ayudará, pues, a pegarle al blanco? ¿Cómo tallamos una forma hermosa? A continuación, unas recomendaciones. Recuerde que una idea principal no es lo mismo que un tema o asunto. Persuadido por el deseo de ser general, no hay que dejar pasar la oportunidad de ser específico. No le ha pegado al centro de la diana si comenta: «Hoy voy a predicar sobre la gracia de Dios». En ese caso, la gracia es sólo un tema o un asunto de su sermón. En otras palabras, con tal idea central sigue apuntándole a los círculos externos y no al centro. Muchos han expresado suficiente s sobre la gracia divina. ¿Qué dirá usted que sea claro y notable para este grupo particular de oyentes, en esta ocasión en particular, con ese texto en particular? ¿Qué conocimiento profundo específico le ofrece *este* pasaje de las Escrituras sobre la gracia de Dios, que provea esperanza y seguridad a la congregación entre el momento de ahora y el domingo siguiente? ¿Qué quiere declarar sobre la gracia de Dios basándose en lo que el pasaje bíblico afirma al respecto? Estas preguntas más profundas les ayudan a los predicadores a entender mejor el texto de las Escrituras y a tallar una mejor idea principal.

Cuando se trata de desarrollar ideas principales simples y sofisticadas a la vez, los predicadores pueden aprender mucho de los comunicadores en otros campos. En noviembre de 2012 asistí a un congreso sobre la predicación y tuve el privilegio de escuchar a Pete Docter, uno de los principales oradores del evento. Docter es director de los Estudios de Animación Pixar y ha dirigido varios filmes sumamente taquilleros, de gran éxito, incluyendo *Monsters, Inc.*; *Toy Story* 2; *Up!*; e *Inside Out*. Pixar ha compuesto una buena fórmula para su éxito. La gama experta e imaginativa de animación de los personajes (p. ej., monstruos, juguetes) llega hasta los niños más pequeños, a la vez atrae a los adultos por la profundidad de la narración y la atención a las necesidades básicas humanas.

Cuando oí a Docter contar las historias de trasfondo a las películas, me asombró que cada uno de los filmes tuviera una clara idea principal. En *Monsters, Inc.*, conocimos a un monstruo llamado Sully, adicto a su trabajo pero que experimenta una tremenda transformación cuando aprende a ser la figura paterna de una niñita que, al principio, le tiene mucho miedo. La autobiografía de Docter se cruza con el argumento del filme en maneras inspiradoras. Su esposa le dio a luz a su primer hijo cuando él trabajaba en la película. El tema central de la película primero se reveló en su vida personal y lo convenció entretejerlo en el filme. ¿Cuál es la idea principal de *Monsters, Inc.*? «La vida es algo más que el trabajo».

Toy Story 2 se destacó en vista de las modestas proyecciones que los críticos de cine le habían pronosticado. Millones de espectadores vieron la película que fue un enorme éxito, algo raro para ser una segunda parte de la original. La historia empieza como la mayoría, presentando un conflicto y complicándolo. Un niño llamado Andy se da cuenta que ha crecido para entretenerse con juguetes, y hay buscar una solución como resultado de este repentino cambio. Los dos personajes principales, unos juguetes llamados Woody y Buzz, luchan a brazo partido con el hecho de que Andy ya no les presta la misma atención que antes. Por buenas razones, este cambio los aflige a los dos. En medio de su crisis, conocen por casualidad a una vaquera, Jessie, un juguete descartado por sus dueños, que les explica: «Así es la gente. Juegan contigo y te aman durante poco tiempo, y luego te dejan a un lado como a todos los demás juguetes».[43] ¿Por qué resuena tanto *Toy Story* 2 en los adultos, como también en los niños? Porque la pregunta que surge trata con uno de los temores más básicos de los seres humanos: Cuando sea mayor, ¿les importaré a otros lo suficiente como para que me eche de menos o se olvidarán por completo de mí? Al seguir la historia, la respuesta a esta pregunta es la idea principal de la película: la gente que más nos ama sigue preocupándose por nosotros a pesar de lo que nos suceda en la vida.

En la película *Up!*, un anciano introvertido llamado Carl intenta escaparse al paraíso para poder recuperarse de la muerte de Ellie, su amada esposa durante muchas décadas, y para realizar el sueño original que ambos compartían de edificar un hogar en un paraíso lejano. Carl encuentra alivio en un lugar inesperado: con la amistad de un niño llamado Russell, un extrovertido que a veces le causa molestias. De nuevo, la historia personal de Docter se cruza con el argumento de la película. Si yo pudiera resumir sus comentarios en la conferencia, sería algo así: «Después de un largo día de trabajo con la gente resolviendo problemas, lo único que quería hacer como persona introvertida era irme a una habitación y estar solo. Era como si quisiera volar a algún lugar donde nadie me pudiera encontrar».

Las ideas claras tienen el poder de ministrarnos en momentos de necesidad: para impactar nuestros recuerdos, capturar nuestra imaginación y marcarnos en nuestro viaje de fe.

El trabajo de Docter, como director de un importante filme, significaba que era responsable de un equipo de casi un centenar de personas. Su sueño de estar solo y que no le interrumpieran tuvo un efecto directo en el argumento de la película. Es decir, no es por casualidad que Carl sea una persona introvertida que sueña con un paraíso donde puede estar solo sin ser interrumpido. Luego, un cambio en la trama le obliga a cambiar su perspectiva. Cuando se encuentra con Russell, se ve confrontado con las necesidades y las posibilidades de tener una amistad entre los que intenta escapar. Docter no pronunció estas palabras exactas, pero se puede decir que la idea principal de *Up!* es que la amistad que da vida nos viene de formas inesperadas, por gente de quien no esperamos recibirla.

43. Lasseter, *Toy Story 2*.

¿Qué tiene que ver Pixar con la predicación? La principal conexión es el énfasis sobre las ideas principales que nos impactan. Hace unos años, una anciana de mi iglesia me saludó en la puerta después del culto de adoración, y me declaró: «Pastor, esta mañana cuando vine estaba desalentada, pero estoy tan contenta de que Dios le usara para recordarme que *Dios no ha acabado todavía conmigo*». Sus comentarios no sólo me bendijeron; también me alentaron como predicador. ¡Eso me entusiasmo! Ella escuchó y se acordó de la idea principal del sermón: *Dios no ha acabado todavía con usted*. Yo sabía que ese había sido mi punto central, ella me oyó repetirlo y me lo pudo repetir. Esto no me ocurre todas las semanas, pero cuando sucede me siento realmente entusiasmado.

Las ideas claras tienen el poder de ministrarnos en momentos de necesidad: para impactar nuestros recuerdos, capturar nuestra imaginación y marcarnos en nuestro viaje de fe. Una idea verdadera forma y hasta transforma nuestro entendimiento de Dios y de la gente. No hay que minimizar el poder de un sermón con una idea principal clara, simple y sofisticada a la vez.

Comprométase con la brevedad

El modo final de la claridad es el *compromiso a la brevedad*. Con esto no quiero decir que todo predicador debe presentar sermones cortos. Un domingo típico yo predico en un contexto en el que el sermón dura entre treinta y treinta y cinco minutos. Algunos predicadores se encuentran en contextos en los que la expectativa de la comunidad es que el sermón dure entre quince y veinte minutos, y otros están en congregaciones que esperan que la duración del sermón sea de entre cuarenta y sesenta minutos. Nuestros contextos de predicación son tan diversos y multifacéticos que las normas inflexibles sobre la duración del sermón no harán más que distraernos. El compromiso con la brevedad significa *hacer que cada minuto cuente, sin considerar la duración del sermón*. ¿Recuerda a Abraham Lincoln y Edward Everett? Aunque la mayoría de nosotros no puede predicar un buen sermón en dos minutos, sí puede desarrollar un enfoque como el de Lincoln para dirigir un sermón de veinte, treinta o sesenta minutos.

La brevedad le da precisión al sermón. Así como un editor que corta las secuencias de una película que no apoyan el argumento, los predicadores que buscan ser claros en sus sermones persiguen la brevedad con dedicación y disciplina. En Hollywood se dice que muchas interpretaciones ganadoras del Oscar se han quedado abandonadas en el suelo de la sala de montaje. ¿Por qué? Porque las actuaciones no se encajaban con el argumento y tuvieron que ser eliminadas. Parte de nuestro trabajo como predicadores es de preguntarnos qué cortar del sermón. Hay que deshacernos de todas las palabras extrañas y de las ideas conflictivas que impidan que la idea principal sea lo más clara posible.

Quizás esté familiarizado con la historia de un orador célebre invitado a hablar en un congreso importante. Los organizadores le preguntaron cuánto era la cuota para ser orador en un congreso normal. Respondió: «Si quiere que hable durante treinta minutos, son $10.000; si quiere que hable veinte minutos, son $15.000; y si quiere que hable quince minutos, son $20.000». El punto de la historia es simple. Los que hablan como profesionales saben que el tiempo es un lujo. A mayor cantidad de tiempo, más probabilidades de expresar su idea. Cuanto menos tiempo tenga, mayor es la dificultad de exponer su idea de una forma clara, atractiva y memorable. La brevedad aumenta la carga del predicador para hacerse comunicar de una forma coherente y convincente. Hay que hacer duras decisiones editoriales con respecto a lo que se incluye y se excluye de su sermón.

Imagínese por un momento que yo pienso llevarlo por un tour de mi ciudad natal: Princeton, Nueva Jersey. Cuando usted haga la visita, ¿qué tour debería proponerle por la ciudad, uno de diez horas o uno de una hora? Allí hay muchas cosas que podría enseñarle: un campo de batalla de la Guerra Revolucionaria, la Universidad de Princeton, la casa de Albert Einstein, el Seminario Teológico de Princeton, un museo colonial, algunas iglesias hermosas y otros enclaves históricos diversos. Sin embargo, por el respeto que le tenga a usted, tendría que decidir qué incluir y qué dejar para hacer que el tour valga la pena. Tendría que resistir el impulso de mostrarle toda la ciudad. Eso sería lo menos que podría hacer por usted, ya que el tour sería para su beneficio más que para el mío. Con los sermones ocurre lo mismo. Recuerde que lo que es interesante para usted no tiene que serlo necesariamente para sus oyentes. Muchas ideas no tienen por qué llegar al borrador final de su sermón, porque compiten con la idea principal. No hay que permitir que confundan en vez de que aclaren. Distraen a los oyentes en vez de invitarlos a que participen.

Muchos de nosotros caemos víctimas a la información. Encerramos a nuestro editor interno y el resultado es que nuestros sermones sufren. En *Resonate,* el excelente libro de Nancy Duarte sobre ser comunicadores claros y convincentes, señala: «Las presentaciones fallan por culpa de demasiada información, no por su falta. No se haga un espectáculo ante su audiencia arrojando cada dato que sabe sobre el tema. Comparta solamente la información adecuada para ese momento exacto, con esa audiencia específica».[44]

En una entrevista de 1964, el prolífico director de cine sueco, Ingmar Bergman, ofrece las siguientes percepciones sobre la importancia de editar: «¿Sabe

---

44. Duarte, *Resonate,* 176.

lo que es hacer una película? Ocho horas de duro trabajo cada día para conseguir tres minutos de filme. Y durante esas ocho horas, con suerte se pueden lograr diez o doce minutos solamente de creación verdadera. Y quizás esa creación no venga. Después uno tiene que prepararse para otras ocho horas y orar que esta vez se consigan sus diez minutos buenos».[45]

¿Qué tienen que ver Duarte y Bergman con la claridad en la predicación? La principal conexión es esta: los sermones de contenido memorable y las ideas principales convincentes no son inolvidables y persuasivos sólo por lo que el predicador le haya excluido al sermón. ¡Cuidado con la tiranía del contenido! No es necesario hacer a los oyentes conscientes de todo lo que usted aprendió sobre el pasaje. No hay que mencionar cada percepción de cada comentarista del que usted haya leído. La mayoría de los oyentes quiere que usted sea selectivo, no exhaustivo. Un predicador agotador produce oyentes agotados.

El compromiso a la brevedad (que lo lleva a uno a una mayor claridad) exige una predisposición anti palabrero. Nuestros talentos en la predicación y la enseñanza no son una excusa para largos discursos. En *Predicación y misión: una perspectiva pastoral*, Osvaldo Mottesi, argentino de extraordinaria homilética, exhorta a los predicadores a evitar la verborrea cuando escribe: «eliminar toda tendencia a la 'verborragia,' o sea, el uso indiscriminado de palabras y más palabras». De otro modo, afirma Motessi, nuestra verborrea «puede diluir en un mar de preposiciones, conjunciones y, especialmente, adjetivos y adverbios el fondo del mensaje. Esto transforma el sermón en un hablar sin decir, palabras sin la Palabra».[46]

Guiberto de Nogent nos dirige la atención a la conexión entre el palabrero de los predicadores y lo que se logra en los oyentes: «Así como los alimentos se quedan en el cuerpo cuando se come con moderación para nutrirse, si se engullen en gran cantidad se vuelven perjudiciales y causan vómito; y así como los actos sexuales lícitos y no excesivos producen descendencia, mientras que la inmoderada permisividad no consigue nada útil sino que contamina la carne, la *verborrea* anula lo ya implantado en los corazones de los oyentes que pudiera haber sido de provecho».[47]

---

45. Citado en Currey, *Daily Rituals*, 13.
46. La cita completa en su contexto es la siguiente: «Relacionada directamente con la pureza está *la claridad* del estilo, que demande entre otras cosas, economía con el uso de palabras, esto es, eliminar toda tendencia a la 'verborragia,' o sea, el uso indiscriminado de palabras y más palabras. Esta obsesión por la forma 'florida' de la predicación puede diluir en un mar de preposiciones, conjunciones y, especialmente adjetivos y adverbios el fondo del mensaje. Esto transforma el sermón en un hablar sin decir, palabras sin la Palabra». Motessi, *Predicación y misión*, 259 (cursivas añadidas).
47. Guiberto de Nogent, «How to Make a Sermon», 9:290 (cursivas añadidas).

¿Cuánto pensamos nosotros, como predicadores, en usar las palabras *con moderación*? Una vez más, no quiero decir que la moderación equivale a la extensión del sermón. La moderación tiene su importancia si predicamos un sermón que dure quince o cuarenta y cinco minutos. Nuestro principal problema con la brevedad es que muchos de nosotros no percibimos nuestro palabreo como vicio; por lo tanto, no vemos la necesidad de que haya un editor interno. Si carecemos de discreción, crecerá nuestra fama de parlotear en digresiones inútiles, sin propósito y sin orientación.

Cuando vivía en Chicago escuché una charla de deportes en la radio, en la cual los copresentadores comentaron lo siguiente cuando empezó el tema de la iglesia: «¿Por qué quisiera yo escuchar a un aburrido predicador presentar un sermón aburrido que me pone a dormir?». ¿De verdad necesitan los predicadores promover ese estereotipo, o deberían hacer algo para minimizarlo?

Duarte nos desafía a hacer que la idea principal sea central y mover todo lo demás al margen. Nos declara: «La gran idea es el pozo de donde todas las ideas vienen y también el filtro para escoger las más aplicables. La mayoría de las presentaciones sufren de abarcar demasiadas ideas, no de contener pocas. Aunque explore centenares de ideas posibles y no deje ninguna idea sin examinar, no las comunique todas, sólo las de mayor impacto. Mantenga un dominio completo sobre la gran idea central que necesita comunicarle a sus oyentes, y quédese resuelto a escoger contenido que la respalde».[48]

Si quiere aprender a predicar con medidas, hágase preguntas difíciles. ¿Apoya todo el contenido del sermón su idea principal o es que algunos puntos están en competencia con ella? A continuación otras preguntas que se puede hacer: si cuento una historia que dura cinco minutos, ¿cómo podría narrar ese mismo relato en dos o tres minutos para que queden sólo los detalles más esenciales? Si mi sermón dura treinta minutos y mi introducción se ha llevado diez, ¿es realmente una introducción si representa un tercio del sermón? ¿Qué partes del sermón hay que eliminar, aunque no quiera desprenderme de ellas? Respecto a la última pregunta, Duarte se refiere a este doloroso proceso como «asesinar tus amores».[49] Una frase incitante, ¿no es así? Son las ideas en las que usted ha trabajado durante largo tiempo y se ha esforzado en desarrollar; pero aún así, su muerte promueve la claridad de su sermón.[50]

---

48. Duarte, *Resonate*, 122.
49. Duarte, *Resonate*, 118.
50. Duarte escribe:
   Haga recortes a favor de la audiencia; ellos no lo quieren todo. Su tarea consiste en ser severo en sus cortes. Deshágase de ideas aunque le encanten, por el bien de que la presentación sea mejor. La audiencia está gritando «clarifícalo», «no lo cargues más». No oirá comentar con frecuencia a un miembro de su audiencia: «Esa presentación habría sido mucho mejor de haber sido más larga». Hallar un equilibrio entre retener

Una de las oraciones que me gusta repetirles a los estudiantes es «procure la economía de las palabras». El novelista estadounidense Ernest Hemingway era conocido por aferrarse a este compromiso. En la mayoría de sus escritos, enfatizó el minimalismo. Escribía frases breves y sencillas en sus novelas, y solía evitar palabras con demasiadas sílabas. Con todo, seguía usando bien cada palabra. Es decir, sabía utilizar términos y frases sencillas para comunicar verdades profundas.

William Strunk hijo, célebre catedrático inglés de la Universidad de Cornell, también hacía hincapié la economía de las palabras. Strunk recuerda haber tenido a E. B. White como profesor en 1919 y oírlo presentar una conferencia sobre la brevedad. Escribe: «Se inclinó sobre su escritorio, agarró las solapas de su chaqueta con las manos y, con voz ronca de conspirador, exclamó: "¡Regla número diecisiete! ¡Omitan las palabras innecesarias! ¡Omitan las palabras innecesarias! ¡Omitan las palabras innecesarias!"».[51]

El compromiso a la brevedad debe afectar también la selección de palabras para comunicar nuestras ideas principales. Las mejores son breves y concisas. Póngase como meta escribir una idea principal en *doce palabras o menos*. ¿Puede impartir la idea principal de su sermón en una frase única y memorable, a través de palabras pero sin simplificar ni generalizar demasiado? La tarea es mucho más difícil de lo que uno cree. No hay que ser legalista al respecto, pero tampoco no hay que dejar el tema sin seria consideración. Hay que tallar la madera de su idea principal para eliminar cuantas palabras superfluas sea posible. Uno no sólo debe ser capaz de declarar lo que quiere decir en una sola frase, sino también de pulir y formar la idea principal de tal manera que los que la escuchen puedan repetirla sin mucha dificultad.

Antes de concluir, déjenme compartir este ejemplo del poder de ser breve. En su carta escrita desde la prisión a la iglesia de Filipos, el apóstol Pablo hace una declaración que los cristianos perseguidos vienen repitiendo por miles de años. En Filipenses 1:21, escribió: «*To Zoen Christon, To Apothanein Kerdon*». En español esto se conocemos como «Para mí el vivir es Cristo y el morir es ganancia». En sólo una oración, Pablo interpreta una profunda verdad en cuanto a su relación con Cristo y capta el poder y el impacto de esa

---

y comunicar información es lo que separa a los grandes oradores del resto. La calidad sólo depende, en la misma medida, de lo que usted decida eliminar o cómo lo que decida incluir. (*Resonate*, 119)

Ella toma prestada la frase «asesina a tus amores» de Sir Arthur Quiller-Couch, quien escribe: «Cada vez que sientas el impulso de perpetrar un escrito excepcionalmente excelente, obedécele —de forma incondicional— y bórralo antes de enviar tu manuscrito a que se imprima. Asesina a tus amores». Ver Duarte, *Resonate*, 118-19.

51. Strunk y White, *Elements of Style*, xiv. White tomó el libro autopublicado de Strunk y lo presentó a una audiencia más amplia en lo que ahora es un libro clásico.

relación en tan sólo *seis* palabras. En realidad, usamos aquí once para traducir lo que el apóstol expresó en seis. Hay que notar el paralelismo y la poesía: tres palabras seguidas por otras tres, así como la aliteración y la asonancia. La frase tiene una calidad musical inherente que la hace inolvidable y repetible para los oyentes. Filipenses 1:21 sirve de un constante recordatorio que una frase sencilla puede seguir siendo una frase cargada de significado. Como lo diría Leonardo da Vinci, «la sencillez es la sofisticación suprema». Piense en las muchas frases cargadas de significado en las Escrituras. A continuación un pequeño ejemplo de ellas:

- Nehemías 8:10: «No estén tristes, pues el gozo del Señor es nuestra fortaleza».
- Salmo 23:1: «El Señor es mi pastor, nada me falta».
- Proverbios 9:10: «El comienzo de la sabiduría es el temor del Señor».
- Juan 8:58: «Ciertamente les aseguro que, antes de que Abraham naciera, ¡yo soy!».
- Romanos 12:9: «El amor debe ser sincero. Aborrezcan el mal; aférrense al bien».
- Santiago 4:6 (citando Pr. 3:34): «Dios se opone a los orgullosos, pero da gracia a los humildes».

Como se mencionó antes, la sencillez sofisticada aparece con frecuencia en las Escrituras. La verborrea y la extensión no son requisitos para promover la sustancia y la seriedad de un mensaje. Uno puede hacer declaraciones profundas por medio de una economía de palabras.

Conclusión

Se cuenta la historia del divertido intercambio entre un obispo inglés y uno de los vicarios locales (ministros) que pastoreaba una de las iglesias bajo la supervisión del otro. El obispo viajó a las Tierras Medias inglesas para escuchar predicar al vicario en un culto de domingo por la mañana. El obispo le comenta: «Señor, pensé que hoy daría una palabra muy breve a la congregación». El vicario le responde: «Vuestra gracia, es mejor ser breve que aburrido». Sin detenerse en lo más mínimo, el obispo le respondió: «Ah, pero señor, usted ha sido ambas cosas».[52]

52. G. Taylor, «Freedom's Song», 164. Esta historia aparece aquí y en diversas otras grabaciones auditivas de los sermones de Taylor.

Se requiere energía y esfuerzo para practicar la claridad en la predicación, mucho trabajo para encontrar la sencillez que existe al otro lado de la complejidad. Que predique usted por quince minutos o cuarenta y cinco importa menos para el tema aquí; lo importante es el ser claro sin tomar en cuenta la duración del sermón. En el siglo xix, J. C. Ryle ofreció esta advertencia: «Uno nunca logrará la sencillez en la predicación sin tratar con muchos problemas. Dolores y aflicción, lo repito enfáticamente, dolores y aflicción».[53] Los dolores y las aflicciones que usted va a experimentar para ser claro merecen el tiempo que usted invierta en ello. Es mucho mejor que sufra estas cosas pensando en sus oyentes, antes de que ellos lo escuchen, en vez de sean ellos los que padezcan dolor y aflicción cuando lo oigan a usted. Si quiere esculpir una forma hermosa, dedique más tiempo a tallar la madera.

Videos adicionales para este capítulo se encuentran en www.Practicas delaPredicacion Cristiana.com.

---

53. Ryle, *Simplicity in Preaching*, 41.

5

Predique de manera concreta

Si miro a las masas, nunca actuaré. Si contemplo al individuo, lo haré.

—Madre Teresa

El lenguaje de las Escrituras conmueve. Tiene que ver con acciones concretas.

—Anna Carter Florence, *Rehearsing Scripture*

Art Silverman necesitaba resolver un problema. Su investigación reveló peligrosas tendencias en la dieta estadounidense, pero no sabía comunicarlas con tal urgencia que la gente le pusiera atención. Era 1994, y Silverman dirigía un equipo de científicos que intentaba avisarles a los estadounidenses sobre los peligros de la grasa saturada en la dieta. El equipo decidió que el tema era demasiado amplio, de modo que limitó su investigación a un ámbito en particular: la cantidad de grasa saturada en las palomitas de maíz. Aunque ya habían tratado de sonar la alarma en las revistas médicas sobre la salud y el bienestar, ninguno de sus estudios había logrado la atención en los medios de comunicación. A nadie le parecía importar el tema. El desafío del equipo: encontrar una idea que llegara al corazón de la vida cotidiana de los estadounidenses. Los datos no eran insignificantes ni poco convincentes. El equipo sólo necesitaba resolver cómo comunicar la

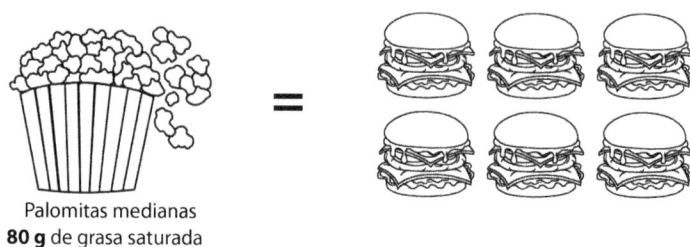

Palomitas medianas
80 g de grasa saturada

Figura 5.1. Imagen visual de 80 gramos de grasa saturada

importancia de los datos de un modo que captara la atención del público. Su objetivo era sencillo: explicar un concepto abstracto de una forma concreta. Para eso, organizaron una «exposición de alimentos».

La grasa saturada es una categoría abstracta para la mayoría de nosotros. La mantequilla, las hamburguesas con queso y tocino sí que nos resultan familiares. Para explicar lo que no les era familiar por medio de lo familiar, el equipo de Silverman preparó una mesa. En un extremo pusieron una caja mediana de palomitas sin mantequilla con un pequeño letrero que revelaba cuántos gramos totales de grasa saturada contenía, en este caso, 80 gramos. Al otro lado, mostraron el equivalente de esos 80 gramos que se encuentran en *seis* Big Macs de un restaurante McDonalds (ver fig. 5.1).

El equipo pensó que si la gente podía ver por sí misma que una bolsa mediana de palomitas sin mantequilla equivalía a seis Big Macs, tal vez los alarmara lo suficiente para obligarlos a actuar de manera diferente.

Luego, tomaron un paso más. Le explicaron que cuando un cine le pone mantequilla a las palomitas, el contenido de grasa saturada aumenta de 80 a 143 gramos. Entonces, realizaron el mismo ejercicio de equivalente, pero esta vez con más comida. Pusieron una caja mediana de palomitas con mantequilla a un lado de la mesa, y al otro un desayuno de huevos y tocino, seis Big Macs, patatas fritas medianas y una cena de bistec (ver fig. 5.2).

La gente entonces puso atención. Todos los canales regionales y nacionales de noticias reportaron la historia. Apareció en los periódicos y en las revistas nacionales, así como en las principales cadenas de televisión. Con toda la prensa negativa, la mayoría de los cines cambió su política respecto a la grasa saturada pocos meses después de la exposición de comida. Cambiaron su forma de convertir el maíz en palomitas usando la opción de inflar el maíz con aire, dejando de usar grasas saturadas y en su lugar grasas insaturadas en su mantequilla.[1]

1. Kurtz, «Great Exploding Popcorn Exposé».

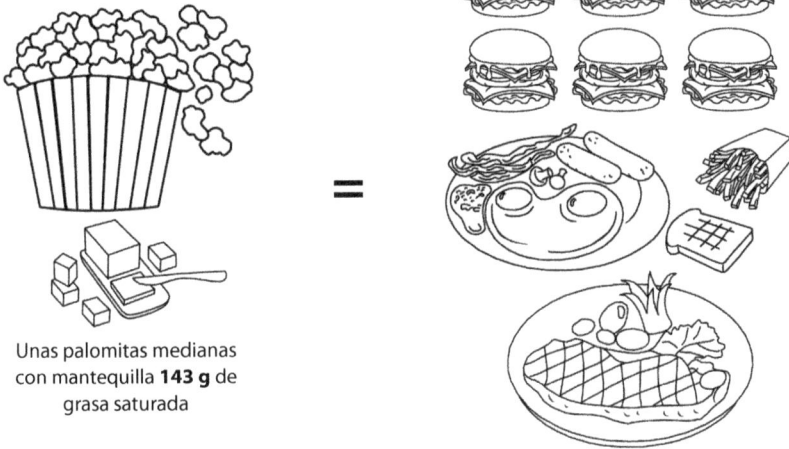

Unas palomitas medianas
con mantequilla **143 g** de
grasa saturada

Figura 5.2. Imagen visual de 143 gramos de grasa saturada

¿Por qué tuvo tanto éxito el estudio? Dicho sencillamente, el equipo encontró cómo transmitir los datos de una forma que el público pudiera entender. Ciento cuarenta y tres gramos de grasa saturada no significan nada para la mayoría de nosotros; es una categoría poco familiar. Presentimos que esa cantidad es mucha, pero es difícil saber con qué exactitud. Las palomitas junto a los seis Big Macs, un desayuno de tocino y huevo, patatas fritas medianas y una cena a base de bistec es algo que la mayoría de nosotros puede saborear, que puede ver, que ha experimentado antes. Provoca una respuesta emocionante y hasta puede incomodarnos. Ciento cuarenta y tres gramos es abstracto. Un montón de comida sobre la mesa es concreto.

En este capítulo explicamos por qué importa la *concreción* en la predicación. La concreción es la cuarta de las Cinco C de la predicación. A mi juicio, hay demasiados predicadores que sufren de un caso crónico de la abstracción. Aunque volverse más concreto no exige que se elimine la abstracción, sí quiere decir que nos debemos proteger contra la dependencia excesiva de ésta. El problema no es la abstracción *por sí mismo*, sino la abstracción crónica. El desafío no consiste en ser abstracto *o* concreto. El desafío es a ser *más* concreto.

La concreción y la predicación

La predicación concreta nos ayuda a que prediquemos sermones que aun por lo menos el lunes por la mañana todavía les importen a nuestros oyentes.

Las prácticas de la predicación cristiana

Convicción

Creatividad

Contexto

Cristiana

Concreción

Claridad

Figura 5.3. Las Cinco C: Concreción

Cuando hablamos de la gracia de Dios, se debe describir cómo uno siente su gracia cuando está parado en tráfico parachoques contra parachoques, durante el viaje diario matutino al trabajo. Cuando hablamos de la justicia, debemos considerar qué significa para una familia de bajos recursos que acaba de ser víctima de un fraude con su tarjeta de crédito. Cuando hablamos de amor, debemos imaginar cómo es que se muestra en un matrimonio que se conoce más por las riñas que por el sacrificio y el servicio. No hemos hecho lo suficiente si todos nos preguntamos qué aspecto tienen la gracia, la justicia o el amor a treinta mil pies de altura en la nubes. También tenemos que dar a conocer cómo se ven a nivel del mar en los barrios donde vive la gente.

Asistí a una boda hace unos años y mi cónyuge no pudo reunirse conmigo por un conflicto de horarios. Cuando llegué a casa, me preguntó: «Bueno, cuéntame lo que recuerdes de la boda». Sólo digamos que no tenía gran cosa que ofrecer en cuanto a los detalles. Recordaba que la pareja se había casado, pero eso era todo. Al querer refrescarme la memoria, ella me preguntó: «¿Cómo era el vestido?». Contesté: «No lo sé. Era blanco». Luego, ella me inquirió: «Pero ¿qué aspecto tenía?». Yo le respondí: «Creo que tenía un escote en pico». Al parecer, por algo existen algunos estereotipos masculinos. ¿Cuál era el problema? No estaba consciente de los detalles importantes. Podía hablar de generalidades, pero sin precisión. La escena que le pintaba tenía las grandes pinceladas, pero me faltaban los puntos más finos.

En otra ocasión recibí un correo electrónico en el que se me decía que una de nuestras buenas amigas acababa de tener un bebé. Más tarde, aquella noche, le comenté a mi esposa: «¿A que no sabes una cosa? Tengo buenas noticias. María tuvo un bebé esta mañana». Me preguntó: «¿Qué nombre le pusieron?». Le dije que no lo sabía. «Sé que es niño». Ella me preguntó: «¿Qué del peso o la altura? ¿Cuánto mide?». Respondí: «No estoy seguro de que lo mencionaran. El bebé está bien y María también, eso sí lo sé». Probablemente podría haberlo imaginado, pero cuando volví a leer el correo más tarde aquella noche, toda la información estaba allí. No le había prestado suficiente atención a los detalles. Si usted cree que los pormenores no son importantes, pregúntele a un periodista, a un cirujano o a mi esposa.

Antes de continuar con la explicación sobre la concreción, permítame sugerir que existen razones teológicas de por qué esto es importante para la predicación. Hay que entender que Dios se compromete con la «especificidad», tomando prestado un término que le encantaba usar a Martin Luther King hijo.[2] Dios, al convertirse en uno de nosotros por medio de Jesucristo, asume el riesgo de ser específico en la encarnación. Dios mora con nosotros. Una cosa es afirmar que Dios es una deidad lejana y distante que gobierna el universo. Otra cosa muy distinta es decir que Él está con nosotros, que Aquél que «reina sobre la faz de la tierra» (Is. 40:22) entra voluntariamente en la fragilidad humana, sujeta la divinidad al tiempo y al espacio, y se vuelve como aquéllos a los que Dios está queriendo alcanzar. Como predicadores, ya sabemos que Dios es a la vez trascendente e inmanente. Lo que nosotros no apreciamos a veces es, sin embargo, el riesgo que Dios toma al escoger la inmanencia. Esa decisión no se hace sin pagar un precio.

Reflexionando sobre lo que le costó a Dios encarnarse, Garner C. Taylor declara: «Que la presencia divina esté "geográficamente atada" y "encapsulada en el tiempo" es otra cosa, porque esta especificidad se arriesga al desprecio nacido de la familiaridad y a la sospecha asociada meramente con la carne y la sangre».[3] En la encarnación, Dios en Jesucristo acepta lo concreto, se reviste de carne y sangre, habla en un lenguaje particular, acepta una cultura particular y durante un momento particular en el tiempo. Jesús queda «atrapado por el tiempo, expuesto a la muerte, capaz de sentir dolor por usted y por mí».[4]

Además de la encarnación, piense por un instante en algunas de las formas concretas en que las Escrituras comunican el carácter de Dios y la naturaleza de la humanidad. Aunque parte del lenguaje es abstracto, con bastante frecuencia los escritores bíblicos comunican categorías como el amor, la

---

2. Aunque otros han usado el término y con él han señalado distintas cosas, King lo empleó para referirse a la encarnación. En una conferencia titulada «Recognizing and Removing the Presumptuousness of Preaching», Gardner C. Taylor cita que King utilizó este término, en G. Taylor, *Words of Gardner Taylor*, 5:157.

3. G. Taylor, *Words of Gardner Taylor*, 5:157.

4. G. Taylor, *Words of Gardner Taylor*, 2:100.

compasión y la gracia de manera concreta. En el Salmo 51, en vez de «Por culpa de la caída y la rebelión de la humanidad en la creación, "no soy capaz de no pecar" (*non posse non peccare*)», el escritor afirma: «Yo sé que soy malo de nacimiento; pecador me concibió mi madre» (Sal. 51:5). En el salmo 139, en vez de decir: «Dios es inefable y omnisciente con respecto a mi condición de criatura», el salmista escribe: «Todo estaba ya escrito en tu libro; todos mis días se estaban diseñando, aunque no existía uno solo de ellos» (Sal. 139:16).

La enseñanza de Jesús es concreta. Justo después de proferir algo abstracto: «No se preocupen por su vida», Jesús añade: «Fíjense en las aves del cielo: no siembran ni cosechan ni almacenan en graneros; sin embargo, el Padre celestial las alimenta. ¿No valen ustedes mucho más que ellas?» (Mt. 6:25-26). Más adelante, en el Evangelio de Mateo, cuando habla del cuidado de Dios, Jesús pregunta: «¿No se venden dos gorriones por una monedita? Sin embargo, ni uno de ellos caerá a tierra sin que lo permita el Padre; y él les tiene contados a ustedes aun los cabellos de la cabeza. Así que no tengan miedo; ustedes valen más que muchos gorriones» (Mt. 10:29-31). Estos ejemplos son específicos. Dios cuenta los cabellos de nuestra cabeza, enumera nuestros días con exactitud, nos viste como a los lirios del campo y se compadece de nosotros como un padre de sus hijos.

Así como la especificidad marca la diferencia en nuestro entendimiento de Dios y de su forma de relacionarse con nosotros, así también se marca la diferencia en la predicación. La capacidad de predicar al nivel del pueblo puede muy bien distinguir entre un sermón accesible y otro inaccesible, un sermón pobre y otro de contenido, un sermón que anda volando por ahí, en el aire, y otro que se hace ubicar y toca lo interno e íntimo en los barrios donde vive la gente. Es mucho más difícil marcar la diferencia en la vida de la gente común cuando los sermones no descienden al nivel donde ellos viven.

Imágenes de concreción: escaleras y fundamentos

Descienda por la escalera de la abstracción

El retórico japonés S. I. Hayakawa usa la imaginería de la escalera para hablar de la concreción. Argumenta que la mejor forma de realzar la comunicación es «descender por la escalera de la abstracción».[5] En otras palabras, se aumenta la probabilidad de conectarse con los oyentes propios al ser lo más concreto posible. Hayakawa no nos exige que escojamos lo concreto *en vez de* lo abstracto. En su lugar, nos invita a equilibrar la abstracción *y* la concreción.

5. Hayakawa, *Language*, 84-85.

Él afirma que el error que comete la mayoría de los comunicadores es la falta de un balance, ofreciendo demasiada abstracción y una concreción insuficiente.

En *Language in Thought and Action* (El lenguaje en el pensamiento y la acción), Hayakawa da un ejemplo de cómo se percibe descender por la escalera de lo abstracto. Empieza con una categoría como la riqueza, que es un concepto abstracto poniéndola en la parte más alta de la escalera. Para descender por ella, uno pregunta: «¿Qué clase de riqueza?». En este caso, Hayakawa hace una lista de «los activos» como la fuente de la riqueza. En el escalón más abajo, debajo de los activos, están los activos de la explotación agrícola. Y uno podría preguntarse: «¿Qué activos agrícolas producen los activos que rinden la riqueza?».

> *La mejor forma de realzar la comunicación es «descender por la escalera de la abstracción».*
>
> —S. I. Hayakawa

Hayakawa toma un paso más, baja al escalón del ganado, y en particular las vacas. En el último escalón, según lo describe él, está la vaca «Bessie». En figura 5.4, se muestra una adaptación de la escalera de Hayakawa.

El equipo de Silverman hizo exactamente lo que recomienda Hayakawa. La grasa saturada es una categoría abstracta en la parte más alta de la escalera. Una exposición de alimentos, con comida específica sobre la mesa, es algo concreto y está en la parte de abajo de la escalera. En el ejemplo Hayakawa, la riqueza es abstracta. Bessie es concreta. Podemos captar lo que la riqueza es como concepto, pero podemos ver y oler a Bessie. Hay que pensarlo de esta manera: si uno va a hablar sobre la riqueza en un sermón, también hay que referirse a Bessie.

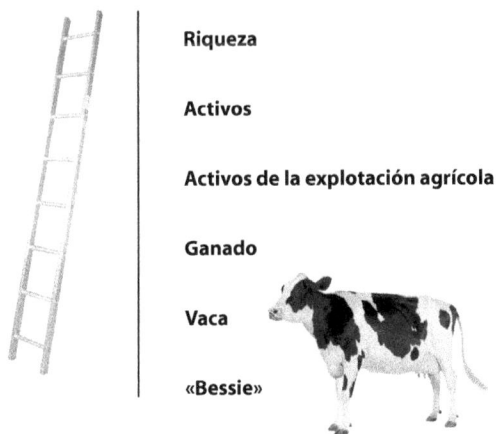

Riqueza

Activos

Activos de la explotación agrícola

Ganado

Vaca

«Bessie»

Figura 5.4. La escalera de la abstracción

Construya el fundamento antes de construir el tejado

En 2007, Chip Heath y Dan Heath publicaron un libro titulado *Made to Stick: Why Some Ideas Survive and Others Die* (Hechas para permanecer: Por qué una ideas sobreviven y otras mueren), en el que dedican todo un capítulo para explicar por qué la concreción es importante. Si uno quiere que otros entiendan los conceptos abstractos, Heath y Heath afirman que uno tienen que poner fundamentos concretos: «¿Qué hace que algo sea concreto? Si uno puede examinar algo con uno de los cinco sentidos, es concreto. Un motor V8 es concreto. "Alto rendimiento" es abstracto. La mayor parte del tiempo, la concreción se reduce a gente específica que hacen cosas específicas […]. "El servicio de atención al cliente a fama mundial [de Nordstrom]" es abstracto. Que un Nordie planche la camisa de un cliente es concreto».[6]

Los ladrillos concretos que sostienen los conceptos abstractos son los bloques de construcción para lograr un mayor pensamiento de nivel superior. Heath y Heath escriben: «La abstracción exige un fundamento concreto. Intentar enseñar un principio abstracto sin fundamentos concretos es como intentar empezar una casa poniendo el tejado en el aire».[7]

La tentación de poner un tejado en el aire es especialmente peligrosa para los predicadores. Aunque hayamos pasado horas estudiando el texto bíblico y consultando comentarios, podemos fallar a la hora de establecer fundamentos concretos para nuestros oyentes. Como nos recuerdan Heath y Heath: «La abstracción es el lujo del experto. Si usted le tiene que enseñar una idea a un salón lleno de gente, y no está seguro de cuánto saben (del tema), la concreción es el único lenguaje seguro».[8] A menudo, los predicadores no se dan cuenta de lo mucho que está en juego. Aunque resulten duras, hay que escuchar estas palabras de un antiguo proverbio romano: «Si no quieres ser entendido, merece ser ignorado».[9]

Uno tiene que ser lo más específico que pueda con su lenguaje cuando predica. Para promover la concreción, Clarice Brantley y Michelle Miller recomiendan que se usen «expresiones precisas» en vez de «modificadores vagos». Su investigación de la comunicación revela dos hallazgos importantes sobre las expresiones precisas: primero, los que las escuchan o las leen «recuerdan mejor las palabras precisas que las generales» y, segundo, «los términos

---

6. Heath y Heath, *Made to Stick*, 104. Una de las historias que precede esta cita es sobre un empleado de Nordstrom, de apodo «Nordie», que hace otro esfuerzo y le plancha una camisa a un cliente que la necesitaba para una reunión.

7. Heath y Heath, *Made to Stick*, 106.

8. Heath y Heath, *Made to Stick*, 104.

9. En latín: *Si non vis intelligi, debes negligi.* Algunos le atribuyen la cita a Quintiliano, retórico romano del siglo I.

específicos se traducen con mayor facilidad que los amplios y generales».[10] En otras palabras, las personas recuerdan más fácilmente y el mensaje les llega más rápido. A continuación, dos de varios ejemplos que ellos mencionan para ilustrar el contraste:

Modificador vago: «Nuestro almacén ofrece *grandes* unidades climatizadas». (¿Estará de acuerdo [la gente] lo que significa *grande*?).

Expresión precisa: «Nuestro almacén ofrece unidades climatizadas de 4,50 m por 6 m».

Modificador vago: «La agencia de viajes local ofrece paquetes *económicos* para cruceros de siete días por Alaska. (¿Tendrán todos el mismo concepto de *económico*? Declare la cantidad exacta.)».

Expresión precisa: «La agencia de viajes local ofrece paquetes desde $799 hasta $1.600 por un crucero de siete días por Alaska».[11]

En su predicación, ¿se equivoca usted con las expresiones precisas o con los modificadores vagos? Si les ofrece a los oyentes un montón de términos poco conocidos, categorías abstractas o modificadores vagos, le pone barreras a la comprensión.

¿Cómo nos enfocamos en ser concretos?

¿Cómo se practica la concreción en un sermón? Casi a punto de contradicción, hasta aquí sólo hemos ofrecido respuestas abstractas en este capítulo. Permítame sugerir tres estrategias particulares a consideración: (1) use detalles concretos del texto bíblico, (2) use ilustraciones para descender por la escalera de la abstracción y (3) use aplicaciones específicas.

Use detalles concretos del texto bíblico

Al leer el texto bíblico, los «detallitos» realmente importan. Como un caso de estudio, tómese un momento para examinar Marcos 4:35-41. Es la historia en la que Jesús y los discípulos se suben a un barco en el mar de Galilea, una «tempestad furiosa» zarandea el barco en medio de la noche y los discípulos temen ahogarse. Este relato también aparece en otros Evangelios, pero en este caso nos quedamos en Marcos 4 como texto principal. Déle un vistazo a la historia. Hágalo despacio, tomándose el tiempo para observar los detalles:

10. Brantley y Miller, *Effective Communication for Colleges*, 45.
11. Brantley y Miller, *Effective Communication for Colleges*, 45 (cursivas originales).

[35]Ese día al anochecer, les dijo a sus discípulos:
—Crucemos al otro lado.
[36]Dejaron a la multitud y se fueron con él, en la barca donde estaba. También lo acompañaban otras barcas. [37]Se desató entonces una fuerte tormenta y las olas azotaban la barca, tanto que ya comenzaba a inundarse. [38]Jesús, mientras tanto, estaba en la popa, durmiendo sobre un cabezal, así que los discípulos lo despertaron.
—¡Maestro! —gritaron—, ¿no te importa que nos ahoguemos?
[39]Él se levantó, reprendió al viento y ordenó al mar:
—¡Silencio! ¡Cálmate!
El viento se calmó y todo quedó completamente tranquilo.
[40]—¿Por qué tienen tanto miedo? —les dijo a sus discípulos—. ¿Todavía no tienen fe?
[41]Ellos estaban espantados y se decían unos a otros:
—¿Quién es éste, que hasta el viento y el mar le obedecen?

¿Qué detalles observa? Si lo hizo despacio tal vez se fijó en algunos detalles concretos en el texto que de otros modos se le hubieran pasado por alto:

- 36a: «Dejaron a la multitud». Una frase como ésta hace que nos preguntemos dónde estaba Jesús antes de que se desarrollara esta escena. ¿Es posible que se quedara dormido, porque había estado ministrando a las multitudes todo el día? Unos versículos antes leemos sobre su ministerio a la muchedumbre.
- 36b: «También lo acompañaban otras barcas». Son muchos los artistas que describen a Jesús y a los discípulos solos en el mar de Galilea, pero según el relato de Marcos, había otras barcas con él. Este es el único relato de los Evangelios que incluye este detalle en concreto.
- 37: «fuerte tormenta». Este pequeño detalle ayuda a que los lectores entiendan que no era una tormenta cualquiera. El viento, las olas y el agua que llenaban el barco se asemejaba mucho más a un huracán que un chubasco. El hecho que la mayoría de los que estaban en la barca era pescadores con experiencia en su oficio y que aún así estaban asustados porque iban a morir, nos ayuda a ver que no era una tormenta cualquiera.
- 38a: «durmiendo sobre un cabezal». Recuerdo haber oído decir a un predicador en una ocasión: «Jesús no se quedó dormido por casualidad. Cuando alguien se duerme sobre un cojín, quiere decir que piensa descansar un rato».
- 39: «¡Silencio! ¡Cálmate!». En el lenguaje original, el imperativo «¡Cálmate!» puede traducirse «amordazar». Jesús emplea la misma imaginería

usada para ponerle bozal a un caballo o a un perro para amordazar al viento y las olas.

- 41: «Estaban espantados». Los discípulos no estaban tan sólo impresionados o asombrados; estaban aterrorizados. Algunas versiones señalan que «se llenaron de miedo». En otras palabras, experimentaron un asombro reverente mezclado con terror genuino por lo que habían visto. Tal vez estaban más «asustados» después que durante la tormenta.

- 35: «Crucemos al otro lado». Nuestros pensamientos sobre la historia empiezan a cambiar cuando hay un traslado del punto de vista de los discípulos de temor e inquietud, hacia el punto de vista de Jesús. Mucho antes de que llegara la tormenta, Él les dice que *pasarán* de un lado del mar de Galilea al otro.

Podemos perdernos de grandes percepciones del pasaje si no nos centramos en los detalles concretos disponibles. Además, el pasaje no nos comunica casi nada sobre cómo Jesús manifestó su autoridad sobre la naturaleza en este pasaje o cómo esta historia es parte de un tema más amplio en Marcos 1-5 sobre la autoridad que tiene Jesús sobre la enfermedad, el pecado, la naturaleza y la muerte.

Aquí tenemos otro ejemplo, esta vez, del Antiguo Testamento: 2 Reyes 4:1-7.

[1]La viuda de un miembro de la comunidad de los profetas le suplicó a Eliseo:
—Mi esposo, su servidor, ha muerto, y usted sabe que él era fiel al Señor. Ahora resulta que el hombre con quien estamos endeudados ha venido para llevarse a mis dos hijos como esclavos.
[2]—¿Y qué puedo hacer por ti? —le preguntó Eliseo—. Dime, ¿qué tienes en casa?
—Su servidora no tiene nada en casa —le respondió—, excepto un poco de aceite.
[3]Eliseo le ordenó:
—Sal y pide a tus vecinos que te presten sus vasijas; consigue todas las que puedas. [4]Luego entra en la casa con tus hijos y cierra la puerta. Echa aceite en todas las vasijas y, cuando las llenes, ponlas aparte.
[5]En seguida la mujer dejó a Eliseo y se fue. Luego se encerró con sus hijos y empezó a llenar las vasijas que ellos le pasaban. [6]Cuando ya todas estuvieron llenas, ella le pidió a uno de sus hijos que le pasara otra más, y él respondió: «Ya no hay». En ese momento se acabó el aceite.
[7]La mujer fue y se lo contó al hombre de Dios, quien le mandó: «Ahora ve a vender el aceite, y paga tus deudas. Con el dinero que te sobre, podrán vivir tú y tus hijos».

¿Qué detalles observa? ¿Cuáles detalles concretos resaltan de la página al
leerse? A continuación, unos ejemplos que hacen la historia ser más gráfica
y concreta:

- 1a: «La viuda de un miembro de la comunidad de los profetas». Nos
  enteramos de que la viuda quizás sea una desconocida para Eliseo. Su
  marido pertenecía a la escuela profética de Israel. Es posible que Eliseo
  lo conociera. Observe el lenguaje relacional que ella usa más adelante
  en el versículo 1: «Mi esposo, *su* servidor, ha muerto, y *usted sabe* que
  él era fiel al Señor.»

- 1c: «Ahora resulta que el hombre con quien estamos endeudados ha
  venido para llevarse a mis dos hijos como esclavos». Sabemos por este
  detalle que la viuda está en una situación desesperada. No nos damos
  cuenta por qué su marido le debía dinero a un acreedor y por qué
  tampoco sabía cuánto le debía. Sabemos que esta viuda vivía en una
  sociedad patriarcal en la que las viudas eran vulnerables y otros se apro-
  vechaban de ellas. También sabemos que con frecuencia vendían a los
  hijos como esclavos para cancelar las deudas, según la ley hebrea (Éx.
  21:7; Is. 50:1; Neh. 5:5). Ella «le suplicó» a Eliseo (v. 1), porque estaba
  en peligro de perder la única familia que le quedaba.

- 2b: «un poco de aceite». Si hacemos un corto estudio de trasfondo
  sobre esta frase, nos damos cuenta que lo único que tenía de valor era
  el equivalente al salario de un día, y que era lo suficientemente pequeño
  para poderlo sostener con una mano.

- 3a: «Sal y pide a tus vecinos que te presten sus vasijas; consigue todas
  las que puedas». Observe que Eliseo pide la participación de toda la
  comunidad de la mujer en el milagro. Es difícil imaginar lo que era para
  ella pedirles a sus vecinos todas las vasijas vacías sin una explicación
  adecuada, pero también es interesante que otras personas además de su
  familia también participaran. Observe además que Eliseo anticipa un
  milagro mayor cuando le indica que se asegure de conseguir «todas las
  [vasijas] que puedas» de casa de sus vecinos. Un estudio de trasfondo de
  este texto revela que Eliseo usa una palabra distinta para «vasijas» de la
  que aparece en el versículo 2 para «frasco de aceite de oliva» (NTV). El
  término que usa el profeta para «vasijas» puede traducirse «recipientes
  de almacenamiento». O sea, el espera que suceda algo grande.

- 4a: «entra en la casa con tus hijos y cierra la puerta». Eliseo no tiene
  que estar allí para que ella experimente el milagro. Requiere fe para
  que ella salga y consiga más vasijas, y después entrar y seguir con sus

instrucciones sin que el profeta esté a su lado. También exige humildad por parte de Eliseo de ausentarse y permitir que Dios realice el milagro sin que se le atribuya el crédito al profeta.

- 7: «con el dinero que te sobre, podrán vivir tú y tus hijos». Cuando experimenta el milagro y después, la mujer tiene intervención y medios. Ahora, puede cancelar su deuda y rescatar a sus hijos de la esclavitud. Pero observe que no recibe demasiado que la haga rica en extremo, después del milagro. A algunos predicadores les gusta usar historias como ésta para autorizar las enseñanzas del evangelio de la prosperidad, como «Si uno tiene suficiente fe, Dios multiplicará su pequeña cantidad y la hará grande». Sin embargo, vea que ella tiene *suficiente* y no demasiado, es decir, que consigue bastante dinero para liquidar sus deudas y vivir de lo que le quede en vez de obtener una riqueza excesiva.

¿Recuerda la metáfora de Cecilio Arrastía para la exégesis del capítulo sobre la claridad? Cuando el predicador estudia las Escrituras, es como un maestro joyero que se mete a la mina de Dios para encontrar la joya, revelar su hermosura y estudiar sus muchas facetas.[12] No podemos hacer lo que Arrastía describe sin detenernos, tomarnos el tiempo y analizar los detalles concretos del texto.

Use ilustraciones para descender de la escalera de la abstracción

El término «ilustrar» significa aclarar algo. Una ilustración alumbra un punto abstracto o una percepción en el sermón. Cuando oímos el término «ilustración» con respecto a predicar, muchas veces pensamos en historias. Aunque las ilustraciones las incluyen, no se limitan a ellas. Haddon W. Robinson argumenta que un predicador tiene la capacidad de ilustrar en por lo menos seis formas diferentes.

LAS DEFINICIONES

En primer lugar, se puede ilustrar por medio de *definiciones*. He aquí el ejemplo de un sermón de Earl F. Palmer en el que define *eros*: «*Eros* es amor que se consigue, amor que se gana. No es el amor instintivo que sentimos por nuestros padres o nuestros hijos, nuestra familia o nuestra estructura social o racial. No es la clase de amor que tenemos por algo como la sabiduría o la humanidad. Es un amor que nosotros logramos por la convincente excelencia

---

12. Arrastía, *Teoría y práctica de la predicación*, 27-28.

de la persona, cosa o realidad».[13] Nótese que Palmer habla de lo que es *eros* y de lo que no es, con el fin de limitar su definición. También usa el contraste: *eros* es esta clase de amor, no ese tipo de amor. Su definición aclara la idea abstracta del amor.

Estos días, cuando predico, intento definir mucho más los términos de lo que lo hacía antes, en especial, en una época de analfabetismo bíblico que va aumentando en nuestros oyentes. Cuando yo era pastor de la predicación, pasé todo un verano predicando sobre el Sermón del Monte. En las Bienaventuranzas, Jesús usa el término «bendito» con bastante frecuencia, y esto crea un desafío: en los Estados Unidos, hay demasiadas personas que han distorsionado el entendimiento de la bendición. De modo que cuando predicaba, intentaba con todas mis fuerzas definir concretamente lo que es bendición, pero intenté hacerlo con mis propias palabras. Expliqué que, así como se entiende en la Biblia, puede definirse como «la presencia y el poder de Dios que están con nuestros cada vez en mayor cantidad». ¿Era esta la definición perfecta? No. El objetivo más amplio era usar la definición para ayudar a reestructurar la forma en que le gente entendían el término. En vez de que la bendición signifique X, quiere decir Y. Repetí la definición a lo largo de los sermones individuales y de la serie de sermones. Cada vez que aparecía el término «bendito», yo les recordaba la definición a mis oyentes: «Bendito significa que la presencia y el poder de Dios son nuestros cada vez en mayor cantidad».

Yo intenté algo similar cuando prediqué un sermón sobre la sabiduría. Los antiguos griegos relacionaban la sabiduría con la filosofía y el conocimiento. En muchas iglesias de hoy, la gente asocia la sabiduría con cuánto uno conoce la Biblia o lo elocuente que uno es al declarar su compromiso con Dios. Sin embargo, las Escrituras definen la sabiduría de un modo distinto. En ellas, ser sabio no *sólo* significa saber sobre Dios, conocerlo, amarlo y confiar en sus promesas; *también* significa *hacer* la voluntad de Dios. Ser sabio es escuchar los mandamientos divinos y actuar de acuerdo con ellos. Jesús afirmó en Mateo 7:24-29: «Cualquiera que oiga estas palabras mías y *actúe de acuerdo con ellas* es como un hombre sabio que construyó su casa sobre la roca» (paráfrasis mía). Y continúa: «Cualquiera que escucha estas palabras mías y *no actúa de acuerdo con ellas* es como un hombre necio que construyó su casa sobre la arena». La sabiduría se consigue mediante la acción y no sólo con el conocimiento. Una persona sabia conoce la voluntad de Dios y la cumple. Según la definición bíblica, la sabiduría significa conocer y hacer la voluntad de Dios en la vida cotidiana.

---

13. Palmer, *Love Has Its Reasons*, 38-39, citado en H. Robinson, *Biblical Preaching*, 99-100.

Los hechos

En segundo lugar, se hacen las ilustraciones *al citar hechos*. Esto es especialmente útil si queremos probar que algo es verdad, y a la vez no recurramos a «hechos alternativos» para confirmar el caso. Por ejemplo, si quiere hablar de cambios demográficos en las iglesias en los Estados Unidos y de la necesidad que haya congregaciones multiétnicas que reflejen a diario las realidades que experimentan, puede citar hechos como éstos:

- Se espera que tanto la población latina como las poblaciones asiaticoamericanas se dupliquen entre ahora y 2050.[14]
- En 2012, aproximadamente uno de cada ocho estadounidenses había nacido en el extranjero, pero para 2050, por lo menos uno de cada cinco habrá nacido fuera del país.[15]
- En 2012, la edad media de los blancos era de cuarenta y dos años; para los afroamericanos y los asiáticos alrededor de los treinta y dos; y para los latinos, alrededor de los veintiocho. Este año también ha sido la primera vez que en los Estados Unidos han nacido más bebés pertenecientes a una minoría que los de la cultura mayoritaria.[16]
- El año escolar 2014-15 fue el primer año que las minorías no blancas fueron mayoría en las escuelas públicas estadounidenses.[17]
- El año 2042 se proyecta ahora como el último año en que las minorías se convertirán en mayoría en los Estados Unidos.[18]

Si usted quiere hablar de la injusticia y el encarcelamiento masivo en los Estados Unidos, podría usar un hecho como este: Los Estados Unidos, la nación más rica del mundo, no es líder en las categorías de lectura y matemática en los exámenes estandarizados, pero *sí* dirige el mundo en el porcentaje de nuestra población que los pone en la cárcel. Los Estados Unidos representan menos del 5 % de la población mundial, pero alrededor del 25 % de la población

---

14. Las estadísticas sobre los latinos y asiaticoamericanos de Passel y Cohn, «U.S. Population Projections».

15. Passel y Cohn, «U.S. Population Projections».

16. Morello y Mellnik, «Census».

17. Una periodista del *Washington Post,* Valerie Strauss escribe: «El Departamento de Educación de EE. UU. Hizo proyecciones que este otoño [2014], el porcentaje de los estudiantes blancos bajaría de 51% en 2012 a 49,7 %. En 1997, las inscripciones de blancos fue de 63,4 %; para 2022, se proyecta que las minorías constituirán 54,7 % de la población estudiantil de la escuela pública, y los blancos 45,3 %». Véase Strauss, «First Time».

18. Morello y Mellnik, «Census». Para estas y otras estadísticas sobre rápidos cambios demográficos en los Estados Unidos en general y, de manera específica, en la iglesia de los EE. UU., véase Alcántara, *Crossover Preaching*, 24-25.

encarcelada en el mundo. [19] Si quiere ser más específico, puede hablar de las desigualdades raciales y étnicas en la población carcelaria. Podría usar estadísticas para explicar una idea sobre la evaluación por perfiles o quizás el encarcelamiento masivo como forma de segregación.[20]

LAS CITAS

Las *citas* son una tercera forma de hacer ilustraciones. Imagine que está predicando sobre el problema de la avaricia. ¿Cómo podría descender por la escalera de la abstracción? Tal vez podría indicar: «Los antiguos romanos tenían un proverbio. Afirmaban que el dinero era como el agua del mar. Cuanto más bebía de ella la persona, más sed tenía». A algunos predicadores les gusta usar proverbios culturales. Por ejemplo, imagine que está predicando sobre los peligros de exagerar la perspectiva de un incrédulo sin tratar de entender a la persona que representa esa perspectiva. Uno de los proverbios culturales de la India dice así: «No sirve de nada darle un puñetazo a alguien en la nariz y después darle una rosa para que la huela». Es un proverbio sobre querer entender y respetar a otros antes de entablar un debate con ellos. Algunas citas nos motivan a pensar. Martin Luther King hijo habló mucho de la importancia de cambiar las leyes a nivel nacional. En un discurso pronunciado en la Universidad de Western Michigan, en diciembre de 1963, King afirmó: «Tal vez sea verdad que una ley no puede hacer que un hombre me ame, pero puede evitar que me linche y creo que eso es bastante importante».[21] Otras citas nos inspiran a vivir de un modo diferente. Pienso en el misionero Jim Elliot que escribió en su diario justo antes de marcharse a servir al pueblo guaraní de Ecuador en la década de 1950. Elliot escribió estas palabras tan citadas: «No es necio el que da lo que no puede conservar para ganar lo que no puede perder».[22]

LAS HISTORIAS

La cuarta forma en que ilustramos es *contar historias*. Muchas de las historias que funcionan bien en un sermón ya están disponibles para nosotros en la Biblia. Que no se le escape la oportunidad de usar textos de las Escrituras como manera de ilustrar conceptos abstractos. Por ejemplo, cuando prediqué sobre la parte del padrenuestro donde Jesús nos invita a orar «perdónanos

19. Ver Coates, «Black Family in the Age of Mass Incarceration».
20. Michelle Alexander toma nota de estas tendencias alarmantes —en particular la del encarcelamiento masivo como forma de segregación— en *New Jim Crow*.
21. Para una transcripción completa del discurso de King, véase «MLK at Western». La cita es de la página 5.
22. Elliot, *Shadow of the Almighty*, 11.

nuestras deudas, como también nosotros hemos perdonado a nuestros deudores» (Mt. 6:12), la ilustré con una historia de otro pasaje. Como punto de aplicación, pregunté: «¿Qué ocurre cuando no somos capaces de establecer una conexión entre el perdón vertical de Dios y el horizontal hacia los que nos han herido?». Para llegar a la respuesta, escogí una parábola del mismo Evangelio, Mateo 18:21-35, la parábola del siervo que no quiso mostrar misericordia. Esta alegoría nos recuerda de las consecuencias marcadas y duraderas para los que no perdonan una pequeña deuda cuando a ellos se les ha perdonado una muy grande. A modo de advertencia: cuando use ilustraciones de las historias de las Escrituras, cuidado con suponer que los oyentes tienen tan alto nivel de conocimiento cultural bíblico como usted.

También podemos usar historias modernas. Si hacemos un poco de investigación encontraremos historias de esperanza y transformación, así como de desamparo y quebranto en nuestro mundo. En mi sermón sobre el perdón y el padrenuestro, conté una historia sobre Oshea Israel y Mary Johnson, que también comparto aquí.[23]

En 1993, dos jóvenes que vivían en Minneapolis se pelearon, todo relacionado a una disputa entre pandillas; uno de ellos le disparó al otro y lo mató. Uno era adolescente y el otro tenía veinte años. La policía le informó a la madre del joven Marlon Byrd, una mujer llamada Mary Johnson, de que a su hijo le habían disparado, que había muerto y la policía había identificado al homicida: un adolescente llamado Oshea Israel. Lo juzgaron, fue acusado de homicidio y lo enviaron a la penitenciaría local por el asesinato.

Después de la muerte de su hijo Mary dijo lo más apropiado para la ocasión. Les explicó a los del tribunal que ella era cristiana, una «hija de la iglesia». Por ello, encontraría lugar en su corazón para perdonar al asesino de su hijo. Después de todo, es lo que hacen los cristianos o, por lo menos, lo que se supone que tienen que hacer. Sin embargo, con el paso del tiempo, Mary se dio cuenta que la amargura y el resentimiento le carcomían el alma. Le resultaba imposible soltar el enojo que sentía. Su iglesia no la ayudó. Su pastor le señaló que ella misma habían matado a su hijo porque ella no oraba lo suficiente. Después de irse de aquella iglesia, en la siguiente le indicaron que debería dejarlo pasar y seguir adelante, dejar atrás la tragedia. Se estaba aferrando al pasado, le comentaron.

Mary necesitaba lo mismo que muchos de nosotros. Tenía que ser capaz de orar «perdónanos nuestras deudas como también nosotros hemos perdonado a nuestros deudores». Más fácil de decirlo que de hacerlo. Un día, Mary leyó

23. Oí hablar de su historia por primera vez en un sermón y más tarde leí sobre ello en Ortberg, *Who Is This Man?*, 99-100.

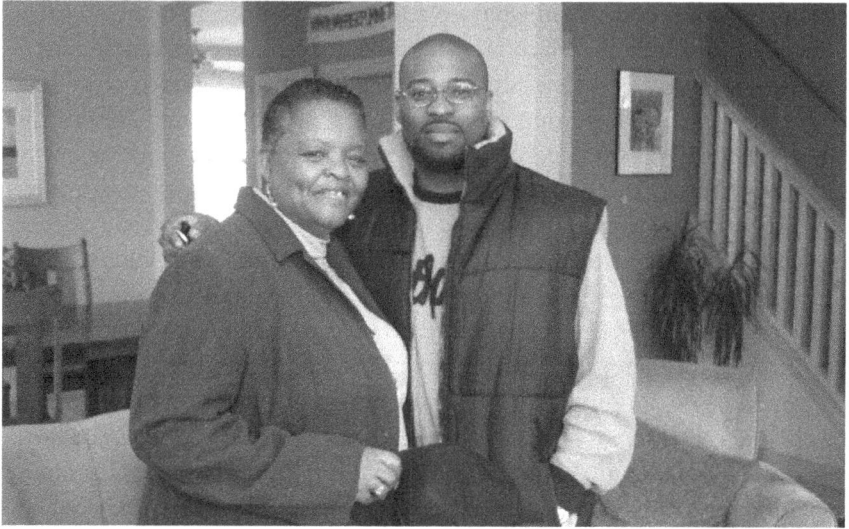

Figura 5.5. Mary Johnson y Oshea Israel

un poema sobre dos mujeres que se encontran por primera vez en el cielo. Al verse, se dan cuenta por la corona que cada una llevaba que son madres de hijos que habían muerto. El poema sigue así:

«Yo habría ocupado el lugar de mi hijo en la cruz», declaró una de ellas.
«Oh, eres la madre de Cristo», replicó la otra, cayendo de rodillas.
Enjugándole las lágrimas con besos, la primera madre inquirió: «Dime quién es tu hijo, para que yo pueda llorar su pérdida contigo».
«Mi hijo es Judas Iscariote».

Así se acaba el poema. Al leerlo, algo conmovió a Mary Johnson. Sabía que algo tenía que cambiar. De modo que tomó una decisión que la mayoría de las madres de hijos asesinados no optaría jamás. Decidió visitar a Oshea Israel en la cárcel. Le costó enormemente hacerlo, pero de alguna manera encontró el valor y la fuerza para seguir adelante. Para su sorpresa, él manifestó su disposición a aceptar la idea. Ella empezó sus encuentros con él con discusiones sencillas para que ambos llegaran a conocerse. Al pasarse un tiempo se hicieron amigos. Cuando lo soltaron de la prisión, Oshea no tenía adonde irse, así que Mary convenció al dueño que le permitiera mudarse al apartamento de al lado. Hoy, ambos se ven con regularidad. Oshea no podrá deshacer jamás lo que le había hecho a su hijo ni podrá sustituirlo en el presente. Sin embargo, por la gracia de Dios, es como si se hubiera convertido en un hijo *adoptado* por medio de la decisión resistente y persistente de Mary para perdonarlo. La foto de Mary y Oshea es la viva imagen del perdón cuando se juntan nombres y rostros a un concepto abstracto.

¿Qué más, sino el perdón vertical de Jesús, puede motivar un perdón horizontal tan peligroso hacia una hermana o hermano que nos ha hecho un daño tan profundo?

LAS ANALOGÍAS

La quinta forma de ilustrar es mediante las *analogías*. Es una comparación entre dos cosas con el propósito de ofrecer una explicación o aclaración. Robinson escribe: «Si quisiera uno averiguar que la verdad es igualmente válida, pero no valiosa en la misma medida, podría [afirmar] que "un centavo y un billete de dólar son, ambos, genuinos [...]" pero no tienen el mismo valor. Por lo tanto, debemos distinguir entre la verdad de un centavo y la de un dólar».[24] También vemos que los autores de las Escrituras usan alegorías. Considere estas palabras de Amós 5:18-20:

¡Ay de los que suspiran
  por el día del SEÑOR!
¿De qué les servirá ese día
  si va a ser de oscuridad y no de luz?
Será como cuando alguien huye de un león
  y se le viene encima un oso,
o como cuando al llegar a su casa,
  apoya la mano en la pared
  y lo muerde una serpiente.
¿No será el día del SEÑOR de oscuridad y no de luz?
  ¡Será por cierto sombrío y sin resplandor!

¿Ha notado usted que el escritor no describe el día del Señor de una forma abstracta, sino en un estilo poético? Ese día puede compararse con un hombre que huye de un león y se encuentra con un oso, o con alguien que apoya la mano en la pared y le muerde una serpiente.

Siempre se usan las analogías. Recuerdo haber conversado con el presidente de una universidad conocida. Nunca se me olvida la analogía que uso para lo que era ser presidente de una universidad. Me dijo: «Cuando uno empieza, es como si corriera lo más rápido posible en una cinta de caminar. Después le piden a uno que corra a mayor velocidad». Compartió esta analogía conmigo hace veinte años, y sigo recordándola.

24. H. Robinson, *Biblical Preaching*, 108.

La metáfora

La forma final en que ilustramos es a través de la *metáfora*. Como nos recuerda el filósofo francés Paul Ricoeur: «El símbolo da lugar al pensamiento».[25] Una metáfora usada de una forma apropiada puede abrir un nuevo mundo de posibilidades en la mente de la gente.[26] Piense por un momento en las hermosas comparaciones de la Biblia. El éxodo no es tan sólo un acontecimiento, sino una metáfora. El exilio no es tan sólo un suceso, sino una metáfora. La resurrección no es tan sólo un acontecimiento, sino una metáfora. ¿Capta la idea? Examinemos varias metáforas en un pasaje, 1 Corintios 5:6-8: «Hacen mal en jactarse. ¿No se dan cuenta de que un poco de levadura hace fermentar toda la masa? Desháganse de la vieja levadura para que sean masa nueva, panes sin levadura, como lo son en realidad. Porque Cristo, nuestro Cordero de Pascua, ya ha sido sacrificado. Así que celebremos nuestra Pascua no con la vieja levadura, que es la malicia y la perversidad, sino con pan sin levadura, que es la sinceridad y la verdad».

Nosotros los que crecimos en la iglesia escuchamos muchas metáforas diseñadas para ayudarnos a entender la fe cristiana: «Jesús es el buen pastor»; «Dios es nuestra fortaleza»; «Hemos sido adoptados»; «Ya no somos esclavos, sino libres»; «Somos hijos de Dios». Considere usar más metáforas cuando predica, para ayudar a la gente entender conceptos abstractos.

Use aplicaciones específicas

Si queremos practicar la concreción en la predicación, también es necesario que nos centremos en la aplicación concreta. Muchos sermones no le pegan al blanco / no llegan a la meta / no cumplen su misión en este ámbito clave, incluyendo varios sermones de los que yo mismo he predicado. Con esto en mente, les recomiendo que se hagan dos preguntas en particular que nos sirvan en nuestra selección de aplicaciones.

La primera pregunta es *¿Cómo podrían entender esto las diferentes audiencias?* Tome como ejemplo un versículo sumamente conocido, Santiago 1:2-3: «Hermanos míos, considérense muy dichosos cuando tengan que enfrentarse con diversas pruebas, pues ya saben que la prueba de su fe produce constancia». La pregunta es «¿Cómo podrían entender este texto los estudiantes de

---

25. Ricoeur, *Symbolism of Evil*, 347.

26. Pablo Jiménez argumenta que las metáforas claves, especialmente "marginalidad" y "mestizaje," son centrales para la tarea de comunicación en el sermón. Él escribe: «Estas metáforas, que encarnan los principios básicos de la teología hispana, funcionan como paradigmas. En cierto modo, resumen el proceso hermenéutico». Jiménez, "La Biblia y el púlpito hispano," en Jiménez y González, *Manual de Homilética Hispana*, 68.

penúltimo y último año de la escuela secundaria en los Estados Unidos?» tiene una respuesta distinta a «¿Cómo podrían entender este texto los refugiados cristianos sirios que huyen de la persecución?». Ambos grupos necesitan oír la promesa que el poner a prueba su propia fe produce perseverancia. Sin embargo, cada grupo considera su prueba de un modo diferente. Algunas aplicaciones se pueden establecer al comparar cómo este texto afectó a los cristianos del primer siglo y los de hoy en el contexto de una fuerte persecución. El motivo para hacernos esta pregunta es obligarnos a pensar de forma más estratégica sobre cómo aplicar este pasaje a nuestros oyentes.

Otro ejemplo es la parábola del hijo pródigo de Lucas 15:11-32. Una razón por qué esta parábola es un buen ejemplo es que los oyentes originales la entendieron de diferentes maneras. Leemos en Lucas 15:1-2: «Muchos recaudadores de impuestos y pecadores se acercaban a Jesús para oírlo, de modo que los fariseos y los maestros de la ley se pusieron a murmurar: "Este hombre recibe a los pecadores y come con ellos"». Inmediatamente después de que Lucas introduce este detalle, nos dice que Jesús empieza a contar la parábola de la oveja perdida (Lc. 15:3-7), la de la moneda perdida (Lc. 15:8-10) y la del hijo pródigo (Lc. 15:11-23), una tras otra. En las tres historias el mayor énfasis está en el amor atrevido y aun arriesgado por parte del que busca lo que se ha perdido: el pastor deja a las noventa y nueve ovejas para encontrar una, la mujer que busca con desesperación su moneda perdida y, por supuesto, el padre que se rebaja hasta el punto de la indignidad para restaurar a su hijo menor y al mayor. Las tres parábolas nos hablan del amor profundo y duradero del Padre, un amor que lo arriesga todo para buscarnos y encontrarnos.

Aunque el énfasis está sobre el padre en la historia del hijo pródigo, piense por un momento en cómo lo entendería la audiencia original. El hombre tiene dos hijos, uno desobedece las normas de su casa, se despilfarra en su libertinaje, destroza su vida y se arrepiente; y el otro, que se siente tan insultado por la misericordia paterna, prefiere indignarse y estar amargado en vez de estar contento y aceptar a un hermano pródigo. ¿A cuál hermano se parecen más los recaudadores y pecadores, y a cuál los fariseos y los maestros de la ley? No hace falta ser un genio para saber la respuesta.

Al aplicar este texto a una congregación moderna, nos podríamos preguntar también, ¿a qué hermano nos parecemos más nosotros? Nos gusta pensar que la respuesta es al primero y no al segundo. El responder así nos libera. Pero ¿qué si somos más como el hermano mayor? Si éste es el caso, tenemos que examinarnos un poco la conciencia. A pesar de a quién nos parezcamos más, el padre les ofrece su amor a ambos y los invita al banquete.

Además hay que tener en mente que distintas comunidades entenderán el texto de diferentes maneras y quizás lo apliquen en distintos modos.

Consideremos un ejemplo en Lucas 19:1-10, la historia de Zaqueo, el recau-
dador de impuestos:

Jesús llegó a Jericó y comenzó a cruzar la ciudad. Resulta que había allí un
hombre llamado Zaqueo, jefe de los recaudadores de impuestos, que era muy
rico. Estaba tratando de ver quién era Jesús, pero la multitud se lo impedía,
pues era de baja estatura. Por eso se adelantó corriendo y se subió a un árbol
sicómoro para poder verlo, ya que Jesús iba a pasar por allí. Llegando al lugar,
Jesús miró hacia arriba y le dijo:
        —Zaqueo, baja en seguida. Tengo que quedarme hoy en tu casa.
        Así que se apresuró a bajar y, muy contento, recibió a Jesús en su casa. Al
ver esto, todos empezaron a murmurar: «Ha ido a hospedarse con un pecador».
        Pero Zaqueo dijo resuéltamente:
        —Mira, Señor: Ahora mismo voy a dar a los pobres la mitad de mis bienes y,
si en algo he defraudado a alguien, le devolveré cuatro veces la cantidad que sea.
        —Hoy ha llegado la salvación a esta casa —le dijo Jesús—, ya que este
también es hijo de Abraham. Porque el Hijo del hombre vino a buscar y a salvar
lo que se había perdido.

Ahora que ha leído el texto, pregúntese: ¿Cómo recibirían este texto diferentes comunidades? ¿Cómo lo captaría una comunidad que lucha contra
la exclusión de personas? ¿Cómo lo percibiría un grupo de mal adaptados
o marginados? ¿Cómo lo recibiría el «uno porciento» el texto? ¿Qué de los
niños pequeños en la escuela dominical? ¿Cómo lo recibirían los jubilados
o bancarios o los propietarios? El texto les cae de maneras diferentes según
cada comunidad. En su comentario sobre el Evangelio de Lucas, Robert C.
Tannehill escribe: «Para las comunidades exclusivistas esta historia es un
recordatorio de la misión de Jesús. Para los marginados, esta es una historia
de esperanza. Para las personas con riqueza, es una historia de generosidad».[27]
        Cuando se trata de la predicación, nos sirve de gran provecho hacernos la
pregunta *¿Cómo podrían entender el texto* nuestros oyentes? ¿Cómo lo enten-
derían los ciudadanos de la tercera edad de mi iglesia? ¿Cómo lo percibirían
los niños recién graduados del servicio de adoración para adolescente que
ahora adoran con sus padres? ¿Cómo recibirían los pobres este pasaje? ¿Los
ricos? ¿Las madres solteras? ¿Los viudos? ¿Los solteros? ¿Los maltratados?
Cuando pensamos en nuestras comunidades como diversas y multifacéticas,
esto le añade estructura y variedad a la forma de aplicar el sermón. Así como
las comunidades distintas entienden el texto de distintas maneras, también
aplican el texto de un modo distinto.

27. Tannehill, *Luke*, 278.

La segunda pregunta es *¿Cómo se logra eso?* Si los predicadores les dicen a sus oyentes a que se conviertan en personas comprometidas a hacer justicia, «¿a qué se parece eso?». O si les hablamos a nuestras congregaciones sobre la hospitalidad y el deber de acoger al extranjero, entonces, «¿cómo es eso?». Pablo les pide a los romanos: «El amor debe ser sincero. Aborrezcan el mal; aférrense al bien» (Ro. 12:9). Por lo tanto, ¿cómo es odiar el mal? En realidad, ¿cómo es aferrarse a lo que es bueno? En ocasiones encontramos claves en el pasaje que nos ayudan a responder a la pregunta, pero otras veces no encontramos ninguna. Aún cuando las hay tenemos que considerar bien cómo sería la aplicación de cada pasaje en un contexto del siglo XXI. Más adelante, en Romanos, Pablo afirma: «Alégrense con los que están alegres; lloren con los que lloran» (Ro. 12:15). ¿Cómo es, en el siglo XXI, llorar

> *Cuando pensamos en nuestras comunidades como diversas y multifacéticas, esto le añade estructura y variedad a la forma de aplicar el sermón.*

con los que lloran? Al hacernos esta pregunta, la idea *no* es hacerles creer a nuestros oyentes que haya una sola respuesta, la «correcta». Podemos invitar a nuestros oyentes a que consideren *más de una forma* adecuada de aplicar este pasaje en sus vidas.

En algunas de mis clases de predicación, a mis estudiantes los ponga a hacer un ejercicio. Les leo Miqueas 6:8: «¡Ya se te ha declarado lo que es bueno! Ya se te ha dicho lo que de ti espera el SEÑOR: Practicar la justicia, amar la misericordia, y humillarte ante tu Dios». Después, les recuerdo la importancia de una exégesis sólida en el libro de Miqueas, les hago unas preguntas sencillas:

- ¿Cómo se manifiesta hoy en día el actuar con justicia y hacerlo *sin* ella?
- ¿Cómo se ve hoy en día amar la misericordia, y *odiarla*?
- ¿Cómo se ve hoy en día caminar humildemente con Dios, y andar *con orgullo*?

Luego, los invito a que den algunas respuestas. Por supuesto, son variadas, porque ellos vienen de distintas situaciones sociales y experiencias de la vida, pero por lo general la diferencia de sus respuestas provoca más pensamiento y debate. A los estudiantes de la predicación se les ocurren muchas grandes posibilidades, respuestas que a mí solo nunca se me ocurrirían. ¿Cómo es actuar con justicia? A continuación, algunas de sus respuestas:

- Vender algo a su precio debido y no subir ni bajar el precio para lograr mayor ganancia propia.

- Abogar para poner fin a la violencia armada.
- Buscar fondos para las escuelas de bajos ingresos.
- Encontrar refugio para los desamparados.
- Buscar reparaciones para las víctimas de la brutalidad policial.
- Organizar y educar a gente con respecto de la injusticia sistémica.
- Defender la legislación que hace frente a la opresión de las minorías.
- Respetar a los líderes tanto en el trabajo como en la iglesia, sean ricos o pobres.
- Completar el trabajo dentro de su debido tiempo sin abusar del reloj para horas extras.
- Iniciar un mercado agrícola en el barrio de tu iglesia, porque en el medio de las grandes ciudades, para los pobres es difícil tener acceso al producto fresco.
- Adoptar a una niña de un lugar donde se las considere insignificantes.

Éstas son sólo unas posibilidades de cómo podría ser actuar con justicia cada día. Algunas respuestas serán mejores que otras. El simple proceso de generar respuestas nos asiste a que descendamos de las nubes a treinta mil pies al nivel del mar donde está el pueblo.

La pastora Jill Briscoe sabe predicar a nivel del mar. Ella y su esposo, Stuart, llevan años sirviendo como copastores en la iglesia Elmbrook de Brookfield, Wisconsin. En un sermón sobre la parábola del buen samaritano (Lc. 10:25-37), Briscoe ofrece algunas respuestas modernas a la pregunta del experto en la ley a Jesús, en Lucas 10:29: «¿Y quién es mi prójimo?».[28] En su respuesta, ella toma prestada la imaginería de la zanja en la parábola, para hacer su aplicación más gráfica. ¿Quién es mi prójimo? La persona en la zanja.

Para escuchar como describe Jill Briscoe quién podría ser la persona en la zanja en un contexto del siglo xxi, consulte www.Practicasde laPredicacion Cristiana.com.

La idea más amplia de Briscoe es que nuestro amor por Dios se muestra cuando nos preocupamos por esa persona sentada en el lodo. Pero observe lo concreta que es cuando ella habla sobre quién podría ser esa persona hoy. Tal vez sea alguien a quien nosotros conozcamos. Ella hace que el contexto sea específico para responder a la pregunta de un modo muy parecido a cómo Jesús lo hace en la parábola.

Las dos preguntas que mencioné —¿Cómo podría entender esto? y ¿Cómo se logra esto?— son dos preguntas posibles diseñadas para asistir a que los predicadores se enfoquen en el uso particular de las aplicaciones. Estas preguntas

---

28. Sermón de Jill Briscoe, «Loving God with Your Whole Heart», presentado en el Chicago Sunday Evening Club, está disponible en www.preachingtoday.com.

nos asisten a descender por la escalera de la abstracción, para volver a la frase de Hayakawa.

Conclusión

Los sermones eficaces incluyen la abstracción y la concreción. Uno no escoge una y no la otra, uno pone en práctica las dos. Esto es lo que Hayakawa afirma respecto a unir estos dos conceptos: «Los oradores informativos [...] funcionan a todos los niveles de la escalera de la abstracción y se mueven con rapidez y destreza a modo ordenado, de arriba abajo, de abajo a arriba, con la mente tan ágil, hábil y hermosa como monos en un árbol».[29] En otras palabras, los buenos comunicadores saben equilibrar la abstracción y la concreción sin sacrificar lo uno por lo otro.

Hay demasiados sermones que se concentran en la abstracción y menos en la concreción. Por lo general, le damos menos énfasis en lo segundo que en lo primero. Sin que nos demos cuenta, nuestros sermones se despegan de la pista, permanecen a treinta mil pies de altura y nunca aterrizan a los barrios donde vive la gente. El hacer ilustraciones y aplicaciones con eficacia en los sermones quiere decir que con el tiempo encontramos una forma de descender al nivel del mar. Si su deseo genuino es hacer que sus sermones sean más accesibles a los oyentes, haga el esfuerzo de hacerlos más concretos. Si se acuerda de mencionar de vez en cuando a Bessie, la vaca, y la exposición de palomitas y hamburguesas, sus oyentes se lo van a agradecer.

Videos adicionales para este capítulo se encuentran en www.Practicas delaPredicacion Cristiana.com.

29. Hayakawa, *Language*, 190.

6

Predique de un modo creativo

La vocación cristiana supera a todas las que se puedan imaginar,
ver lo que Dios ve cuando contempla el mundo, y creer que los
sueños de Dios pueden realizarse.

—Barbara Brown Taylor, *The Preaching Life*

Nadie en la sociedad tiene tanta responsabilidad como el predicador de alterar nuestra percepción del mundo que nos rodea, de un
accidente químico-físico a la obra de un Dios amoroso y cuidador.

—Samuel D. Proctor, *The Certain Sound of the Trumpet*

L a imaginación hace realidad la estructura de las cosas desconocidas;
la pluma del poeta las convierte en formas y le da al suspiro que se
desvanece una habitación local y un nombre».[1] Estas palabras escritas
por William Shakespeare en *El sueño de una noche de verano* describen la
hermosura y el asombro de la creatividad. Los seres humanos tienen la extraordinaria capacidad de crear, diseñar, moldear «la estructura de las cosas
desconocidas». Sin embargo, muchos de nosotros pasamos por alto y hasta
suprimimos nuestra creatividad. En ocasiones pasa desapercibida aunque la
tengamos enfrente de nuestras narices. Hago mención de sólo un ejemplo.

El 12 de enero de 2007, dos hombres dirigieron un experimento social fuera
de la galería de una estación subterránea del metro de Washington, DC, poco
antes de las ocho de la mañana, un viernes durante la hora punta. Joshua Bell,

---

1. Shakespeare, *William Shakespeare*, 327.

Figura 6.1. Joshua Bell en Leipzig (2016)

uno de los violinistas clásicos más extraordinarios del mundo sirvió de actor principal y Gene Weingarten, periodista del *Washington Post,* lo documentó y escribió sobre el experimento después. Bell entró a la estación subterránea vestido con pantalones de mezclilla, una camiseta de manga larga y una gorra de béisbol de los Nationals de Washington, una vestimenta bastante distinta a su vestuario formal en sus representaciones de las salas de concierto. También portaba su violín Stradivarius, un instrumento valorado en $3,5 millones en 2007. Tres días antes, observa Weingarten, «Bell había llenado la imponente sala del Symphony Hall de Boston, donde unos buenos asientos costaban $100».[2] Por lo general, interpreta su música en unas de las salas de concierto más prestigiosas del mundo.

2. Weingarten, «Pearls Before Breakfast».

Después de abrir y poner el estuche del instrumento en el piso para recibir donativos, Bell le echó «unos dólares como capital generador» y comenzó a tocar. Durante cuarenta y tres minutos interpretó piezas impresionantes de música clásica. Aquella mañana, el sonido en el metro habrá sido glorioso. Un total de 1.097 personas pasaron por la entrada subterránea en camino al trabajo. ¿Quiere usted adivinar cuántos se detuvieron? *Siete*. Apenas la mitad de un 1% se liberó de su agobiada trayectoria al trabajo para escuchar la música. Para colmo de males, sólo veintisiete personas echaron dinero en el estuche. Joshua Bell gana unos $1.000 por minuto cuando se presenta en las salas de concierto. En su interpretación del metro consiguió $32 y algunas monedas.

¿Qué provoca una respuesta tan mediocre ante una representación tan fascinante? ¿Fue el cambio radical de lugar que impidió que la gente escuchara la música? ¿Acaso las restricciones de tiempo los obligó a no detenerse, por mucho que desearan hacerlo? Tal vez la parte del cerebro relacionada con lo habitual tuvo una influencia demasiado fuerte. Supongo que todos estos factores tuvieron *algo* que ver en lo que sucedió. Cualquiera que fueran las razones, la historia misma nos recuerda lo fácil que resulta hacernos de la vista gorda a la creatividad que reside en nosotros o en los demás, aunque la tengamos a un metro enfrente de nosotros.

El tema de este capítulo es la *creatividad,* y su objetivo consiste en animar a los predicadores a que activen el proceso creativo con mayor interés e impacto. La creatividad es la quinta y última de las Cinco C de la predicación.

El término «crear» procede del participio pasado *creatum,* una conjugación del verbo *creare*, «producir, hacer». Sin embargo, «creativo» implica más que hacer o fabricar. Si nos detenemos un poco para ser más formales en nuestra descripción de la palabra, podemos consultar con un consenso académico sobre su definición. La mayoría de los investigadores de la creatividad coincide en que la obra creativa exhibe por menos tres rasgos principales: la novedad, la calidad y la pertinencia.[3] Así que, uno manifiesta la creatividad al involucrarse en la interpretación o producción experta de aquello que es nuevo e innovador (novedad), excelente según el convenio de la comunidad y, por lo general, los colegas expertos (calidad), y el adecuado ámbito donde sucede

3. En el prefacio a *The Cambridge Handbook of Creativity*, James C. Kaufman y Robert J. Sternberg escriben: «La mayoría de las definiciones de las ideas creativas consta de tres componentes. Primero, las ideas creativas deben representar algo diferente, nuevo o innovador. Segundo, las ideas creativas son de calidad superior. Tercero, las ideas creativas deben ser también adecuadas a la tarea que se tiene entre manos o a alguna redefinición de la misma. Así que, la respuesta creativa es novedosa, buena y relevante» (xiii). Muchos consideran que Kaufman y Sternberg son dos de los investigadores actuales destacados en el tema de la creatividad.

**Las prácticas de la
predicación cristiana**

Figura 6.2. Las Cinco C: Creatividad

(pertinencia). Cuando esta definición se le aplica a la predicación significa que los predicadores creativos preparan y presentan sermones renovados, superiores en calidad y valiosos para la comunidad. Al tratar con la definición de una manera menos formal, me gusta la definición concisa de Ken Robinson respecto a la creatividad: «poner su imaginación a trabajar».[4] Los predicadores creativos ponen su imaginación a trabajar.

En este capítulo se presenta una breve historia de la creatividad, se discuten las oportunidades para practicarla en la predicación, se describen obstáculos que la impiden y se recomiendan ideas para practicarla en la predicación.

Una breve historia de la creatividad y su relevancia a la predicación

La creatividad tiene una historia larga y completa, tanto en la esfera religiosa como en la secular, de manera que lo que sigue es una corta y en gran parte una historia occidental de la creatividad. He dividido esta historia no científica en cinco fases: griega, judeocristiana, medieval y alta Edad Moderna (antes de 1950) y la Edad Moderna tardía (después de 1950).

La creatividad griega

Los filósofos griegos clásicos más conocidos trataron la creatividad y la imaginación con precaución y, a veces, con sospecha. Tanto Platón como Aristóteles creían que el arte siempre ocupaba el segundo lugar después de

---

4. K. Robinson, *Out of Our Minds*, 142.

la razón.[5] Platón reservó algunos de sus críticas más severas para los artistas. Estaba resuelto en marcarlos con una negatividad absoluta y hasta la hostilidad.[6] Aristóteles optó por la ambivalencia medida. Creía que la imaginación funcionaba como mediadora entre la sensación y la razón, dos facultades superiores.[7] Aunque él era más moderado, junto con Platón clasificó la razón muy por encima de la imaginación.[8]

La creatividad judeocristiana

Para entender y apreciar la creatividad en la cosmovisión judeocristiana, se debe empezar por el comienzo.[9] En Génesis 1, Dios creó el mundo *ex nihilo* (de la nada). Dios hizo a los seres humanos con la capacidad de crear, aunque ésta fuera limitada. Los humanos pueden formar algo de otra cosa, pero no de la nada. Las dos palabras principales en hebreo para «crear» aclaran las diferencias. El verbo hebreo *bara* significa crear algo *ex nihilo*. Aparece casi exclusivamente con respecto a la acción de Dios (p. ej., Gn. 1:1, 21, 27 [3 veces]; 5:1-2; Nm. 16:30; Dt. 4:32; Sal. 148:5; Is. 4:5; Mal. 2:10). Sólo Dios genera cosas nuevas de la nada. El segundo verbo hebreo, *yetser*, significa dar forma o moldear.[10] Los escritores del Antiguo Testamento lo usan para referirse a la

5. Apela a la razón dirigida a la verdad y a lo real, al tiempo que apela a la imaginación orientada a las imitaciones de la verdad y a las ilusiones de lo real. Véase Kearney, *Wake of Imagination*, 91-92. En el mundo de Platón, Kearney escribe: «Sólo la razón tiene acceso a las ideas divinas. Y, por su parte, la imaginación está condenada a permanecer en un seudomundo de las imitaciones». *Wake of Imagination*, 88.
6. En el Libro 10 de *The Republic*, Platón escribe: «La representación del artista está muy alejada de la verdad, y es capaz de reproducirlo todo porque nunca penetra bajo el aspecto superficial de cualquier cosa». En el mismo párrafo, Platón sugiere que los artistas suelen operar de la ignorancia y, a veces, contribuyen para engañar «a los niños o a los simples», porque sus imitaciones estafan a la gente confundiendo lo falso con lo real. Ver Platón, *Republic*, 396-405.
7. Aristóteles argumentó que el arte (p. ej. la poesía) *puede* tener una función positiva como bien social bajo una condición: resulta en la verdad y representar la realidad. *Poetics*, 37-39, 59-61.
8. Para ambos filósofos, escribe Kearney, «la imaginación sigue siendo ampliamente una actividad *reproductiva* y no *productiva*, una sierva y no una ama del significado, una imitación en vez de el origen». *Wake of Imagination*, 113 (cursivas originales).
9. Los investigadores de la creatividad Mark A. Runco y Robert S. Albert observan: «El concepto occidental más temprano de la creatividad fue el relato bíblico de la creación proporcionado en *Génesis*, al que le siguió la idea del artesano que hacía la obra de Dios en la tierra». «Creativity Research», 5. En palabras del historiador francés Jacques Le Goff, «Estudiar la imaginación de una sociedad es ir al corazón de su consciencia y su evolución histórica. Es ir al origen y a la naturaleza profunda del hombre, creado "a la imagen de Dios"». *Medieval Imagination*, 6.
10. Para leer un estudio léxico más completo de *yetser*, *bara*, otros términos para crear o imaginación, así como los cognados griegos del Nuevo Testamento, véase Searle, *The Eyes of Your Heart*, 32-34.

creación divina y humana.[11] Cuando se usa para la creación humana, *yetser* tiene usos positivos y negativos dependiendo a lo *que* se forme o se moldee.[12] Los seres humanos pueden moldear objetos comunes en la vida diaria, como represas (Is. 22:10), vasijas (Is. 29:16) o armas para la batalla (Is. 54:17), pero también pueden crear ídolos (Is. 44:9) y temperamentos negativos en sus corazones y sus mentes (Gn. 6:5; 8:21; Dt. 31:21; Is. 26:3).

La creatividad medieval durante el Renacimiento

Los padres de la iglesia combinaron percepciones de la teología cristiana y de la filosofía griega para formar su entendimiento de la creatividad. Los líderes influyentes de la iglesia como San Agustín y Tomás de Aquino argumentaron que «la criatura no puede crear por ella misma [*creatura non potest creare*]».[13] Dios es el que crea. Los seres humanos representan, imitan y reflejan la obra creativa de Dios. Los artistas y maestros «crean» de una forma decidida y disciplinada que supuestamente ha de reflejar una reverente separación entre el Creador y lo creado. La imaginación permanece «bajo la estricta supervisión de la razón y la revelación, para instruir a los fieles». Una imaginación indomada es vulnerable a «la pasión irracional (incluso la posesión demoníaca)».[14]

El cristianismo ortodoxo oriental impuso menos restricciones y sospechas sobre la creatividad. La iconografía surgió en la iglesia primitiva y sigue hasta el día de hoy. Por diversas razones demasiado variadas para repetirlas aquí, la mayoría de los cristianos ortodoxos experimentaron menos preocupación sobre la creación de imágenes artísticas para adorar. Aún así, los iconógrafos

---

11. En Génesis 2, Dios forma a los seres humanos a partir del polvo de la tierra (Gn. 2:7; cp. también Sal. 103:14), árboles (Gn. 2:9) y bestias salvajes (Gn. 2:16).

12. En una sección dentro de su texto clásico *Good and Evil*, Martin Buber escribe: La imaginación no es del todo mala, es buena y mala, porque en medio de ella y a partir de ella la decisión puede producir disposición del corazón hacia ésta, dominar el vórtice de la posibilidad y percatarse de la figura humana planeada en la creación, como no pudo hacer antes del conocimiento del bien y del mal [...] mayor peligro y oportunidad a la vez [...]. Unir las dos exhortaciones de la imaginación implica preparar la potencia absoluta de la pasión con la única dirección que la hace capaz de un gran amor y un servicio. Así que, y no de otro modo, puede el hombre llegar a ser completo. («The Good and Evil Imagination», 93, 97)

13. Pope, *Creativity*, 45. Para tener un entendimiento adicional sobre la imaginación según San Agustín, y, en particular, sobre su relato de ello en *De Genessi ad litteram*, ver Meconi y Stum, *Cambridge Companion to Augustine*, 130-31.

14. Como observa Keaney, «Muchos pensadores clásicos y medievales consideraban la imaginación como una facultad no fiable, impredecible e irreverente [...]. Como señaló Tomás de Aquino en una frase resonante, la imaginación hace que "todo sea distinto a lo que es"». *Poetics of Imagining*, 3.

nunca se consideraron «artistas» en el sentido moderno de la palabra. Durante los primeros siglos, los que hacían iconos se negaron a añadir su nombre a las obras que creaban, a diferencia del Occidente, donde los libros teológicos llevaban el nombre del autor. Fabricaban iconos como sacrificios a Dios y, en su opinión, lo que creaban era «la obra del Espíritu Santo y no de un hombre individual».[15] Finalmente, la iglesia del Occidente disminuyó *algunos* de sus temores respecto a las artes. Muchos de los grandes escultores y pintores, tanto en el Oriente como en el Occidente, no se veían como artistas, sino como artesanos.[16]

La creatividad en la alta Edad Moderna (antes de 1950)

A principios de la década de 1800, los entendimientos de la creatividad cambiaron de forma radical, de la colaboración colectiva a la inspiración individual. El artesano de la comunidad abrió paso a la personalidad artística en aislamiento.[17] El mundo académico empezó a influir sobre el poder de la imaginación.[18] A nivel popular, las condiciones eran casi perfectas para que «el mito del genio solitario» se arraigara, con su énfasis sobre la reclusión individual, el temperamento artístico y la enfermedad mental como inextricablemente vinculado a las formas superiores de la capacidad creativa.[19] El mito se entendía algo parecido a esto: el verdadero artista se compromete a la autoexpresión, la inconformidad, la reclusión y la originalidad, «elevándose a

15. Kearney, *Wake of Imagination*, 134.
16. «Hasta el final del siglo xv, en Europa —escribe Sami Abuhamdeh y Mihaly Csikszent-mihalyi— los grandes artistas y escultores seguían «considerándose meros artesanos» y la obra que realizaban «exigía la colaboración de varios individuos». «The Artistic Personality», 31. Arnold Hauser, el destacado sociólogo de arte, indica: «El estudio del artista al principio del Renacimiento sigue dominado por el espíritu comunitario de la logia masónica y el taller agremiado; la obra de arte no es aún la expresión de una personalidad independiente». *Social History of Art*, 54-55, citado en Abuhamdeh y Csikszentmihalyi, «Artistic Personality», 31.
17. Para usar la imaginería de M. H. Abrams en *The Mirror and the Lamp*, el paradigma cambió del espejo a la lámpara, de la creatividad como representación y reflejo (espejo) a la creatividad como expresión individual y la producción (lámpara). Kearney usa las mismas metáforas para describir el cambio. Escribe: «El paradigma *mimético* de imaginar queda sustituido por el paradigma *productivo* [...]. Ahora se estima que la imaginación es capaz de inventar un mundo por sus recursos humanos, un mundo que no responde a ningún poder superior a sí mismo. O, para citar la metáfora canónica, la imaginación deja de funcionar como un espejo que refleja alguna realidad externa y se convierte en una lámpara que proyecta su propia luz, internamente generada, a las cosas». *Wake of Imagination*, 155.
18. Kearney apunta a un número relevante de pensadores de los siglos xix y xx, de varios países, que escribe sobre la imaginación en los ámbitos de la filosofía o la poesía: Immanuel Kant, Friedrich Wilhelm, Joseph Schelling, Johann Gottlieb Fichte, Samuel Coleridge, Charles Baudelainre, Gaston Bachelard y Paul Ricoeur. Véase Kearney, *Poetics of Imagining*, 1-6, 98-101, 165-77.
19. Véase también Montuori y Purser, «Deconstructing the Lone Genius Myth».

las fuerzas limitadoras y reprimientes de las masas conformes».[20] Ya en el período romántico, Dean Keith Simonton observa que «la noción del genio loco se había convertido en el dogma verdadero».[21] Hacia fines del siglo XIX, indica Simonton, muchos expertos en la psicología, incluso el criminólogo italiano Cesare Lombroso, argumentaban que el genio sufría de un «desorden mental» que podía atribuirse a una «neuropatología congénita».[22] En otras palabras, *la idea occidental moderna de la creatividad de predisposición individualista, basada en la personalidad del genio solitario, llega a nosotros como fenómeno reciente.* El sustantivo «creatividad» no apareció en el *Oxford English Dictionary* hasta 1875 y no se popularizó ampliamente hasta las décadas de 1940 y 1950.[23]

La creatividad de la Edad Moderna tardía (después de 1950)

El año 1950 representa un importante punto de cambio en la obra de la creatividad moderna, en especial en la psicología social. El discurso presidencial de

20. Montuori y Purser, «Deconstructing the Lone Genius Myth», 74.

21. Simonton, *Greatness*, 284. Que los pensadores grecorromanos tempranos relacionaran la genialidad con la «locura», no hizo más que contribuir al problema de la mitología de la creatividad. Aristóteles creía que todos los grandes políticos, poetas y artistas compartían «tendencias hacia la melancolía». *Problems,* Libro 30, línea 1, en Ross y Smith, *Works of Aristotle,* 953a. En «Of Peace of Mind», Séneca también afirmó: «Si confiamos en Aristóteles, no ha habido gran genio que no haya tenido un toque de locura» (287). Véase también Simonton, *Greatness,* 284. El poeta inglés del siglo XVII, John Dryden, también sembró semillas para la mitología cuando escribió en 1681: «Los hombres de mucho ingenio están abocados a que la locura sea casi su aliada, y sus vínculos dividen particiones muy delgadas». «Absalom y Ahithophel», en Hammdon, *Poems of John Dryden,* 469. Véase también la cita de Dryden en Simonton, *Greatness,* 284.

22. Según Simonton, el libro de Lombroso «confirmó con énfasis que el genio sólo podía vincularse a la "psicosis degenerativa", en especial la del "grupo epileptoide"». *Greatness,* 285. En 1891, Lombroso escribió: «La frecuencia de los engaños, por sus caracteres multiformes de características degenerativas, la frecuencia de la pérdida de afectividad, de herencia, con mayor particularidad en los hijos de padres borrachos, imbéciles, idiotas y, por encima de todo, el carácter peculiar de la inspiración, muestran que el genio es una psicosis degenerativa del grupo epileptoide». *Man of Genius,* 359. Tristemente, el mito del genio loco no acaba con Lombroso y sus colegas del siglo XIX, sino que prosigue hasta el día de hoy. Como psicólogo social e investigador de la creatividad, James C. Kaufman observa: «La idea del genio loco (sobre todo la del artista loco) ha prevalecido en la literatura de investigación durante más de cien años (p. ej., Lombroso, 1891) [...]. A pesar de las pruebas empíricas, la mayoría de la gente cree en la teoría del genio loco. Su imagen o la del artista atormentado persiste en los medios de información, en la cultura popular y en la psicología». *Creativity 101,* 124-25.

23. Rob Pope observa: «Es un hecho llamativo que el nombre abstracto de la «creatividad» no fuera corriente de manera generalizada hasta la década de 1940 y 1950 (no apareció en todas las ediciones de 1933 de *The Oxford English Dictionary*), cuando se utilizó se recurrió a éste en contextos y con aplicaciones altamente específicas en ese tiempo. A este respecto, "creatividad" (estrechamente concebido) es un producto de mitades del siglo XX y del Occidente moderno». *Creativity,* 19.

J. P. Guilford frente a la Asociación de Psicólogos Estadounidenses de aquel año inició el movimiento académico.[24] Desde aquel momento, la investigación de la creatividad moderna ha crecido en un grado exponencial, mediante propuestas de nuevas teorías por parte de los investigadores,[25] la colaboración de eruditos para publicar nuevas revistas académicas[26] y, por lo menos, algunos teóricos que retan los entendimientos occidentales.[27]

Los siglos XX y principios del XXI han visto un aumento rápido en la investigación de la creatividad.[28] Según R. Keith Sawyer, la investigación de la creatividad ha experimentado, como mínimo, tres importantes cambios desde Guilford. En las décadas de 1950 y 1960, se enfocó en las *personalidades* de

24. En ese discurso, Guilford lamentaba la falta de investigación erudita sobre la creatividad en los periódicos académicos, analizó posibilidades de abrir nuevos ámbitos de erudición y resaltó las importantes relaciones entre la creatividad y la educación. Pope alude a Guilford como «el fundador de la investigación de la creatividad moderna». *Creativity*, 19. Kaufman observa: «Antes de Guilford, menos de 0,2 % de todas las entradas de *Psychological Abstracts* se concentraba en la creatividad. Ayudó a avanzar el campo». *Creativity 101*, 11. Unos años más tarde, en 1956, Guilford propuso una Estructura de Modelo Intelectual de la creatividad que sigue ejerciendo influencia hoy, cuando los psicólogos analizan diferencias entre el pensamiento convergente y divergente.

Véase Guilford, *Intelligence, Creativity, and Their Educational Implications*. Véase también Baer, *Domain Specificity of Creativity*, 8, 105-12; Kaufman, *Creativity 101*, 13-15.

25. En 2010, Aaron Kozbelt, Ronald A. Beghetto y Mark A. Runco señalaron al menos diez categorías *principales* de teorías de la creatividad en su campo, en «Theories of Creativity». Aquí sólo mencionaré algunas de las teorías más populares e influyentes. En *Creativity in Context*, Teresa Amabile presenta un modelo que resalta cómo los factores sociales (p. ej., la motivación) moldea la creatividad. En *Flow*, Mihaly Csikszentmihalyi sugiere un modelo sistémico de creatividad que consta de dominio, campo e individuo. En su artículo «Toward a Broader Conception of Creativity», Ronald Beghetto y James C. Kaufman ofrecen un modelo multidisciplinario de 3-C de la creatividad para distinguir diversos tipos: C grande, c pequeña y c muy pequeña. En «Bridging Generality and Specificity», John Baer y James C. Kaufman proporcionan un modelo que denominan Amusement Park Theory. R. Keith Sawyer resalta la importancia de una creatividad improvisacional grupal a través de lo que él denomina «emergencia colaborativa». *Explaining Creativity*, 4. Véase también Sawyer, «Individual and Group Creativity», 366-80.

26. Algunas de las revistas académicas más recientes son *Creativity Research Journal, The Journal of Creative Behavior, Empirical Studies of the Arts*, y *Imagination, Creativity, and Personality*.

27. Por ejemplo, Todd Lubart ha escrito un capítulo fascinante de un libro, que trata sobre la relación entre el mito del genio solitario y el énfasis occidental sobre el individualismo frente al colectivismo. En las culturas colectivistas de otras partes del mundo, la sociedad no eleva a las «personas especiales» al nivel de sabio creativo. Lubart escribe: «En contraste, según algunos informes de otras culturas, todo el mundo es creativo por naturaleza, en todas las actividades de la vida, de tal manera que en sí misma la pregunta de nominar a personas creativas es extraña y, con frecuencia, no obtiene respuesta». «Cross-Cultural Perspectives on Creativity», 269-70. Véase también la explicación de James C. Kaufman sobre cómo se entiende la creatividad en Oriente y en Occidente en *Creativity 101*, 155-59.

28. Sawyer, «Emergence of Creativity». 453. Véase también Sawyer, *Improvised Dialogues*.

algunas de las personas más creativas de la sociedad. En las décadas de 1970 y 1980, se adoptó en mayor medida un planteamiento *cognitivo* centrado en «los procesos mentales internos que se producen mientras las personas están involucradas en la conducta creativa». En las décadas de 1980 y hasta la de 1990, se adoptó un enfoque *sociológico* que enfatizaba las condiciones en las que o florecía o languidecía la creatividad.

Relevancia para la predicación

¿Qué tiene que ver, pues, la investigación de la creatividad con la predicación? Más de lo que pensamos. En las últimas décadas, varias personas dedicadas a la homilética han establecido un diálogo sobre los entendimientos modernos de la creatividad y la imaginación con la predicación.[29] En realidad, la lista de los que han escrito sobre la imaginación y la predicación es bastante larga.[30] En vez de repetir lo que otros han dicho sobre la homilética, presento mis propias perspectivas. A continuación, se discuten las oportunidades para practicar la creatividad, los obstáculos que la impiden, y se ofrecen algunas ideas para cultivarla en la predicación.

Oportunidades para practicar la creatividad en la predicación

En su libro *Predicando con pasión*, Alex Montoya argumenta que los predicadores deben aprender a ser «artistas hábiles». Escribe: «La predicación es un arte, no tan sólo una acción. Hace mucho que las congregaciones han superado el orden de predicar que consiste de una simple conferencia desde el púlpito sobre la Biblia y de "participar de unos bocadillos" de la Palabra».[31] Un predicador sin buena imaginación es como un concertista de piano sin tres octavas en el piano. Se puede interpretar *técnicamente* una sonata con

29. Para leer una visión de conjunto de la imaginación y la predicación, véase Lose, «Imagination and Preaching».
30. Aunque la *creatividad* aparece con frecuencia en los libros de texto de homilética, las conversaciones sobre la *imaginación* recurren con mayor frecuencia en los debates homiléticos. Por supuesto, se pueden detectar que muchas veces se sobreponen estos dos términos. Barbara Brown Taylor ha escrito sobre desarrollar «la imaginación de cada día»; Thomas H. Troeger sobre la necesidad de la «teología imaginativa»; Mary Catherine Hilkert, sobre el valor de la «imaginación sacramental»; Pablo Scott Wilson, sobre la «imaginación del corazón»; Richard Eslinger, sobre la conexión entre la narrativa y la imaginación; Geoff New sobre la importancia de la predicación imaginativa; Walter Brueggemann, sobre la «práctica de la imaginación profética». Estos sólo son algunos de los que han escrito sobre estos temas. Ver B. Taylor, *Preaching Life*, 15; Wilson, *Imagination of the Heart*; Hilkert, *Naming Grace*; Eslinger, *New Hearing*; New, *Imaginative Preaching*; Brueggemann, *Practice of Prophetic Imagination*.
31. Montoya, *Predicando con pasión*, 84.

veinticuatro notas menos, pero ¿qué tan hermosa realmente puede ser la música sin toda la gama completa de posibilidades? A pesar de lo talentoso que sea el músico, una escala limitada reprime la creación de una bella música. Los predicadores necesitan las notas que están acostumbrados a usar —exegética, bíblica, lógica, práctica, etc.— pero también necesitan tener acceso a las notas de su imaginación. ¿Qué ocurre cuando no podemos conectarnos con nuestra imaginación? Eso nos perjudica más de lo que pensamos. Amos N. Wilder escribe: «Cuando la imaginación falla, la doctrina se endurece, el testimonio y la proclamación se vuelven como la madera, las doxologías y las letanías están vacías, las consolaciones huecas y la ética es legalista».[32] En otras palabras, perdemos la vitalidad y el dinamismo de nuestro testimonio cristiano. ¿De verdad necesita el mundo más predicaciones menos coloridas y aburridas?

Pues, ¿cómo expandimos nuestra capacidad imaginativa como predicadores? Para contestar esta pregunta y además acercarnos a un estado de ánimo más creativo en la predicación, permítame sugerir cinco posibilidades para ampliar nuestro registro imaginativo: el bíblico, el poético, el teológico, el profético y el pastoral.

Expandir nuestra imaginación bíblica

¿Cómo puede expandir un predicador su gama de imaginación bíblica? *Involucrando a los lectores en el mundo del texto bíblico.* Ésta es una estrategia tangible. Algunas tradiciones de predicación ya saben hacer esto bastante bien. Históricamente, la predicación afroamericana se ha destacado en implicar a la comunidad de fe en el mundo de la Biblia. Richard Lischer observa: «Las crueldades de la esclavitud hicieron obligatorio que los afroamericanos no dieran *un paso atrás* sino que *entraran en* el Libro y su legendario mundo de las relaciones personales de Dios con los que están en apuros».[33] En semejante contexto, la tarea del predicador consistía en invitar a participar a la comunidad de fe en ese mundo. Lischer escribe que el mundo del predicador no «corresponde meramente con el de la Biblia; está *integrado* en la Biblia».[34]

Enlistar a los oyentes en el mundo del texto significa que el pastor les ayude a verse como participantes y no como espectadores pasivos. Con ese fin, hay que hacerse estas preguntas, ¿lleva su predicación a la gente a experimentar el desierto por donde Agar anduvo vagando sola, a la orilla del mar Rojo cuando se partió, a la hendidura en la roca cuando el Señor pasó por delante de Moisés, a los campos donde Ruth espigó el trigo, al palacio solitario donde

32. Wilder, *Theopoetic*, 2.
33. Lischer, *Preacher King*, 200 (cursivas originales).
34. Lischer, *Preacher King*, 200-201.

Figura 6.3. Formas de practicar la creatividad

Ester arriesgó su vida, a la cueva donde Jesús nació, al jardín donde Jesús sudó gotas de sangre la noche antes de su muerte, a la cruz donde colgó o a la tumba que dejó vacía el Domingo de Pascua? La predicación creativa lleva a los oyentes a la historia bíblica, de la manera en que les importaba en ese entonces también les es importante ahora. Los incorpora al mundo del texto.

La predicación creativa lleva a los oyentes a la historia bíblica, de la manera en que les importaba en ese entonces también les es importante ahora.

Hay demasiados sermones que suenan como informes históricos con datos del pasado. El que emplea la creatividad une los mundos: el del texto bíblico y donde la gente vive su vida. Los predicadores les muestran a sus oyentes cómo este mundo se relaciona con ése y también involucra a los que viven este mundo en las historias de los que vivieron en ese mundo.

Osvaldo L. Mottesi afirma que una imaginación activa le concede al predicador la capacidad «de reproducir, aún en sus detalles más mínimos, los cuadros multiformes que la Biblia nos presenta y de caminar en las sandalias de los personajes bíblicos, es decir, entrar en "sintonía existencial" con el mundo bíblico».[35] ¿Cuándo fue la última vez que les ayudó

---

35. Esta es la cita en su contexto: «Con ella [la imaginación], somos capaces de reproducir, aun en sus detalles más mínimos, los cuadros multiformes que la Biblia nos presenta o caminar

usted a sus oyentes a ponerse en el lugar de los autores de la Biblia o en el
de los personajes mismos de los relatos? Mi idea no consiste aquí en sugerir
que los predicadores deben usar su imaginación para afirmar cualquier cosa y
todo lo que ellos quisieran. Mottesi advierte que una imaginación fantástica
es «buena para la ciencia ficción, pero no para la predicación».[36] Mi idea es,
más bien, dirigir a los predicadores para que «recorran de arriba abajo toda la
calle donde reside un texto» y no sólo hacer el informe de un acontecimiento
antiguo que sucedió miles de años antes.[37]

Expandir nuestra imaginación poética

De vez en cuando, los jóvenes predicadores le preguntaban a Gardner C.
Taylor, uno de los grandes predicadores estadounidenses del siglo xx, por
qué no cantaba ni gritaba cuando predicaba. Cantar, salmodiar y gritar
hacia el final de los sermones son cosas populares en muchos círculos negros
de la predicación, en especial entre los predicadores tradicionales. Taylor
respondía: «¡Sus palabras deben cantar!».[38] Permítame sugerirle que «la
forma principal de expandir su imaginación poética es *invertir su tiempo
y su energía en hacer que sus palabras "canten"*». Dedíquese a elaborar un
lenguaje sermonístico conocido por su cuidado, su precisión y su habilidad.
Las palabras son más poderosas de lo que pensamos. Como nos recuerda
el escritor de Proverbios: «En la lengua hay poder de vida y muerte; los que
la aman comerán de su fruto» (Pr. 18:21). Las palabras tienen el poder de
vida y de muerte.

---

en las sandalias de los personajes bíblicos, es decir, entrar en "sintonía existencial" con el mundo
bíblico». Mottesi, *Predicación y misión*, 233.

36. Mottesi escribe que una «imaginación fantástica es buena para la ciencia ficción, pero no
para la predicación». *Predicación y misión*, 233. Barbara Brown Taylor expone un argumento
similar cuando escribe: «La Biblia nos recuerda que no somos libres de imaginar cualquier
cosa que nos guste. No podemos imaginar que Dios hable sólo por medio de gatos negros,
por ejemplo, o que girar tres veces sobre uno mismo antes de salir por la puerta principal nos
protegerá del mal cada día. Al mantenernos arraigados en nuestra tradición histórica, la Biblia
nos ayuda a conocer la diferencia entre la imaginación y el engaño; anclando nuestra imaginación a la de todo el pueblo de Dios, la Biblia nos enseña a imaginar al Dios que fue, que es
y que será». *Preaching Life*, 53-54.

37. Gardner C. Taylor lo expresa de esta forma: «Un sabio predicador de otra generación
también sugirió que se debería "recorrer de arriba abajo toda la calle donde reside un texto".
El terreno circundante debería tomarse en cuenta. ¿Cómo es la manzana donde está ubicado
el texto? [...]. ¿Se escucha música ligera y alegre en el vecindario del texto o hay cadencias so-
lemnes de tiempos tristes y afligidos?». «Shaping Sermons by the Shape of Text and Preacher»,
en G. Taylor, *Words of Gardner Taylor*, 5:45-46.

38. Alcántara, *Learning from a Legend*, 65. Véase también Massey, «Composing Sermons
That Sing!».

Si el evangelio nos llega en lenguaje poético con bastante frecuencia, ¿no debería su predicación presentársenos también en formas poéticas? Tal vez esté usted acostumbrado(a) a un enfoque más de «estilo sencillo». Si éste es su contexto, es posible que tenga que errar más del lado de la precisión que de lo artístico. Aún así, todo predicador debe amar el sentido y el sonido de las palabras. Como observa Ángel Mergal: «El sermón es más que arte, pero nunca puede ser menos que arte. Si es menos que arte, ni será arte ni sermón».[39] Recuerde que Dios declaró el mundo por medio de palabras: «Y Dios dijo…». Si las palabras son importantes para Dios hasta el punto de usarlas para hacer existir nueva vida, entonces, quizá, deben serlo para nosotros también.

Algunos predicadores vienen de una tradición en la que recibieron una formación homilética temprano en un estilo retórico. En *I Believe I'll Testify* (Creo que lo testificaré), Cleophus J. LaRue observa: «A los negros se les enseña muy temprano a amar las palabras, cómo suenan, cómo se sienten, cómo crean la realidad y cómo dan voz a la expresión más profunda del ser interno propio».[40] Un predicador con una imaginación poética activa observa con cuidado palabras con el fin de ser más eficiente en la predicación. Tal vez, a la mayoría de ellos le gustaría ser conocida por su capacidad de observar con cuidado las palabras de sus sermones: *qué* palabras pronuncian y *cómo* lo hacen.[41] Esto le podría exigir que escriba palabra por palabra en un manuscrito, ir incorporando más elementos retóricos o realizar una exégesis de las imágenes y las metáforas del texto en vez de ideas abstractas solamente. Para convertir su discurso en cántico, póngase como meta examinar las palabras que escoge y la forma de pronunciarlas.[42]

Expandir nuestra imaginación teológica

En el mejor de los casos, la teología aclara nuestra visión de Dios, de la humanidad, del mundo y de la eternidad. Una imaginación teológica expandida *invita a los congregantes a abandonar una visión falsa de la realidad y a aceptar una visión de la realidad moldeada por Dios.* Nos provee una

---

39. Mergal, *Arte cristiano de la predicación*, 47.
40. LaRue, *I Believe I'll Testify*, 93.
41. En palabras de Gardner C. Taylor, «¿Son baratas las palabras? Eso depende de si nosotros las hacemos baratas o no». Como se cita en Salquist, *Classroom Classics*, 80.
42. Leonard Sweet observa que muchos oyentes postmodernos se ven mucho más atraídos por imágenes y metáforas que por la abstracción y la proposición. Escribe: «Las proposiciones se pierden en los oídos postmodernos, pero escucharán la metáfora; verán las imágenes y las comprenderán. Los diccionarios de imágenes están reemplazando a los de palabras, y los bancos de imágenes se están volviendo tan valiosos como los bancos de dinero (sólo hay que preguntarle a Bill Gates)». *Post-Modern Pilgrims*, 86.

receta prescriptiva. La gente a la que le predicamos están constantemente bombardeadas por falsas visiones del éxito, el placer, la realización, el deseo, el autoimagen y la felicidad. Si somos sinceros, nosotros también sufrimos de lo mismo. Estas falsas ilusiones compiten por nuestra atención y son tan sutiles y dominantes que no logramos entender lo mucho que nos mantienen cautivos.

Una imaginación teológica activa obliga a los predicadores y los oyentes por igual a abandonar falsas visiones de cómo *parece ser* la vida con el fin de que adoptemos una visión del Reino de cómo es en realidad. Barbara Brown Taylor afirma que, en su mera naturaleza, la fe es «el abandono de un conjunto de imágenes y la aceptación de otro. Es cuestión de aprender a ver el mundo, los unos a los otros, y a nosotros mismos como nos ve Dios y a vivir como si su realidad fuera la única que importara».[43] Al asistir a abrir los ojos de la fe, el predicador ayuda a los oyentes a despojarse de una visión que arruina y destruye tanto el alma como la sociedad. La imaginación teológica activa nos despierta a lo que importa de verdad y para la eternidad. Como lo explica Kevin Vanhoozer, «[la teología] se trata totalmente con el despertarse a lo real, a lo *que es* [...] específicamente, a *lo que está "en Cristo"*».[44]

> *En su mera naturaleza, la fe es «el abandono de un conjunto de imágenes y la aceptación de otro».*
>
> —Barbara Brown Taylor

¿Qué es una visión de la realidad inspirada por Dios? La respuesta exige más tiempo y espacio de lo que se le pueden dedicar aquí, pero por motivos para aclarar el tema, permítame sugerir varias posibilidades. Una visión moldeada por Dios ve, honra y dignifica a los que son ignorados por la sociedad, como los indocumentados, las viudas, los huérfanos, los enfermos mentales y las personas con discapacidad. Pone nombre al pecado y lo expone tal como es, esté en nosotros o en otros —la «perturbación culpable del *shalom*»— y procura avanzar la visión de Dios para el *shalom* en el mundo, a través de los seguidores de Cristo, quienes actúan con justicia, aman la misericordia y caminan humildemente con Dios (Mi. 6:8).[45] Se enfrenta a los ídolos que

---

43. B. Taylor, *Preaching Life*, 42 (cursivas originales). Véase también la definición de James D. Whitehead: «La fe es la capacidad perdurable de imaginar la vida de cierta forma». «La imaginación religiosa» citada en B. Taylor, *Preaching Life*, 42.

44. Vanhoozer, «In Bright Shadow», 97.

45. Cornelius Plantinga define el pecado como la «perturbación culpable del *shalom*; es decir, culpable a los ojos de Dios». *Not the Way It's Supposed to Be*, 18. Según Kenyatta Gilbert, la tarea de los predicadores consiste en «nombrar la realidad en una cultura sin oído musical». Para explicar en detalle lo que quiere decir, Gilbert escribe: «Nombrar la realidad es identificar las causas raíces de la injusticia, señalar de forma concreta los lugares donde las poblaciones más

adoramos de forma individual y corporativa, exigiéndonos a que escojamos a Dios, quien nos ha creado, en vez de los dioses que hemos fabricado para nosotros mismos. Esa visión anhela a los seres humanos, en especial a los inferiores, a los solitarios y a los perdidos, para que experimenten una relación restaurada y reconciliada con Dios y con los demás. Toma nuestros marcadores más apreciados de identidad y *no* nos pide que los borremos —gracias a Dios —, pero *sí* nos pide que los reorientemos y los reestructuremos de tal manera que Cristo pueda ocupar el lugar central. Esa visión intercede por lo que nuestro Señor Jesús les enseñó a los discípulos que pidan: «Venga tu reino, hágase tu voluntad en la tierra como en el cielo» (Mt. 6:10).

Expandir nuestra imaginación profética

La imaginación profética funciona de un modo muy similar a la imaginación teológica en que indica cómo son las cosas verdaderamente en Cristo, pero también le pone otra importante capa a la versión cristiana de la realidad: visualiza el futuro de Dios que se manifiesta en nuestro presente. Los predicadores con imaginación profética *invitan a los oyentes a que acepten la esperanza futura de que el Dios de la creación también es el Dios de la nueva creación*. La fe bíblica exige una visión escatológica. Así es como Barbara Brown Taylor lo expresa en *The Preaching Life* (La vida que predica): «En la fe, nos imaginamos completos, amando a nuestros vecinos, lavados y alimentados por Dios, imaginamos la creación en paz, el aliento de Dios que coincide con el nuestro, su corazón que late en el corazón del mundo».[46]

Piense en Job. Requirió una fuerte imaginación teológica para afirmar en medio del sufrimiento: «Yo sé que mi redentor vive». Sin embargo, también le fue necesario tener una viva imaginación *profética* para creer que «al final él triunfará sobre la muerte. Y, cuando mi piel se haya destruido, todavía veré a Dios con mis propios ojos» (Job 19:25-26). Job creía en un futuro que se manifestaría en el presente, pero también vivía como si ya hubiera amanecido. En un sentido, llevaba el futuro esperanzador de Dios en el presente lleno de dolor. La imaginación profética insiste en que de alguna manera la nueva creación ya se ha manifestado en el presente mismo y, en especial, en medio de situaciones desesperadas.

En su forma ideal, la predicación profética no consiste en dichos moralistas contra la cultura o una especie de predicación de acción social que impone cargas pesadas que son imposibles de llevar. Se requiere una visión

---

vulnerables de la sociedad están atrapadas en los vientos cruzados de la avaricia, la violencia y los abusos de poder». *Exodus Preaching*, 67.
46. B. Taylor, *Preaching Life*, 50.

más expansiva y llena de esperanza. Según el erudito del Antiguo Testamento, Walter Brueggemann, los que predican con imaginación profética se atreven a hacer la aserción llena de fe de que la luz divina ha amanecido sobre circunstancias dolorosas y a veces imposibles. Brueggemann describe la imaginación profética en la predicación como «la representación de la esperanza en los contextos de pérdida. Es la declaración de que Dios puede decretar un *novum* entre nosotros, aun cuando lo hayamos juzgado imposible».[47]

Considere a Nelson Mandela, quien sobrevivió veintisiete años de encarcelamiento, dieciocho de los cuales los pasó en Isla Robben. Yo mencioné a Mandela en el capítulo donde se explica la práctica de la convicción. El gobierno de Sudáfrica lo mandó encarcelar en 1964 por su activismo antiapartheid. En Isla Robben, sobre todo en los primeros años, los guardias lo sometieron a él y a sus colegas a un trato inhumano: celdas pequeñas, cubos para hacer sus necesidades, trabajo en la cantera picando piedras, nada que leer y varios viajes a la celda de aislamiento. Sin embargo, Mandela se negaba a tratar a los guardias como ellos lo hacían con él. Aún cuando no parecía que los cambios llegaran, él actuaba como si así fuera. Con todos se comportó como si ya estuviera viviendo en la nueva Sudáfrica.[48] Esto es imaginación profética.

Expandir nuestra imaginación pastoral

No le predicamos a un grupo genérico de cualquier tipo de personas, sino a uno en particular, en un momento concreto. Según 1 Juan 3:1, los predicadores y los oyentes por igual son hijos de Dios *ahora mismo* (no en un futuro de más allá), por el amor de Dios por nosotros en Cristo. Aún así, el versículo siguiente nos recuerda el por qué debemos mantener una imaginación pastoral activa: «Queridos hermanos, ahora somos hijos de Dios, pero todavía no se ha manifestado lo que habremos de ser. Sabemos, sin embargo, que cuando Cristo venga seremos semejantes a él, porque lo veremos tal como él es» (1 Jn. 3:2). Observe de manera especial la frase «pero todavía no se ha manifestado lo que habremos de ser». ¿De qué forma activan los predicadores su imaginación pastoral? *Recuerde que sus oyentes son siempre más de lo que parecen ser.* Son hijos de Dios ahora mismo y lo que serán no se ha dado aún a conocer.

Cuando yo era adolescente, Peggy Fullman fue mi mentora. Servía como pastora de educación cristiana en mi iglesia local y estaba en los concilios de ordenación de nuestra denominación. Después de responder yo al llamamiento del ministerio pastoral, a la edad de dieciocho años, le hacía preguntas sobre el ministerio de la iglesia cada vez que regresaba a casa de la universidad,

---

47. Brueggemann, *Practice of Prophetic Imagination*, 110.
48. Katongole y Rice, *Reconciling All Things*, 97.

para mis vacaciones. En una ocasión, nuestra conversación cambió al trabajo que ella hacía en los concilios de ordenación. Cada vez que el concilio se reunía con el candidato presunto, el comité se juntaba en la segunda planta de la oficina denominacional. Cuando le tocaba a ella, siempre le planteaba la misma pregunta a cada candidato. Le pedía que mirara por la ventana a las personas que se pasaban caminando en direcciones opuestas, y le preguntaba: «¿Qué ve?». Entonces ella me decía: «Su respuesta a esa pregunta siempre me ha indicado lo productivos que serían en el ministerio pastoral. Si contestan cosas como: "Esas personas están hechas a imagen de Dios" o "personas a quienes Dios ama" o "personas por las que Cristo murió" estaría bien. Si sus respuestas eran más abstractas, distanciadas o desapegadas, era entonces cuando necesitaba hacer un seguimiento con más preguntas de investigación».

Sin duda, a los predicadores les resulta difícil ver así a la gente todo el tiempo —como Dios las ve— sobre todo cuando se trata de seres humanos para quienes se requiere gracia adicional. Sin embargo, los pastores *tienen* que creer que Dios está haciendo mucho más de lo que ellos son capaces de ver. El ministerio pastoral a largo plazo exige una rica imaginación pastoral para las personas a quienes les ministramos. De otro modo, se instalan la desilusión o el desánimo y se empaña nuestra capacidad de ver a la gente a través de los ojos de fe.

Obstáculos para practicar la creatividad en la predicación

Imagínese por un momento que toma un paseo por una pista para bicicletas. Usted quiere encontrar la velocidad adecuada, llegar a su destino y disfrutar de la ocasión, y todo a la misma vez. Si el paseo va bien, usted no tendrá que *pensar* en lograr ninguna de estas cosas. Experimentará a lo que el investigador de la creatividad Mihaly Csikszentmihalyi se refiere el «fluir» o la capacidad de concentrarse en una actividad y absorberse en ella por completo, de tal manera que se realiza sin esfuerzo y sin impedimentos.[49] Ahora, imagine que la senda es difícil. Le exige gran esfuerzo y está llena de obstáculos. Parece que de un kilómetro a otro usted se encuentra con rocas irregulares, superficies resbalosas, ramas bajas o árboles caídos que requieren que uno se baje de la bicicleta en diversos puntos. Al hacer el paseo, lo último que siente es el fluir. Los obstáculos le impiden que usted tenga una experiencia ideal.

De forma similar, existen diversos obstáculos en la predicación que no nos dejan experimentar el fluir.

49. Ver Csikszentmihalyi, *Flow*.

Una percibida falta de creatividad

En primer lugar, los predicadores mismos se impiden psicológicamente ser creativos cuando repiten el refrán común: «Pero yo no soy creativo». Muchos predicadores lo afirman por la misma razón que otros: creen que la creatividad es un campo especializado reservado para las personalidades artísticas o asocian la creatividad con la música, la pintura, la danza o narrar historias. Ellos mismos se dicen que jamás serán tan creativos como los verdaderos artistas. Por supuesto, buena medicina es admitir que jamás cantaremos como Mahalia Jackson ni pintaremos como Joan Miró, ni bailaremos como Mikhail Baryshnikov ni escribiremos como Isabel Allende. Yo podría tratar de imitar a Charlie Parker, pero jamás seré capaz de cambiar la música de *jazz* como él lo hizo. El mundo debe reconocer y celebrar a los artistas que expanden barreras, sobrepasan generaciones, y debe distinguir entre el arte que moldea la historia y el arte cotidiano. Sin embargo, el homenaje cultural y el reconocimiento histórico no se requieren para ser creativos, en especial si uno cree que está hecho a la imagen de Dios. ¿Puede reconciliar un predicador la frase «Pero yo no soy creativo» con la capacidad regalada de Dios en la creación para que nosotros formemos y moldeemos (*yetser*) el mundo? Los seres humanos siempre forman y moldean aunque no se den cuenta de que lo están haciendo. La creatividad de todos los días sigue siendo creatividad, aun cuando su resultado no sea aplaudido. Tal vez la frase «Pero yo no soy creativo» venga de ser socializado como parte del mito del genio solitario y su énfasis excesivo en la obra excepcional, individualista, inestable y desafiante de la cultura de los inadaptados sociales. Los predicadores, más que la mayoría de la gente, deberían saber cuánto están formando y moldeando. Están constantemente creando algo.

No podemos alcanzar nuestros límites de la creatividad en la predicación y lograr el flujo que deseamos si primero no creemos que poseemos *cierta* medida de potencial creativo y hasta de la capacidad de ponerla en práctica. Hay que reconocer que quizás esa creatividad no muestre el mismo aspecto que la creatividad artística celebrada más ampliamente en la sociedad, pero sigue siendo creatividad. El potencial creativo no procede de la privilegiada distribución de expertos. Todo el mundo tiene potencial creativo. Como nos recuerda el educador británico investigador Ken Robinson: «Cada uno tiene enormes capacidades creativas como resultado natural de ser humano. El desafío consiste en desarrollarlas». Robinson lo compara con un escenario en el que alguien declara no poder leer o escribir. Uno no supone que esa persona carezca de la capacidad de poder hacerlo; se supone que nunca aprendió y que nadie le enseñó. «Es lo mismo con la creatividad», él escribe, «Cuando la gente me dice que no son creativas, supongo que todavía no han aprendido lo que eso involucra».[50]

Una percibida falta de fidelidad al texto

El segundo obstáculo en la pista para bicicletas es otro refrán común y repetido con frecuencia: «Pero los predicadores creativos no son predicadores fieles». Muchos de ellos se preocupan de que, en cierto modo, se desuíen de la responsabilidad que tienen de ser fieles al texto bíblico (o textos bíblicos) que predican y al evangelio que administran. Por esta razón (y otras), hay demasiados predicadores que temen la imaginación. Cuando ellos se ven arrinconados, se apegan a la deducción y la proposición lógica en vez de la imaginación y la creatividad. Estas inquietudes son difíciles de vencer y no son nuevas. ¿Recuerda la sospecha de Platón respecto a la imaginación y su desdén por los artistas? Creía que la imaginación era engañosa y que la razón siempre triunfaba. Según él, las súplicas a la razón resultaban en la verdad y lo real. Las súplicas a la imaginación los llevaban a las imitaciones de la verdad y a las ilusiones de lo real. Algunas traducciones de la Biblia, tal vez fueron influidas por opiniones platónicas, hicieron más probable la visión negativa de la imaginación. Por ejemplo, alguna versión de la Biblia describe la imaginación del corazón humano como tendente al mal (Gn. 6:5; 8:21) y los que rechazaron a su Creador por «envanecidos en sus razonamientos» (Ro. 1:21 RVR1960).[51]

Una razón por la que muchos predicadores ponen la razón y la imaginación en oposición la una contra la otra es por una dicotomía falsa tan vieja como los antiguos filósofos griegos. Esta dicotomía afirma que la razón siempre nos lleva a la casa de la verdad, mientras que la imaginación nos acerca, en el mejor de los casos, al vecindario de la verdad y, en el peor de ellos, al barrio equivocado de «razonamientos envanecidos». Pero recuerde que un mal uso de la creatividad no justifica su abandono. El teólogo sistemático Kevin Vanhoozer destaca que, aunque siempre habrá «razonamientos envanecidos» de un tipo u otro, «esto no descalifica la imaginación de servir a la teología como tampoco descalifican las falacias lógicas a la razón».[52] En la predicación, uno no tiene que escoger entre la fidelidad bíblica y la creatividad, entre la razón y la imaginación. ¿Por qué no optar por una dieta saludable de ambas

---

50. K. Robinson, *Out of Our Minds*, 4. Véase también Runco, qie desmitifica al genio solitario cuando escribe: «¿Quién es creativo? Todos. Todo el mundo es creativo». «Everyone Has Creative Potential», 22.

51. Le debo este conocimiento profundo del uso de la palabra «imaginación» a Vanhoozer, «Imagination in Theology», 441. Otras versiones utilizan «imaginación» en Génesis 6:5 y 8:21. La Amplified Version usa el término «imagination» en Génesis 6:5.

52. Vanhoozer, «Imagination in Theology», 442.

cosas? Los oyentes necesitan las dos cosas, y también los predicadores. La imaginación nos permite «sentir como verdad lo que la razón trata tan solo como abstracciones».[53] Cuando mantenemos un entendimiento holístico de la imaginación, escribe Vanhoozer, «le hacemos más justicia a la imagen de Dios en la humanidad y a la naturaleza de las Escrituras mismas».[54]

La distracción crónica

El tercer obstáculo a la creatividad en la predicación es la *distracción crónica*, en particular, la distracción a través de los medios de información diseñados para entretenernos y mantenernos alejados del aburrimiento. Sin lugar a dudas, la hiperconexión (es decir, la conectividad constante con las redes sociales, los teléfonos móviles, el correo electrónico y el internet) aporta muchos beneficios como las amistades virtuales, la capacidad de colapsar el tiempo y las barreras del espacio y la democratización de la información, por nombrar sólo unos cuantos. Yo mismo recibo de sus beneficios y doy gracias por ellos. Sin embargo, la hiperconexión también tiene un lado oscuro. Lo peor es que nos obliga darle una atención constante, que impide el pensamiento profundo, fomenta la angustia y nutre una sed insaciable por el entretenimiento.[55] Una sociedad hiperconectada se destaca en su habilidad de procesar la información, en conseguir la eficiencia y lograr nuevos marcadores tecnológicos, pero con frecuencia se queda atrás en buscar la sabiduría, practicar comunidad y procurar la creatividad. Aquí, la idea no es sonar como ludita (temerosos a las nuevas tecnologías), sino añadir sus costos a los beneficios. En *The Four Quartets* (Los cuatro cuartetos), publicado originalmente en 1943, T. S. Eliot describe a los seres humanos como «distraídos de la distracción por la distracción», y esto fue hace más de setenta y cinco años.[56] La distracción no es un problema nuevo. ¿Pero es el problema peor o mejor de lo que era en 1943? Los seres humanos tienen el deseo integrado de distraerse de sí mismos. La hiperconexión toma ese deseo innato y aumenta grandemente las oportunidades para que éste abunde.

¿Qué tiene, pues, que ver con la creatividad el estar constantemente «en marcha»? Aunque la hiperconexión *fomenta* la creatividad mediante herramientas,

53. Vanhoozer, «In Bright Shadow», 95.
54. Vanhoozer, «Imagination in Theology», 443.
55. Inspirándose en la investigación reciente de los eruditos de comunicación, Jeffrey D. Arthurs, dedicado a la homilética, afirma que estamos viviendo en una sociedad «inculta» que ha perdido la capacidad de leer y escribir. Más personas que nunca ahora procesan la información en pequeños trozos y en bocados saludables, a diferencia de los siguientes argumentos complejos que se podrían encontrar en un discurso extenso, un libro o un ensayo. Ver Arthurs, *Preaching with Variety*, 29-37.
56. Ver Libro 1, «Burnt Norton», III.1.101, en Eliot, *Four Quartets*, 17.

acceso y colaboración, también puede impedir, y hasta matar, la creatividad
a través de la distracción crónica que facilita. Por ejemplo, ¿cuándo fue la
última vez que se sintió realmente aburrido? ¿Cómo puede uno pensar, orar,
reflexionar, soñar despierto, intercambiar ideas, meditar y observar a individuos, si nunca levanta la vista de una pantalla? Es mucho más rápido, fácil y
entretenido *no* hacer esas cosas. La ausencia del aburrimiento de la vida de
un pastor, mediante la conexión constante, vacía lentamente su depósito de
potencial creativo.[57]

Una creciente colección de investigación observa las relevantes conexiones
entre el estado de aburrimiento y el proceso o interpretación de la creatividad.[58] Varios investigadores destacan que el «soñar despierto» que surge
del aburrimiento produce un «estado mental propicio para la creatividad, el
conocimiento profundo y la resolución de problemas» y que «las soluciones
verdaderamente novedosas y las ideas surgen» de un cerebro humano con
el espacio y el tiempo suficiente para pensar, crear y admirar.[59] Piense en la
conexión entre ambas cosas durante un momento, sobre todo para los niños.
En un día de invierno, sin nada que hacer, los niños pequeños convierten un
montón de nieve en un fuerte. En un día de lluvia, un conjunto de sillas de
comedor se transforman en un tren o un par de cestos de ropa son un auto-
bús escolar. En un día de verano, un montón de palos y piedras se cambian
para convertirse en los materiales de un proyecto, o un montón de arena se
transmuta en la oportunidad de pasar unas horas construyendo un castillo de
arena. El aburrimiento *aumenta* las posibilidades de la creatividad cuando una
persona no está crónicamente distraída, porque provoca la invención, alienta
la experimentación y alimenta la imaginación. Si usted quiere fomentar la
creatividad en la predicación, encuentre la forma de liberarse de la distracción.

Obstáculos del ambiente

El cuarto obstáculo para la creatividad es *el ambiente*. Como tantas otras
cosas en la vida, la creatividad florece mejor en el ecosistema adecuado y bajo
las condiciones apropiadas. Según Teresa M. Amabile, psicóloga social de
la Universidad de Harvard, «los factores sociales pueden tener un poderoso

57. En 1985, Neil Postman predijo que nuestra sociedad se estaba volviendo demasiado adicta
al autoentretenimiento: «Nuestra política, religión, noticias, atletismo, educación y comercio
han sido transformados en agradables adjuntos del mundo del espectáculo, en gran parte sin
protesta y casi sin apenas notarlo. El resultado es que somos gente a punto de divertirnos hasta
matarnos». *Amusing Ourselves to Death*, 3-4.
58. Ver Mann y Cadman, «Does Being Bored Makes Us More Creative?»; Smallwood y
Schooler, «Restless Mind»; Toohey, *Boredom*.
59. Begley *et al.*, «Will the Blackberry Sink the Presidency?», 36.

impacto sobre la creatividad, en gran medida porque afectan la motivación».[60]
Ella cuenta la historia de Albert Einstein, cuyo interés en la física quedó destruido casi por completo durante sus años adolescentes, cuando asistía a una
escuela de Múnich, Alemania, famosa por su enfoque estricto, controlado
y autoritario. Él se marchitó bajo la presión constante de los exámenes y de
los métodos sobrecargados ejemplificados por sus maestros. Prácticamente
perdió todo su amor por aprender. Einstein escribe: «Esta compulsión tuvo
un efecto tan desalentador sobre mí que, después de que pasé el examen
final, descubrí que la consideración de cualquier problema científico me resultaba desagradable durante todo un año».[61] Intentó trasladarse al Instituto
Politécnico de Zúrich, a la edad de quince años, pero no aprobó el examen
de ingreso. Cuando por fin pudo ingresar en una «escuela suiza de recuperación de formación académica», resultó ser una de las mejores cosas que le
sucedieran jamás. La escuela era de «orientación humanista» y enfatizaba «la
búsqueda individual del conocimiento sin estorbo». Los profesores también
se relacionaban con los estudiantes de un modo distinto: «poco énfasis en
la memorización, mucho hincapié en el trabajo individual de laboratorio y
la concentración en el desarrollo de intercambios relajados y democráticos
entre estudiantes y maestros».[62] Einstein fue igualmente inteligente en ambas
escuelas. La diferencia era el ambiente. En un ecosistema, sus talentos se
secaron y casi murieron; en otro, se desarrollaron y florecieron. De hecho, en
la escuela suiza de recuperación, Einstein dirigió el primer *Gedankenexperiment* que acabaría llevándolo a la teoría de la relatividad más adelante en su
vida.[63] Para usar el lenguaje de Amabile, «los factores sociales» tuvieron un
profundo efecto en la creatividad de Einstein debido al impacto que tuvieron
en su nivel de motivación.

   ¿Qué obstáculos del ambiente impiden la creatividad en nuestra predicación? Ya hemos considerado la distracción crónica. Piense detenidamente
en qué ambientes son menos conducentes al enfoque, al flujo y a la libertad.
Amabile expone nueve obstáculos ambientales a la creatividad, la mayoría de
los cuales es pertinente a los ámbitos de negocios y no a las iglesias. Ella enseña
en la Escuela de Negocios de Harvard. Mencionaré sólo tres de los estorbos,
porque parecen ser los más relevantes para el ministerio de la predicación.

60. Amabile, *Creativity in Context*, 3.
61. Citado en Amabile, *Creativity in Context*, 7.
62. Amabile, *Creativity in Context*, 7.
63. En su libro, *Roots of Things*, Grometstein define un *Gedankenexperiment* («thought
experiment») como el que «puede pensarse detenidamente sin usar equipo como tubos de ensayo, voltímetros, ruedas, etc., y que puede llegar a nuevas percepciones en la naturaleza de las
cosas» (82). Para el uso de este término en la historia sobre la escolaridad de Einstein durante
su infancia, véase Amabile, *Creativity in Context*, 7.

1. *La restricción* es la «falta de libertad en la decisión de qué hacer o cómo realizar la tarea; la falta del sentido del control».[64] Usted debe luchar para practicar la creatividad si siente que tiene poco o ningún control creativo o autonomía sobre el sermón. Tal vez perciba que no puede ser usted mismo, que tiene que imitar a sus ex maestros o mentores, o que tiene que conformarse a un estilo totalmente diferente a su personalidad. Ciertas restricciones pueden ser buenas en la predicación, pero demasiadas sofocan en lugar de empoderar, ya sean autoimpuestas u obligadas por otros.

2. *La falta de tiempo* es otro obstáculo que restringe. Con esto, Amabile se refiere al «tiempo insuficiente para pensar de forma creativa sobre un problema, una carga de trabajo demasiado grande dentro de un marco de tiempo realista, una alta frecuencia de "apagar incendios"».[65] Muchos predicadores pueden identificarse con la idea de tener poco tiempo, una carga enorme de trabajo, sufrir bajo la tiranía de lo inmediato y estar inmersos en apagar todos los incendios que se producen en el ministerio. Sabiendo esto, las probabilidades de que sus sermones sean creativos disminuyen mucho si usted no se asigna el tiempo suficiente para pensar de manera creativa. Existe una notable diferencia entre la comida preparada en una olla a fuego lento y la que se cocina en el microondas. Los sermones creativos le llegan porque los ha estofado a fuego lento. Cuando escriba los sermones, dése el tiempo suficiente para preparar su corazón y su alma, y para alimentar su imaginación. Si quiere ser más creativo, resista el impulso de escribir los «especiales del sábado por noche».

3. *Enfatizar en exceso el statu quo* es «la resistencia de los jefes o compañeros de trabajo de cambiar su forma de hacer las cosas; la falta de disposición a tomar riesgos».[66] Los predicadores creativos se esfuerzan parar liberarse del *statu quo* a través de tomar riesgos. ¿Se parecen todos sus bosquejos iguales a pesar del texto o del tipo de texto de las Escrituras? ¿Suenan todos los sermones como si trataran el mismo tema: la oración, la guerra espiritual o la justicia social? Los predicadores no pueden llegar a ser más creativos si se niegan a desafiar sus niveles de comodidad, si siempre insisten en su forma normal de hacer las cosas, si nunca asumen riesgos al predicar ni experimentan con nuevas maneras de predicar.

¿Qué obstáculos ambientales existen en su predicación? ¿Es uno de estos tres reprimidores, la distracción crónica u otra cosa? En general, los

---

64. Amabile, *Creativity in Context*, 232.
65. Amabile, *Creativity in Context*, 232.
66. Amabile, *Creativity in Context*, 232.

predicadores hacen un mejor trabajo cuestionando los inhibidores espirituales, psicológicos e intelectuales, pero no dedican el tiempo suficiente para inquirir sobre los inhibidores ambientales. ¿Recuerda la pista para bicicletas? Con el fin de crear un flujo creativo, tome un enfoque proactivo para eliminar los obstáculos que lo impiden.

Algunas ideas para cultivar la creatividad en la predicación

Ahora consideraremos algunas ideas para cultivar la creatividad en la predicación. ¿Cuál es la recomendación más fácil y rápida para poner en práctica? Haga precisamente lo contrario frente los obstáculos mencionados más arriba. En otras palabras, crea usted que es creativo, evite la falsa dicotomía entre la fidelidad y la imaginación, evite la distracción crónica y cuestione los inhibidores ambientales. Sin lugar a duda, seguir estas recomendaciones lo ayudará, pero el centrarse en qué evitar en vez de qué investigar también puede resultar limitante. Si lo contrario de lo malo con frecuencia resulta en lo no muy malo en vez de lo excelente, entonces necesitamos mejor dirección. A continuación, presento varias ideas de cómo cultivar la creatividad para la predicación.

Busque diversas voces y perspectivas

Según Ken Robinson, «La creatividad prospera en la diversidad».[67] Los individuos y los equipos más creativos reúnen a «gente que piensa de forma distinta, que pueden ser de edades y géneros diferentes, así como de trasfondos culturales y experiencias profesionales variados».[68] En cuanto a la predicación, ¿lee usted, escucha o intercambia ideas con personas que son como usted y creen exactamente lo mismo que usted, o se expone a diversas voces y perspectivas? Esto no significa que el predicador tenga que conocer dieciocho interpretaciones importantes (y divergentes) ni solicitar media docena de perspectivas de la congregación para cada sermón. La mayoría de los pastores está demasiado ocupada para eso cada mes, por no decir cada semana. En su lugar, el objetivo debe ser el considerar diversas perspectivas según seamos capaces, a través de lo que leemos, de las personas con las que conversamos, de la forma de preparar nuestros sermones y a quien mencionemos o no en nuestros sermones. Si las únicas personas con las que hablamos, a las que escuchamos, o leemos son parecidas a nosotros, habremos impedido nuestra capacidad de ser creativos. Joel C. Gregory recomienda leer con sabiduría y

---

67. K. Robinson, *Out of Our Minds*, 231.
68. K. Robinson, *Out of Our Minds*, 233.

profundidad en una variedad de disciplinas, de una variedad de perspectivas. Escribe: «La creatividad engendra la creatividad. Se le puede dar cierta credibilidad al "Efecto Mozart". Los predicadores que se exponen con regularidad a otros círculos creativos pueden descubrir que están pensando de forma creativa».[69] Además de involucrarse en diversas perspectivas a través de su lectura, forme amistades con pastores y laicos de distintos trasfondos.

Colabore en vez de aislarse

Busque la oportunidad de presentar ideas de su sermón a otros con la expectativa de que la opinión de otros le ayude a usted a que una idea mala se convierta en una buena y otra buena llegue a ser extraordinaria. La colaboración en la comunidad destaca el potencial para la creatividad, mientras que la separación en aislamiento la suprime.

La compañía de animación que yo mencioné en el capítulo sobre claridad, Pixar, ha producido películas de éxito por décadas. Parte de su éxito se debe al énfasis que le ponen en el trabajo de colaboración. Los que trabajan allí creen que todo buen filme tiene el potencial de convertirse en uno extraordinario cuando un equipo de personas ejerce la creatividad en un ambiente estratégicamente colaborativo. Incluso si la idea es buena, siempre puede ser mejor. De hecho, la colaboración casi siempre la mejora. Como resultado, Pixar ha adoptado este lema: *Elixius non dilitus*, o «Solo ya no». La creatividad no surge de genios que trabajan aislados, sino en comunidades que transforman buenas ideas en ideas grandes.

Si usted es el único en el equipo pastoral, intente reunirse con otro pastor para conversar sobre su predicación. Si pertenece a un equipo pastoral, considere estudiar los textos bíblicos en comunidad y exponerse a lo que otros ven. Intente, asimismo, presentar lo esencial de su sermón a un grupo más pequeño antes de predicárselo a toda la iglesia. Pide sugerencia de antemano y de retroalimentación después de los miembros de la congregación, que no son predicadores, como manera de escuchar y ver cosas a través de sus ojos y sus oídos. Ponga a prueba sus ideas con amigos o miembros de la familia que estén interesados y dedicados a su crecimiento. La medida de la creatividad aumenta cuando las ideas colaboradoras emergen en comunidad.

Recupere su creatividad infantil

En ocasiones, cuando les enseño a los estudiantes sobre la creatividad en la predicación, les paso hojas de papel y algunos lápices o ceras, y les pido que

---

69. Gregory, «Measuring a Preacher's Creativity», 40.

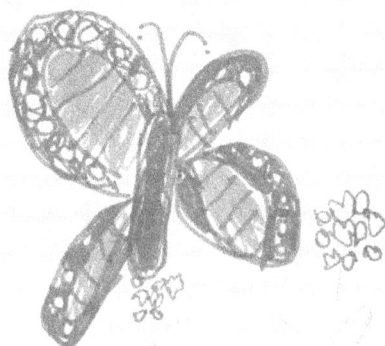

Figura 6.4. Mariposa dibujada por mi hija de seis años

pasen varios minutos dibujando una mariposa. Casi en todas las clases hay un estudiante hábil para el dibujo y, casi siempre, hay un diseño excelente. Para ser francos, la mayoría de los dibujos es terrible y los estudiantes lo saben. Después de compartirlos con el resto de la clase, les muestro la imagen de una mariposa dibujada por mi hija cuando tenía seis años (ver fig. 6.4).

Mi hija es una buena artista, pero probablemente sus capacidades para dibujar como niña de seis años no deberían ser mejores que las de unos estudiantes universitarios o seminaristas. Después de que los estudiantes participan en esta actividad de aprendizaje, las dos respuestas más comunes son «¿Cuál es mi problema?» y «¿Qué me ha ocurrido?». Les resulta difícil aceptar que gran parte de su creatividad infantil se ha desgastado ahora que son adultos. Keith Johnstone, un artista improvisado y director, hizo una observación similar. «La mayoría de la gente pierde su talento en la pubertad», escribe Johnstone. «Yo perdí el mío a principios de los veinte años. Dejé de pensar en los niños como adultos inmaduros, para ver a los adultos como niños atrofiados».[70] En otro lugar del mismo libro, Johnstone afirma que «la mayoría de los niños puede comportarse de forma creativa hasta la edad de once o doce años, cuando de repente pierde su espontaneidad y produce imitaciones del "arte adulto"».[71]

70. Johnstone, *Impro*, 25.
71. Johnstone, *Impro*, 77.

¿Cómo sería recuperar algo de esa creatividad infantil? Algunos predicadores deciden escribir un diario como forma de capturar sus pensamientos, de expresar sus emociones e involucrarse en su imaginación. Otros son creativos a través de la música, la pintura, el dibujo o la artesanía, sencillamente por el puro gozo de crear. Es para ellos una fuente de alimentación propia en vez de un rendimiento. Otros leen breves historias o poesías. Algunos se involucran en juegos imaginativos con sus hijos. Cuando mis hijos eran más pequeños, además de leer libros infantiles muy conocidos, yo les inventaba historias justo antes de que se acostaran.

Involucre los sentidos por medio de imágenes y gráficos

¿Cuándo fue la última vez que usó una imagen o un gráfico en un sermón? Aparte de ayudar a los que son aprendices visuales, los gráficos y las imágenes involucran más de uno de los sentidos. Si quiere compartir una cita de una poetisa como Maya Angelou o de un activista como Bartolomé de las Casas, ¿por qué no ofrecerles a sus oyentes un retrato de la persona? Piense en todas las imágenes de las Escrituras: ovejas, pastores, granos de mostaza, higueras, el mar de Galilea, el mar Muerto, el río Jordán, los árboles del Líbano, las granadas. Los ejemplos abundan. ¿Quién dijo que los predicadores no podían mostrar esas representaciones a los que escuchan sus sermones? Considere también usar los gráficos como ejemplos prácticos. Una imagen no *tiene que* aparecer en una pantalla, sobre todo si su iglesia no usa proyectores y pantallas. Puede usar un gráfico sosteniéndolo en su mano o en un atril a su lado.

Observe a diario la vida cotidiana[72]

Hay demasiados predicadores que saben estudiar libros, pero no estudiar a la gente.[73] ¿Cuándo fue la última vez que observó a la gente? Antes de

---

72. Lo cotidiano y la vida cotidiana son términos que muchos teólogos latinos usan para describir «la experiencia vivida a diario» de los cristianos latinos. Por ejemplo, la teóloga *mujerista* católica, Ada María Isasi-Díaz escribe: «En la vida cotidiana, en el día a día, es donde llegamos a conocer quién es Dios y cómo es». *La Lucha Continues*, 51. En otro lugar, Isasi-Díaz escribe: «En la teología *mujerista*, lo *cotidiano* ha hecho posible apelar a la vida cotidiana de las latinas como una fuente auténtica y sin ignorar la posición social. Por el contrario, lo *cotidiano* hace que la situación social sea explícita, porque es el contexto de la persona en relación con el espacio físico, étnico y social». «Mujerista Theology», 244. Véase también Nanko-Fernández, *Theologizing en Espanglish*, 2-3.

73. Osvaldo Mottesi argumenta que los predicadores desarrollan mejores sermones a través de «nuestra observación de la vida cotidiana». Escribe: «Si hemos desarrollado la capacidad de reflexionar bíblica y teológicamente sobre las realidades humanas, lo cual es requisito básico

la existencia de los teléfonos móviles y las tabletas, la gente no tenía nada mejor que hacer en los centros comerciales, en los parques públicos o en los aeropuertos. Algunos siguen haciéndolo, pero es un arte perdido. Encuentre un lugar cubierto o al aire libre donde pueda observar a la gente. ¿Qué nota de ellos? ¿Qué los hace diferentes a los que los rodean? Encuentre formas de relatar lo que ve con el sermón.

Dirija sus pasos a la creatividad

Yo conozco a varios predicadores que caminan, corren o montan en bicicleta como forma de generar nuevas ideas o transformar las nuevas en otras mejores. Aunque puede resultar difícil hallar tiempo si es pastor de tiempo completo, muy ocupado y bivocacional, si tiene niños pequeños o si ministra en un lugar donde es difícil realizar actividades al aire libre durante el año por culpa del mal tiempo, sigue siendo importante que usted aparte tiempo y espacio para pensar. Rebecca Solnit observa: «Caminar nos permite estar en nuestro cuerpo y en el mundo sin que ambas cosas nos hagan estar ocupados. Nos da una libertad para pensar sin estar del todo perdidos en nuestros pensamientos».[74] La tentación es creer que usted será menos productivo si programa tiempo como éste en su rutina cotidiana. ¿Por qué caminar (o hacer otro tipo de ejercicio)? ¿Cuándo puede caminar? Pero ¿qué si el verdadero ladrón de la productividad *no* es el tiempo desperdiciado en actividades como caminar? ¿Qué si el verdadero ladrón es la ausencia de tiempo para pensar?

En la década de 1950, el profesor y físico de la Universidad de Princeton, Albert Einstein, caminó tanto alrededor de la ciudad que se convirtió en un célebre local. El compositor ruso del siglo XIX, Pyotr Ilyich Tchaikosvky, dedicaba dos horas a caminar cada día después de comer a pesar del tiempo que hiciera. El escritor británico del siglo XIX, Charles Dickens, escribía un promedio de dos mil palabras al día y acabó escribiendo quince novelas, aunque también realizaba a diario un paseo de tres horas, a las dos de la tarde, por el campo y por las calles de Londres. El filósofo y predicador danés del siglo XIX, Søren Kierkegaard, vivió cada día «dominado por dos ocupaciones: escribir y caminar. Por lo general, escribía por la mañana, a medio día iniciaba un largo paseo por Copenhague, y después regresaba a escribir durante el resto del día y hasta la noche. En los paseos fue donde le llegaban sus mejores

---

para la predicación, lo que ocurre a nuestro derredor inmediato o lejano será material excelente para explicar, ilustrar o demostrar las verdades o los aspectos de nuestro tema». *Predicación y misión*, 230.
74. Solnit, *Wanderlust*, 5.

ideas».[75] Uno no tiene por qué escoger entre la productividad sobre el tiempo para pensar. Ambas cosas pueden ir juntas.

Produzca de su pensamiento en vez de pensar sin producir

El pensamiento creativo sin acción creativa resulta en una impotencia creativa. Muy al estilo del mito mencionado anteriormente, que el apartar tiempo para pensar, resulta, en cierto modo, a menos productividad, otro mito que se tiene que negar es que la calidad del trabajo y la cantidad del trabajo no se superponen. La mayoría de las veces, el pensamiento y el procesamiento creativos corresponden a la producción creativa.

En lo que ahora se considera un estudio clásico, el psicólogo Dean K. Simonton analizó la vida y la música de diez compositores clásicos famosos (Bach, Beethoven, Mozart, Haydn, Brahms, Handel, Debussy, Schubert, Wagner y Chopin) y pudo demostrar una relación entre la calidad y la cantidad del trabajo. Examinó segmentos de cinco años de las composiciones musicales de cada compositor e hizo el siguiente descubrimiento: «Los compositores que más música produjeron también escribieron la mejor (para *mejor*, definimos la más citada y debatida entre 15 obras de referencia diferentes). Los períodos de tiempo más fértiles en términos de producción también fueron marcados por el mejor trabajo [...]. El ganador del Premio Nobel en dos ocasiones, Linus Pauling, podría haber sentido este fenómeno y declaró una vez: "La mejor forma de conseguir una buena idea es tener muchas ideas"».[76]

Cuando aplicamos esta precepción a la predicación, vemos la relación entre la calidad y la cantidad. El predicador debe practicar la creatividad en más *cantidad* con el fin de practicar una creatividad de mayor *calidad*. El crecimiento en la imaginación surge con más frecuencia cuando hay un aumento en la producción creativa.

Al poner en práctica algunas de estas ideas, así como las que conciba usted mismo, recuerde que el objetivo es de cultivar la creatividad a lo largo del tiempo, en vez de lograr la excelencia de inmediato. Recuerde los cuatro compromisos que Ericsson presenta como formación de la práctica deliberada y aplíquelos al crecimiento de su creatividad: metas bien definidas y específicas, una atención enfocada, un sistema de retroalimentación de respuesta y la disposición a salirse de su propia zona de lo acostumbrado.

75. Currey, *Daily Rituals*, es mi fuente para las referencias de Einstein (pp. 196-97), Tchaikovsky (pp. 171-73), Dickens (pp. 160-62) y Kierkegaard (p. 19).

76. Citado en Kaufman, *Creativity 101*, 44. Para el estudio de Simonton, véase Simonton, «Creativity, Productivity, Age, and Stress».

La creatividad en la predicación es más parecida a una maratón que a una carrera de cuatrocientos metros. Si el mismo corredor quiere participar en una maratón, tendrá que acabar ciento cinco vueltas y medias. Para mejorar en esta práctica, debe entrenarse y correr ciento cinco vueltas y medias en vez de una. La creatividad toma largo tiempo en desarrollarse.

A algunos psicólogos de la creatividad les gusta referirse a la «norma de los diez años» cuando hablan sobre líderes creativos que acaban siendo influyentes en su campo. Según James C. Kaufman, la excelencia «exige una tremenda cantidad de conocimiento y práctica. En general, este proceso demanda aproximadamente unos diez años desde el principio para entrar a un campo y hacer alguna clase de contribución sustancial».[77] Kaufman argumenta que son necesarios diez años *más* para pasar de ser bueno a extraordinario en el campo propio: «Así como existen las evidencias de que los creadores necesitan diez años desde el momento en que aplican la pluma al papel, también podría haber evidencia de que transcurren otros diez años antes de que se produzca un verdadero trabajo de élite».[78] Que no le sorprenda si le lleva más tiempo ser más creativo que ahora. Céntrese en los pequeños logros a lo largo del tiempo y no en un cambio grande ahora mismo.

Conclusión

Al concluir este capítulo, regresamos al metro subterráneo de Washington, DC, y al experimento social de Gene Weingarten y Joshua Bell. El experimento logró un resultado sorprendente que ninguno de los participantes había anticipado. El propósito del ensayo, escribió Weingarten, fue dirigir un «experimento en contexto, percepción y prioridades, así como una evaluación imperturbable del gusto del público. En un ámbito banal en un tiempo inconveniente, ¿trascendería la belleza?». Weingarten y Bell esperaban niveles de respuestas muy superiores a los recibidos, algo que les interesaba, pero que no fue la sorpresa inesperada que encontraron como resultado de dirigir el experimento. Aunque no había diferencias étnicas, raciales ni de género para distinguir a las personas que se detuvieron de las que siguieron caminando, Weingarten observó a un grupo en particular que se quedó más tiempo que

---

77. Kaufman, *Creativity 101*, 56.
78. Kaufman, *Creativity 101*, 58. Angela Duckworth escribe: «La bailarina Martha Graham declaró: "Para que una bailarina sea madura son necesarios alrededor de diez años". Hace más de un siglo, los psicólogos que estudiaban a los operadores de telégrafos observaron que alcanzar una fluidez completa en el código Morse era algo raro, debido a los "muchos años de duro aprendizaje" exigidos. ¿Cuántos años? Las pruebas nos muestran, concluyeron los investigadores, "que son precisos diez años para que un telegrafista sea concienzudo y veterano"». *Grit*, 119.

los demás: «Cada vez que un niño pasaba, se detenía y observaba. Y cada una de las veces, un padre o una madre pronto lo hacía seguir caminando».[79]

¿Por qué estaban los niños más en sintonía con la música hermosa que los adultos? Tal vez, porque los más pequeños se centran más en ser que en hacer. El reloj, el horario no los tiene cautivos del mismo modo que a los adultos. Quizá, a diferencia de sus padres, no tenían que preocuparse tanto por estar seguros, por cómo atravesar una multitud, cómo permanecer juntos o cómo tomar el tren correcto a la hora adecuada. Supuestamente, todos estos factores tuvieron parte en su respuesta. Pero ¿qué si los niños podían escuchar la música por una razón diferente? Al contrario de sus padres, no habían perdido aún su sentido de admiración ni se les había escurrido su depósito de potencial imaginativo. Como lo expresa Ken Robinson, «No crecemos *en la* creatividad. Crecemos dejándola atrás. Con frecuencia, se nos educa para dejarla».[80] Pablo Picasso comentó una vez que todos los niños nacen artistas. El problema es que crecen y pierden lo que les llegó de forma natural.[81]

¿Qué si los predicadores no necesitan adquirir la creatividad, sino más bien necesitan recuperar la creatividad que poseían antes? ¿Y qué si en todo nuestro paso frenético, nuestros horarios sobrecargados y la distracción crónica, han suprimido un instinto que deberíamos experimentar naturalmente, sobre todo como portadores de la imagen divina? En nuestra prisa, ¿qué si hemos olvidado detenernos y escuchar la música?

Videos adicionales para este capítulo se encuentran en www.Practicas delaPredicacion Cristiana.com.

79. Weingarten, «Pearls Before Breakfast».
80. K. Robinson, *Out of Our Minds*, 49 (cursivas originales).
81. Las atribuciones abundan, pero la cita original no está documentada. Para leer una de las atribuciónes, véase K. Robinson, *Out of Our Minds*, 50.

Conclusión

Warren MacKenzie le encantaba ser alfarero. Empezó a trabajar en la cerámica cuando apenas tenía veinte años y se matriculó, por primera vez, en un programa de cerámica en el Instituto del Arte de Chicago. Quería un puesto en el programa de pintura, pero lo pusieron en lista de espera y, por ello, probó su habilidad con la cerámica. Hasta su muerte, a finales de 2018, con noventa y cuatro años, vivió en Stillwater, Minnesota, donde se dedicó a la alfarería en el estudio de su casa.[1]

En los primeros años, MacKenzie y su primera esposa, Alix, probaron sus habilidades con distintas artesanías: «Cuando eres joven, crees que puedes hacer cualquier cosa y pensamos: *bueno, seremos alfareros, seremos pintores, seremos diseñadores textiles, seremos joyeros, seremos un poco de esto, un poco de aquello.* Íbamos a ser personas del renacimiento».[2] Después de un tiempo, concluyeron que «hacer una cosa cada vez mejor podría ser más satisfactorio que seguir siendo un amateur en muchas cosas distintas». Según MacKenzie, «era en aquella [cerámica] donde sentíamos que estaba nuestro verdadero interés».[3] Resulta que tomaron una buena decisión. Una jarra de agua mediana con el sello de Warren MacKenzie cuesta alrededor de tres mil dólares. También se pueden comprar piezas menos caras, pero la mayoría de los predicadores que conozco no tiene cuatrocientos cincuenta dólares de sobra en los cojines de su sofá para comprar un tetero de cerámica.

Desde el mero principio, MacKenzie creía que la mayor parte de su cerámica no era lo bastante buena para una galería o un museo, pero jamás

---

1. Se trasladó allí en 1953 con su primera esposa, Alix, para unirse a la facultad de la Universidad de Minnesota.
2. Cita tomada de una entrevista en privado de MacKenzie con Duckworth en *Grit*, 43.
3. Duckworth, *Grit*, 43.

Figura C.1. Warren Mackenzie en su rueda Leach (2013)

permitió que este pensamiento lo desanimara del hábito regular de una producción creativa continua. Los entusiastas del arte les encanta citar esta frase
suya, ahora popular: «Las 10.000 primeras vasijas son difíciles y, después,
todo es un poco más fácil».[4] En un buen día, MacKenzie se sentaba en su
rueda Leach y fabricaba entre cuarenta y cincuenta piezas, «algunas de ellas
eran buenas, otras mediocres y otras malas». Pensaba que sólo un par de
vasijas merecían la pena venderse y, entre las vendidas, sólo unas cuantas
«involucraban los sentidos en el uso diario». En una entrevista, explicó que
no quería se le recordara como uno de esos alfareros que sólo hacen una o dos
piezas en toda su vida; él creía que la calidad, la cantidad y la utilidad están
todas relacionadas. «Yo estoy luchando para hacer cosas que sean de lo más

4. Lauer, «Living with Pottery».

Figura C.2. Ray Allen

apasionantes y que quepan en los hogares de la gente, afirmó».[5] MacKenzie
tiene una impresionante semejanza con por menos otras dos personas: Ray
Allen, jugador de baloncesto de la NBA, y Martha Graham, bailarina y profesora estadounidense.

Muchos en el mundo del baloncesto concuerdan en que Allen (ahora reti-
rado) es uno de los mejores triplistas de todos los tiempos. Cuando estaba a

5. Duckworth, *Grit*, 43.

punto de romper el récord de triples, el columnista del ESPN, Jackie MacMullin, hizo un reportaje sobre su ilustre carrera y su esfuerzo en romper el récord.

En una entrevista que MacMullin le hizo a Allen, le señaló que otro co-mentarista de baloncesto lo elogiaba por su «tiro natural»; él opinaba que «había nacido con ese toque [...] un talento innato para los triples». A Allen le frustró la sugerencia y le respondió a MacMullin: «He discutido esto con muchos en mi vida. Cuando me dicen que Dios me ha bendecido con un bo-nito tiro en suspensión, la verdad es que me desagrada. Yo le digo a esa gente: "No menoscaben el esfuerzo que hago cada día". No algunos días. Todos los días. Pregúntale a cualquiera que haya jugado en el mismo equipo que yo, quién tira más. Ve a Seattle y a Milwaukee, y pregúntales. La respuesta es "yo"».[6] Para el artículo, MacMullin también se comunicó con el entrenador de baloncesto que tuvo Allen en la escuela secundaria y se dio cuenta que, cuando empezó a jugar, su tiro no era mejor que el de sus compañeros de equipo; en realidad, era peor. Allen había convertido su mal tiro en un buen tiro y, después, en un tiro extraordinario.

Martha Graham se destacó primero como bailarina. Luego, transformó el escenario de la danza estadounidense mediante un trabajo pionero en la coreografía y creó la «técnica Graham» para aprender a bailar, fue mentora de numerosos bailarines y coreógrafos, y revitalizó la danza por todo el mundo a través de su habilidad sin igual y su contagioso entusiasmo. Murió en 1991, pero muchos artistas y académicos siguen destacando sus contribuciones, úni-cas en su campo, y pronuncian su nombre en voz baja y con suma reverencia.

Graham no creyó jamás que la danza le llegaría fácilmente a la gente, por lo menos no el tipo de baile que es realmente extraordinario. En su ensayo «I Am a Dancer (Yo soy bailarina)» escribe: «La danza parece esplendida, fácil, divertida. Sin embargo, el camino al paraíso del logro no es más fácil que cualquier otro. El cansancio es tan pesado que el cuerpo llora aún durante el sueño. Hay momentos de frustración completa; hay pequeñas muertes diarias [...]. Se toman como diez años para que una bailarina madure.»[7]

Según ella, la madurez en la danza llega en dos fases. Al principio, uno debe estudiar el oficio con tal precisión y perseverancia que «el movimiento se vuelva limpio, preciso, elocuente, verdadero».[8] Luego, el bailarín o bailarina tiene que procurar «cultivar el ser del que procede cualquier cosa que digas».[9] La verdadera madurez, ella contiende, exige un estudio técnico y habilidad artística, compromiso y expresión, retrocesos y progreso.

6. Citado en Ericsson y Pool, *Peak*, xviii-xix.
7. Graham, «I Am a Dancer», 95.
8. Graham, «I Am a Dancer», 95.
9. Graham, «I Am a Dancer», 96.

Figura C.3. Retrato de Martha Graham realizado por Nickolas Muray en Shadowland (1922)

¿Qué tienen que ver MacKenzie, Allen y Graham con la predicación? La respuesta podría sorprenderle. MacKenzie pasó más de cien mil horas sentado en su rueda Leach formando decenas de miles de vasijas de cerámica. Allen llegaba temprano al gimnasio y se quedaba hasta tarde durante su larga y distinguida carrera en la NBA. Graham bailó, inventó coreografías y enseñó con tan alto nivel de excelencia y compromiso, que el nombre «Martha Graham» se convirtió en sinónimo a la danza moderna en todo el mundo. Lo que los une no es que tuvieron éxito, aunque cada uno de ellos llegó a ser líder en su campo respectivo; tampoco es que nacieran con un talento que jamás se volverá a ver en sus semejantes, aunque cada persona tuviera las aptitudes adecuadas para hacer las cosas apropiadas en el momento apropiado y de las formas

Figura C.4. Redux de Charlie Parker

apropiadas; ni siquiera es que su arte fascine a expertos y novatos por igual, aunque verlos hacer aquello que mejor hacen es, desde luego, un privilegio.

¿Qué los une a todos, entonces? La respuesta nos lleva de nuevo a la principal afirmación de este libro. Si queremos usar un lenguaje académico, podríamos afirmar que el vínculo común que los une es su compromiso con la *práctica deliberada*, para regresar a la frase de K. Anders Ericsson.[10] Los tres atribuyen los cuatro compromisos que Ericsson resalta como fundamentales para la destreza en la interpretación: metas bien definidas y específicas, una atención enfocada, un sistema de auto alimentación y la disposición a salirse de la propia zona de lo acostumbrado. Pero si preferimos usar el lenguaje del Reno Jazz Club de Kansas City, también podríamos afirmar que los tres pasaron mucho tiempo en la «leñera», como lo hizo Charlie Parker. Ellos perfeccionaron y dominaron su arte practicando de un modo diferente, no sólo más duro.

Los que pasan tiempo en la «leñera» aprenderán, crecerán y mejorarán en la predicación, tal vez no de un modo perfecto ni de la noche a la mañana, sino progresivamente a lo largo de toda una vida. Como yo lo expuse en la introducción, *los predicadores que cultiven hábitos de predicación avivantes,*

10. Ericsson y Pool, *Peak*, xxi-xxiii.

aumentarán su aptitud por medio de la práctica deliberada, crecerán en su compromiso y florecerán en su ministerio homilético. Junto con Warren Mac-Kenzie, muchos de nosotros necesitamos hacer, por lo menos, diez mil vasijas antes de mostrar una marcada mejoría. Los que ya han fabricado diez mil piezas harían bien en recordar que la repetición sin premeditación los lleva, por lo general, a un nivel de automaticidad y logros disminuyentes, en vez de llevarlos a una mejora cuantificable y a un continuo crecimiento; nuestra tarea no se acaba nunca. No es un sacrílego en absoluto concebir la predicación de esta forma específica si volvemos a recordar algunas frases del libro de Romanos que son fáciles de pasar por alto: «Si es posible, y en cuanto dependa de ustedes» (Ro. 12:18). Los predicadores que confían en Dios con el *acto* de la predicación también son llamados a creer que Dios les ha confiado la comisión en el *proceso* de la preparación.

En este libro, he recomendado cinco prácticas deliberadas —la convicción, la contextualización, la claridad, la concreción y la creatividad— todas ellas sostenidos por la creencia resuelta de que nuestra predicación debería ser cristiana, sin ambigüedades en su núcleo central. Las he presentado como prácticas que los predicadores pueden cultivar a lo largo del tiempo con el fin de hacer que su predicación sea más competente, eficaz y gratificante. No dominamos un método; tampoco «llegamos» nunca. En su lugar, cultivamos hábitos que dan vida y que nos servirán ahora y en el futuro.

No cabe duda de que este libro propone una forma distinta de llegar adonde vamos que el típico mapa de carretera que usted encontrará en cualquier parte. La mayoría de las introducciones a los libros de predicación está enfocada en un método, un solo autor, es monocultural, está basada en el texto y es monolingüe, mientras que éste, que usted acaba de leer, está conscientemente centrado en la práctica, es intencionalmente colaborativo, estratégicamente diverso, tecnológicamente interactivo y deliberadamente multilingüe. Además, lo anima, a comprometerse con un «estado mental de crecimiento en vez de una «fija manera de pensar» en nuestra predicación, respecto a cómo pensamos sobre nuestra propia mediación, desarrollo y capacidad de prosperar en la humilde tarea a la que Dios nos ha llamado.[11] Lo he estructurado de este modo por mi convicción de que, con el tiempo, la práctica intencionada crea más espacio para el crecimiento que un método particular, que las ideas creativas surgen por medio de un encuentro con la multiplicidad de perspectivas, que los predicadores no sólo mejoran por medio de la lectura, sino

11. Para leer el concepto de «estado mental de crecimiento» en contraste con «forma de pensar fija», véase Dweck, *Mindset*, 6-7. Vea también mi explicación más extensa de estos dos términos en la nota 12 de la introducción de este libro.

también oyendo y viendo, que la diferencia es una oportunidad y en vez de una amenaza.

Para los que son novatos en la preparación y pronunciación de sermones, un libro de introducción a la homilética puede parecer mucho más como un curso para aprender a conducir. Le ayuda a aprender las normas, lo hace consciente de los peligros y le ofrece la dirección que tanto necesita. Luego, después de un breve tiempo juntos, lo ponen en camino, aunque se podría decir mucho más de lo que ya se le ha presentado. ¡Qué le vaya bien conduciendo!, le dice alguien al entregarle las llaves. Algunos predicadores aprenden a conducir inmediatamente; les resulta fácil. Otros luchan por un tiempo hasta que se acostumbran a hacerlo. A pesar de quién esté conduciendo, y de su nivel de aptitud, la manera más rápida y mejor de ser un conductor mejor es conducir con deliberación. De un modo muy similar, he argumentado aquí que la forma más rápida y mejor para ser un mejor predicador es predicar con deliberación.

La mayoría de los historiadores de *jazz* concuerda en que Charlie Parker expresó poco o ningún interés en la religión organizada; es probable que se resistiera a asociarse con los predicadores. Sin embargo, si alguien le hubiera comentado que usted estaba en la leñera preparando sus sermones, que se había comprometido con la incesante búsqueda de la práctica, porque creía que predicar merecía todas las horas y la energía que usted pudiera invertir en ellos, me imagino que habría logrado su respeto. Tal vez se habría sonreído y comentado: «Siga haciendo un buen trabajo, unas cuantas horas extra en la leñera no le han hecho nunca mal a nadie».

Bibliografía

Abrams, M. H. *The Mirror and the Lamp: Romantic Theory and the Critical Tradition*. Nueva York: Oxford University Press, 1953.

Abuhamdeh, Sami y Mihaly Csikszentmihalyi. «The Artistic Personality: A Systems Perspective». En *Creativity: From Potential to Realization*, editado por Robert J. Sternberg, Elena Grigorenko y Jerome L. Singer, 31-42. Washington, DC: American Psychological Association, 2004.

Adamopoulos, John y Yoshihisa Kashima, eds. *Social Psychology and Cultural Context*. Thousand Oaks, CA: Sage Publications, 1999.

Adeleye, Femi B. *Preachers of a Different Gospel: A Pilgrim's Reflections on Contemporary Trends in Christianity*. Grand Rapids: Hippo Books, 2011.

Agustín. *On Christian Teaching*. Nueva York: Oxford University Press, 2008.

Alcántara, Jared E. *Crossover Preaching: Improvisational-Intercultural Homiletics in Conversation with Gardner C. Taylor*. Downers Grove, IL: IVP Academic, 2015.

———. *Learning from a Legend: What Gardner C. Taylor Can Teach Us about Preaching*. Eugene, OR: Wipf & Stock, 2016.

Alexander, Michelle. *The New Jim Crow: Mass Incarceration in the Age of Colorblindness*. Nueva York: New Press, 2012.

Allen, Ronald J. *Interpreting the Gospel: An Introduction to Preaching*. St. Louis: Chalice, 1998.

Amabile, Teresa M. *Creativity in Context*. Boulder, CO: Westview, 1996.

American Heritage Dictionary. Nueva York: Houghton Mifflin Company, 2006.

«American Preaching: A Dying Art?». *Time*, 31 de diciembre 1979, 67.

Andrews, William, ed. *Sisters of the Spirit*. Bloomington: Indiana University Press, 1986.

Aristóteles. *Poetics*. En *Aristotle: Poetics; Longinus: On the Sublime; Demetrius: On Style*, editado por Jeffery Henderson. Loeb Classical Library. Cambridge, MA: Harvard University Press, 1995.

————. *Problems*. En *The Works of Aristotle*, editado por W. D. Ross y J. A. Smith. Oxford: Clarendon Press, 1910.

Arnold, Thomas Kerchever. *Cornelius Nepos: With Answered Questions and Imitative Exercises*. Nueva York: Appleton, 1867.

Arrastía, Cecilio. *Teoría y práctica de la predicación*. Miami: Editorial Caribe, 1992.

Arthurs, Jeffrey D. *Preaching as Reminding: Stirring Memory in an Age of Forgetfulness*. Downers Grove, IL: InterVarsity, 2017.

————. *Preaching with Variety: How to Re-Create the Dynamics of Biblical Genres*. Grand Rapids: Kregel, 2007.

Baer, John. *Domain Specificity of Creativity*. Nueva York: Academic Press, 2016.

Baer, John y James C. Kaufman. «Bridging Generality and Specificity: The Amusement Park Theoretical (APT) Model of Creativity». *Roeper Review* 27, no. 3 (Spring 2005): 158-63. Bailey, Kenneth E. *Jesus through Middle Eastern Eyes: Cultural Studies in the Gospels*. Downers Grove, IL: InterVarsity, 2008.

Bailey, Kenneth E. *Paul through Mediterranean Eyes: Cultural Studies in 1 Corinthians*. Downers Grove, IL: IVP Academic, 2011.

Barth, Karl. *Church Dogmatics*. Vol. III, 4, *The Doctrine of Creation*, editado por G. W. Bromiley y Thomas F. Torrance. Peabody, MA: Hendrickson, 2010.

————. *Church Dogmatics*. Vol. IV, 3, *The Doctrine of Reconciliation*, editado por G. W. Bromiley y Thomas F. Torrance. Peabody, MA: Hendrickson, 2010.

Basilio. *Saint Basil, The Letters*. Traducido por Roy J. Deferrari. Vol. 1. Loeb Classical Library. Nueva York: G. P. Putnam and Sons, 1926.

Bass, Diana Butler. *Christianity After Religion: The End of the Church and the Birth of a New Spiritual Awakening*. Nueva York: HarperOne, 2012.

Baxter, Richard. *The Reformed Pastor*. Carlisle, PA: Banner of Truth, 1974.

Beghetto, Ronald A. y James C. Kaufman. «Toward a Broader Conception of Creativity: A Case for 'mini-c' Creativity». *Psychology of Aesthetics, Creativity, and the Arts* 1, no. 2 (2007): 73-79.

Begley, Sharon, Holly Bailey, Daniel Stone y Jeneen Interlandi. «Will the Blackberry Sink the Presidency?». *Newsweek*, 16 de febrero 2009, 36.

Benner, David G. *The Gift of Being Yourself*. Downers Grove, IL: InterVarsity, 2004.

Berliner, Paul. *Thinking in Jazz: The Infinite Art of Improvisation*. Chicago: University of Chicago Press, 1994.

Bevans, Stephen B. *Models of Contextual Theology*. Maryknoll, NY: Orbis, 2002.

Bonhoeffer, Dietrich. *Christ the Center*. Nueva York: Harper & Row, 1966.

————. *The Cost of Discipleship*. Nueva York: MacMillan, 1949.

————. *Letters and Papers from Prison*. Editado por Eberhard Bethge. Nueva York: MacMillan, 1971.

————. *Life Together*. Nueva York: Harper & Row, 1954.

Bonilla, Plutarco A. «Cecilio Arrastía: el hombre, el escritor y el predicador». *Revista Pastoralia* 9, no. 4 (1982): 6-35.

Boreham, F. W. *Pathway to Roses*. West Yorkshire, UK: Emerald Publishing House, 1997.

Bosch, David J. *Transforming Mission: Paradigm Shifts in Theology of Mission*. Maryknoll, NY: Orbis, 1991.

Bowler, Kate. *Blessed: A History of the American Prosperity Gospel*. Nueva York: Oxford University Press, 2013.

Boyd, Gregory A. *The Myth of a Christian Nation: How the Quest for Political Power Is Destroying the Church*. Grand Rapids: Zondervan, 2005.

Brantley, Clarice y Michele Miller. *Effective Communication for Colleges*. Mason, OH: Thomson-Southwestern, 2008.

Brekus, Catherine A. *Strangers and Pilgrims: Female Preaching in America, 1740-1845*. Chapel Hill: University of North Carolina Press, 1998.

Broadus, John. *A Treatise on the Preparation and Delivery of Sermons*. Filadelphia: Smith, English & Company, 1871.

Brown, Robert McAfee. *Gustavo Gutiérrez: An Introduction to Liberation Theology*. Maryknoll, NY: Orbis, 1990.

Brown, Sally A. y Luke A. Powery. *Ways of the Word: Learning to Preach for Your Time and Place*. Minneapolis: Fortress, 2016.

Brown, Teresa L. Fry. *Delivering the Sermon: Voice, Body, and Animation in Proclamation*. Minneapolis: Fortress, 2008.

Brueggemann, Walter. *The Practice of Prophetic Imagination: Preaching an Emancipatory Word*. Minneapolis: Fortress, 2012.

Brunner, Emil. *The Divine Imperative*. Londres: Lutterworth, 1937.

Buber, Martin. «The Good and Evil Imagination». En *Good and Evil*, 93-97. Nueva York: Scribner and Sons, 1952.

Buechner, Frederick. *Wishful Thinking: A Theological ABC*. Nueva York: Harper & Row, 1973.

Burns, Bob, Tasha D. Chapman y Donald C. Guthrie. *Resilient Ministry: What Pastors Told Us about Surviving and Thriving*. Downers Grove, IL: InterVarsity, 2013.

Cacioppo, John T. y William Patrick. *Loneliness: Human Nature and the Need for Social Connection*. Nueva York: W. W. Norton, 2008.

Calvin, John. *The Institutes of Christian Religion*. Editado por John T. McNeill. Traducido por Ford Lewis Battles. Vol. 1. Filadelphia: Westminster, 1960.

Carrington, Damien. «Da Vinci's Parachute Flies». BBC News, 27 de junio 2000. http://news.bbc.co.uk/ 2/hi/science/nature/808246.stm.

Chalmers, Thomas. *Sermons and Discourses*. Vol. 2. Nueva York: Robert Carter, 1844.

Chapell, Bryan. *Christ-Centered Preaching: Redeeming the Expository Sermon*. Grand Rapids: Baker Academic, 2005.

Charles, H. B., Jr. *On Pastoring: A Short Guide to Living, Leading, and Ministering as a Pastor*. Chicago: Moody, 2016.

Clance, Pauline Rose. *Impostor Phenomenon*. Atlanta: Peachtree, 1985.

Coates, Ta-Nehisi. «The Black Family in the Age of Mass Incarceration». *The Atlantic*, octubre 2015. https://www.theatlantic.com/magazine/archive/2015/10/the-black -family-in-the-age-of-mass-incarceration/403246.

Collier-Thomas, Bettye. *Daughters of Thunder: Black Women Preachers and Their Sermons, 1850-1979*. San Francisco: Jossey-Bass, 1998.

Corrigan, Kevin. *Evagrius and Gregory: Mind, Soul, and Body in the 4th Century*. Burlington, VT: Ashgate, 2009.

Costas, Orlando E. *Christ Outside the Gate: Mission Beyond Christendom*. Eugene, OR: Wipf & Stock, 2005.

———. *Comunicación por medio de la predicación*. Miami: Editorial Caribe, 1973.

Covey, Stephen R. *The 8th Habit: From Effectiveness to Greatness*. Nueva York: Free Press, 2004.

Craddock, Fred B. *Preaching*. Nashville: Abingdon, 1985.

Csikszentmihalyi, Mihaly. *Flow: The Psychology of Optimal Experience*. Nueva York: Harper Perennial, 1991.

Currey, Mason. *Daily Rituals: How Artists Work*. Nueva York: Alfred A. Knopf, 2013.

Davis, H. Grady. *Design for Preaching*. Filadelphia: Muhlenberg, 1958.

Dean, Kenda Creasy. *Almost Christian: What the Faith of Our Teenagers Is Telling the American Church*. Nueva York: Oxford University Press, 2010.

DeBose, Charles E. «Codeswitching: Black English and Standard English in the African-American Linguistic Repertoire». *Journal of Multilingual and Multicultural Development* 13 (1992): 157-67.

Deismann, Adolf. *The New Testament in Light of Modern Research*. Garden City, NY: Doubleday, Doran, & Co., 1929.

de Vet, Thérèse. «Context and the Emerging Story: Improvised Performance in Oral and Literate Societies». *Oral Tradition* 23, no. 1 (2008): 159-79.

Donne, John y John Carey. *Selected Poetry*. Nueva York: Oxford University Press, 1996.

Douglass, James W. *The Nonviolent Coming of God*. Eugene, OR: Wipf & Stock, 2006.

Douthat, Ross. *Bad Religion: How We Became a Nation of Heretics*. Nueva York: Free Press, 2013.

Duarte, Nancy. *Resonate: Present Visual Stories That Transform Audiences*. Hoboken, NJ: John Wiley & Sons, 2010.

Duckworth, Angela. *Grit: The Power of Passion and Perseverance*. Nueva York: Scribner, 2016.

Durso, Keith E. *Thy Will Be Done: A Biography of George W. Truett*. Macon, GA: Mercer University Press, 2009.

Dweck, Carol S. *Mindset: The New Psychology of Success*. Nueva York: Ballantine Books, 2016.

Edwards, J. Kent. *Deep Preaching: Creating Sermons That Go beyond the Superficial*. Nashville: B&H Academic, 2010.

Edwards, Jonathan. *Jonathan Edwards' Resolutions and Advice to Young Converts*. Editado por Stephen J. Nichols. Phillipsburg, NJ: P&R, 2001.

———. *The Works of Jonathan Edwards: Religious Affections*. Editado por John E. Smith. Vol. 2. Nueva Haven: Yale University Press, 1959.

Eliot, T. S. *Four Quartets*. Nueva York: Harcourt, 1971.

Elliot, Elisabeth. *Shadow of the Almighty: The Life and Testament of Jim Elliot*. Peabody, MA: Hendrickson, 2008.

Emerson, Michael O. y Christian Smith. *Divided by Faith: Evangelical Religion and the Problem of Race in America*. Nueva York: Oxford University Press, 2001.

Ericsson, K. Anders. «The Influence of Experience and Deliberate Practice on the Development of Superior Expert Performance». En *The Cambridge Handbook of Expertise and Expert Performance*, editado por K. Anders Ericsson, Neil Charness, Robert R. Hoffman y Paul J. Feltovich, 685-705. Nueva York: Cambridge University Press, 2006.

———, ed. *The Road to Excellence: The Acquisition of Expert Performance in the Arts and Sciences, Sports, and Games*. Nueva York: Psychology Press, 2014.

Ericsson, Anders y Robert Pool. *Peak: Secrets from the New Science of Expertise*. Nueva York: Houghton Mifflin Harcourt, 2016.

Eslinger, Richard L. *A New Hearing: Living Options in Homiletic Method*. Nashville: Abingdon, 1987.

Farmer, James, Jr., «Freedom Ride Organizer on Non-Violent Resistance». NPR. 29 abril 2011, https://www.npr.org/templates/transcript/transcript.php?storyId=135836458.

Fee, Gordon D. *Listening to the Spirit in the Text*. Grand Rapids: Eerdmans, 2000.

Flemming, Dean E. *Contextualization in the New Testament: Patterns for Theology and Mission*. Downers Grove, IL: InterVarsity, 2005.

Florence, Anna Carter. «The Preaching Imagination». En *Teaching Preaching as a Christian Practice: A New Approach to Homiletical Pedagogy*, editado por Thomas G. Long y Leonora Tubbs Tisdale, 116-33. Louisville: Westminster John Knox, 2008.

———. *Rehearsing Scripture*. Grand Rapids: Eerdmans, 2018.

Forbes, James. *The Holy Spirit and Preaching*. Nashville: Abingdon, 1989.

Fordham, John. «A Teenage Charlie Parker Has a Cymbal Thrown at Him». *The Guardian*, 16 de junio 2011. https://www.theguardian.com/music/2011/jun/17 /charlie-parker-cymbal-thrown.

Frye, Nancy Kettering. *An Uncommon Woman: The Life and Times of Sarah Righter Major*. Elgin, IL: Brethren Press, 1997.

Gibson, Scott M. «The Landscape of the Character of Preaching». Unpublished Papers of the Annual Meeting of the Evangelical Homiletics Society, 46-62. Chicago, IL, 9 y 11 de octubre 2014.

Gilbert, Kenyatta R. *Exodus Preaching: Crafting Sermons about Justice and Hope*. Nashville: Abingdon, 2018.

———. *The Journey and Promise of African American Preaching*. Minneapolis: Fortress, 2011.

Gomes, Peter J. *The Scandalous Gospel of Jesus: What's So Good about the Good News?* Nueva York: HarperOne, 2007.

Goodstein, Laurie. «Billy Graham, 99, Dies; Pastor Filled Stadiums and Counseled Presidents». *The New York Times*, 21 febrero 2018. https://www.nytimes.com /2018/02/21/obituaries/billy-graham-dead.html.

Graham, Martha. «I Am a Dancer». En *The Routledge Dance Studies Reader*, editado por Alexandra Carter y Janet O'Shea, 95-100. Nueva York: Routledge, 2010.

Graves, Mike. *The Fully Alive Preacher: Recovering from Homiletical Burnout*. Louisville: Westminster John Knox, 2006.

Greer, Peter y Chris Horst. *Mission Drift: The Unspoken Crisis Facing Leaders, Charities, and Churches*. Bloomington, MN: Bethany House, 2014.

Gregory, Joel C. «Measuring a Preacher's Creativity with a Borrowed Ruler». En *Our Sufficiency Is of God: Essays on Preaching in Honor of Gardner C. Taylor*, editado por Timothy George, James Earl Massey y Robert Smith Jr., 23-44. Macon, GA: Mercer University Press, 2010.

Griffiths, Thomas Sharp. *A History of Baptists in New Jersey*. Hightstown, NJ: Barr, 1904.

Grometstein, Alan A. *The Roots of Things: Topics in Quantum Mechanics*. Nueva York: Springer Science & Business Media, 1999.

Guibert of Nogent. «How to Make a Sermon». En *Early Medieval Theology*, editado por George E. McCracken, 9:285-99. Filadelfia: Westminster, 1957.

Guilford, J. P. *Intelligence, Creativity, and Their Educational Implications*. San Diego: Robert R. Knapp, 1968.

Hamman, Jaco J. *Becoming a Pastor: Forming Self and Soul for Ministry*. Cleveland: Pilgrim, 2007.

Hammdon, Paul. *The Poems of John Dryden: Volume One: 1649-1681*. Nueva York: Routledge, 2014.

Hartmann, Douglas y Christopher Uggen, eds. *The Contexts Reader*. Nueva York: W. W. Norton, 2012.

Hauser, Arnold. *The Social History of Art*. Nueva York: Knopf, 1951.

Hayakawa, S. I. *Language in Thought and Action*. Londres: George Allen & Unwin, 1964.

Haywood, Chanta M. *Prophesying Daughters: Black Women Preachers and the Word, 1823-1913*. Columbia: University of Missouri Press, 2003.

Heath, Chip y Dan Heath. *Made to Stick: Why Some Ideas Survive and Others Die*. Nueva York: Random House, 2007.

Hiebert, Paul G. *Anthropological Reflections on Missiological Issues*. Grand Rapids: Baker, 1994.

————. «Critical Contextualization». *International Bulletin of Missionary Research* 11, no. 3 (Julio 1987): 104-12.

Higginbotham, Evelyn Brooks. *Righteous Discontent: The Women's Movement in the Black Baptist Church, 1880-1920*. Cambridge, MA: Harvard University Press, 1993.

Hildebrand, Stephen M. *Basil of Caesarea*. Grand Rapids: Baker Academic, 2014.

Hilkert, Mary Catherine. *Naming Grace: Preaching and the Sacramental Imagination*. Nueva York: Continuum, 1997.

Hofstede, Geert H. *Culture's Consequences: Comparing Values, Behaviors, Institutions, and Organizations Across Nations*. Thousand Oaks, CA: Sage Publications, 2001.

Hubbard, David Allan. Foreword to *The Word among Us: Contextualizing Theology for Mission Today*, editado por Dean Gilliland y David Allan Hubbard, vii-viii. Eugene, OR: Wipf & Stock, 1989.

Hughes, Richard T. *Christian America and the Kingdom of God*. Chicago: University of Illinois Press, 2009.

Hulst, Mary S. *A Little Handbook for Preachers*. Downers Grove, IL: InterVarsity, 2016.

Irigaray, Luce. *The Forgetting of Air in Martin Heidegger*. Austin: University of Texas Press, 1999.

Isasi-Díaz, Ada María. *La Lucha Continues: Mujerista Theology*. Maryknoll, NY: Orbis, 2004.

————. «Mujerista Theology: A Challenge to Traditional Theology». En *Introduction to Christian Theology: Contemporary North American Perspectives*, editado por Roger A. Badham, 244-52. Louisville: Westminster John Knox, 1998.

Jacks, G. Robert. *Just Say the Word! Writing for the Ear*. Grand Rapids: Eerdmans, 1996.

Jeter, Joseph R., Jr. y Ronald J. Allen. *One Gospel, Many Ears: Preaching for Different Listeners in the Congregation*. St. Louis: Chalice, 2002.

Jiménez, Pablo. *La predicación en el siglo XXI*. Barcelona: España: Editorial Clie, 2009.

————. *Principios de predicación*. Nashville, Abingdon, 2003.

Jiménez, Pablo A. y Justo L. González. *Manual de homilética hispana*. Barcelona: España: Editorial Clie, 2006.

Jobes, Karen H. *Esther*. The NIV Application Commentary. Grand Rapids: Zondervan, 1999.

Johnston, Scott Black, Ted A. Smith y Leonora Tubbs Tisdale, eds. *Questions Preachers Ask: Essays in Honor of Thomas G. Long*. Louisville: Westminster John Knox, 2016.

Johnstone, Keith. *Impro: Improvisation and the Theatre*. Nueva York: Routledge, 1992.

Kagawa, Toyohiko. *Meditations on the Cross*. Nueva York: Willett, Clark, & Company, 1935.

Karr, Mary. *Lit: A Memoir*. Nueva York: Harper Memorial, 2009.

Katongole, Emmanuel y Chris Rice. *Reconciling All Things: A Christian Vision for Justice, Peace and Healing*. Downers Grove, IL: InterVarsity, 2008.

Kaufman, James C. *Creativity 101*. Nueva York: Springer, 2009.

Kaufman, James C. y Robert J. Sternberg. Prefacio a *The Cambridge Handbook of Creativity*, editado por James C. Kaufman y Robert J. Sternberg, xiii-xv. Nueva York: Cambridge University Press, 2010.

Kaveny, Cathleen. *Prophecy without Contempt: Religious Discourse in the Public Square*. Cambridge, MA: Harvard University Press, 2016.

Kearney, Richard. *Poetics of Imagining: Modern to Post-Modern*. Nueva York: Fordham Press, 1998.

————. *The Wake of Imagination: Toward a Postmodern Culture*. Minneapolis: University of Minnesota Press, 1988.

Kim, Matthew D. *Preaching with Cultural Intelligence*. Grand Rapids: Baker Academic, 2017.

King, Martin Luther, Jr. *A Knock at Midnight: Inspiration from the Great Sermons of Reverend Martin Luther King, Jr.* Editado por Clayborne Carson y Peter Holloran. Nueva York: Warner, 2000.

————. «Letter from a Birmingham Jail». En *On Being Responsible: Issues in Personal Ethics*, editado por James M. Gustafson y James T. Laney, 256-74. Nueva York: Harper & Row, 1968.

————. *Strength to Love*. Filadelfia: Fortress, 1981.

Koyama, Kosuke. *Mount Fuji and Mount Sinai*. Maryknoll, NY: Orbis, 1984.

Kozbelt, Aaron, Ronald A. Beghetto y Mark A. Runco. «Theories of Creativity». En *The Cambridge Handbook of Creativity*, editado por James C. Kaufman y Robert J. Sternberg, 20-47. Nueva York: Cambridge University Press, 2010.

Kurtz, Howard. «The Great Exploding Popcorn Exposé». *Washington Post*, 12 de mayo 1994, C1.

Lane, Patty. *A Beginner's Guide to Crossing Cultures: Making Friends in a Multicultural World*. Downers Grove, IL: InterVarsity, 2002.

Larson, Rebecca. *Daughters of Light: Quaker Women Preaching and Prophesying in the Colonies and Abroad, 1700-1775*. Chapel Hill: University of North Carolina Press, 2000.

Larson, Thomas E. *History and Tradition of Jazz*. Dubuque, IA: Kendall Hunt, 2002.

LaRue, Cleophus J. *I Believe I'll Testify: The Art of African American Preaching*. Louisville: Westminster John Knox, 2011.

Lasseter, John, dir. *Toy Story 2*. Emeryville, CA: Pixar Animation Studios, 1999. VHS/DVD edición 2000.

Lauer, Alex. «Living with Pottery: Warren MacKenzie at 90». *Sightlines*, 6 de febrero 2014. https://walkerart.org/magazine/living-with-pottery-warren-mackenzie-at-90.

Lee, Jarena. *The Life and Religious Experience of Jarena Lee, a Colored Lady*. Cincinnati: publicación independiente, 1839.

Le Goff, Jacques. *The Medieval Imagination*. Chicago: University of Chicago Press, 1988.

Lewis, C. S. *The Collected Letters of C. S. Lewis*. Editado por Walter Hopper. Vol. 3, *Narnia, Cambridge, and Joy*. San Francisco: HarperCollins, 2007.

———. *God in the Dock: Essays on Theology and Ethics*. Grand Rapids: Eerdmans, 2014.

———. *Mero cristianismo*. Nueva York: HarperOne, 2001.

———. *El problema de Dios*. Santiago de Chile: Editorial Universitaria, 1990.

———. *Surprised by Joy: The Shape of My Early Life*. Nueva York: Harcourt, Brace, and Company, 1955.

Lidz, Franz. «Will the Real Abraham Lincoln Please Stand Up?». *Smithsonian Magazine*, octubre 2013. http://www.smithsonianmag.com/history/will-the-real-abraham-lincoln-please-stand-up-3431.

Lischer, Richard. *The Preacher King: Martin Luther King Jr. and the Word That Moved America*. Nueva York: Oxford University Press, 1995.

Livermore, David A. *Expand Your Borders: Discover Ten Cultural Clusters*. East Lansing, MI: Cultural Intelligence Center, 2013.

Lloyd-Jones, D. Martyn. *Preaching and Preachers*. Londres: Hodder and Stoughton, 1971.

Lombroso, Cesare. *The Man of Genius*. Londres: Walter Scott, 1891.

Long, Thomas G. «No News Is Bad News». En *What's the Matter with Preaching Today?*, editado por Mike Graves, 145-58. Louisville: Westminster John Knox, 2004.

———. «The Preaching of Jesus». Artículo científico presentado en el National Symposium on Preaching Seminary, Waco, 11 y 12 de septiembre 2017.

Lose, David J. «Imagination and Preaching». En *A Handbook for Catholic Preaching*, 190-99. Collegeville, MN: Liturgical Press, 2016.

Lovelace, Richard F. *The Dynamics of the Spiritual Life*. Downers Grove, IL: Inter-Varsity, 1979.

Lowry, Eugene L. *The Homiletical Plot: The Sermon as Narrative Art Form*. Louisville: Westminster John Knox, 2001.

Lubart, Todd. «Cross-Cultural Perspectives on Creativity». En *The Cambridge Handbook of Creativity*, editado por James C. Kaufman y Robert J. Sternberg, 265-78. Nueva York: Cambridge University Press, 2010.

Luchetti, Lenny. *Preaching Essentials*. Indianápolis: Wesleyan Publishing House, 2012.

Luther, Martin. *The Bondage of the Will*. Grand Rapids: Baker Academic, 2012.

———. *Luther's Works*. Editado por Theodore G. Tappert. Vol. 54, *Table Talk*. Filadelfia: Fortress, 1967.

Mandela, Nelson. En *His Own Words*. Editado por Kader Asmal, David Chidester y Wilmot James. Nueva York: Little, Brown, and Company, 2003.

Mann, Sandi y Rebekah Cadman. «Does Being Bored Make Us More Creative?». *Creativity Research Journal* 26, no. 2 (2014): 165-73.

Martínez, Juan Francisco. *Caminando entre el pueblo: Ministerio latino en los Estados Unidos*. Nashville: Abingdon, 2008.

Martyn, J. Louis. «The Apocalyptic Gospel in Galatians». *Interpretation* 54, no. 3 (julio 2000): 246-66.

Massey, James Earl. *The Burdensome Joy of Preaching*. Nashville: Abingdon, 1998.

———. «Composing Sermons That Sing!» En *Our Sufficiency Is of God: Essays on Preaching in Honor of Gardner C. Taylor*, editado por Timothy George, James Earl Massey, y Robert Smith Jr., 11-22. Macon, GA: Mercer University Press, 2010.

Maxwell, Jaclyn L. *Christianization and Communication in Late Antiquity: John Chrysostom and His Congregation in Antioch*. Cambridge: Cambridge University Press, 2006.

Mbiti, John S. «Theological Impotence and the Universality of the Church». En *Mission Trends, No. 3: Third World Theologies*, editado por Gerald H. Anderson y Thomas F. Stransky, 6-18. Grand Rapids: Eerdmans, 1976.

McCheyne, Robert Murray. *The Works of Rev. Robert Murray McCheyne*. Editado por Andrew A. Bonar. Nueva York: Robert Carter & Brothers, 1874.

McClure, John S. *The Roundtable Pulpit: Where Leadership and Preaching Meet*. Nashville: Abingdon, 1995.

McMickle, Marvin. «What Shall They Preach?». En *Our Sufficiency Is of God: Essays on Preaching in Honor of Gardner C. Taylor*, editado por Timothy George, James Earl Massey y Robert Smith Jr., 103-22. Macon: Mercer University Press, 2010.

Meconi, David Vincent y Eleanor Stump, eds. *The Cambridge Companion to Augustine*. Nueva York: Cambridge University Press, 2014.

Mergal, Ángel M. *Arte cristiano de la predicación*. México: Comité de Literatura de la Asociación de Iglesias Evangélicas de Puerto Rico, 1951.

Meyer, Jason C. *Preaching: A Biblical Theology*. Wheaton: Crossway, 2013.

Miller, Calvin. *Table of Inwardness*. Downers Grove, IL: InterVarsity, 1984.

Mitchell, Henry H. «African American Preaching». *Interpretation* 51, no. 4 (octubre 1997): 371-83.

"MLK at Western». Western Michigan University Archives and Regional History Collections and University Libraries, http://www.wmich.edu/sites/default/files /attachments/MLK.pdf.

Montoya, Alex. *Predicando con pasión*. Grand Rapids: Kregel, 2003.

Montuori, Alfonso y Ronald E. Purser. «Deconstructing the Lone Genius Myth: Toward a Contextual View of Creativity». *Journal of Humanistic Psychology* 35, no. 3 (1 de julio 1995): 69-112.

Morello, Carol y Ted Mellnik. «Census: Minority Babies Are Now Majority in United States». *The Washington Post*, 17 de mayo 2012, http://www.washingtonpost.com /local/census-minority-babies-are-now-majority-in-united-states/2012/05/16/gIQ A1WY8UU_story.html.

Morgan, G. Campbell. «The Possibility of Prayer». En *Northfield Echoes, Vol. 8: Conference Addresses for 1901*, editado por Delavan L. Pierson y Paul D. Moody, 380-87. East Northfield, MA: East Northfield Bookstore, 1901.

Mottesi, Osvaldo Luis. *Predicación y misión: una perspectiva pastoral. Un texto didáctico sobre la predicación pastoral*. Miami: LOGOI, 1989.

Mounce, Robert H. *So They Say*. Eugene, OR: Resource Publications, 2014.

Mulholland, M. Robert, Jr. *The Deeper Journey: The Spirituality of Becoming Your True Self*. Downers Grove, IL: InterVarsity, 2006.

Nanko-Fernández, Carmen. *Theologizing en Espanglish: Context, Community, and Ministry*. Maryknoll, NY: Orbis, 2010.

New, Geoff. *Imaginative Preaching*. Carlisle, UK: Langham Partnership, 2015.

Newbigin, Lesslie. *Foolishness to the Greeks: The Gospel and Western Culture*. Grand Rapids: Eerdmans, 1986.

———. *A Word in Season*. Grand Rapids: Eerdmans, 1994.

Nicolay, John G. y John Hay. *Complete Works of Abraham Lincoln*. Vol. 9. Harrogate, TN: Lincoln Memorial University, 1894.

Niebuhr, H. Richard. *The Kingdom of God in America*. Nueva York: Harper & Row, 1959.

Nieman, James R. *Knowing the Context: Frames, Tools, and Signs for Preaching*. Minneapolis: Fortress, 2008.

Northcutt, Kay L. *Kindling Desire for God: Preaching as Spiritual Direction*. Minneapolis: Fortress, 2009.

Old, Hughes Oliphant. *The Reading and Preaching of the Scriptures in the Worship of the Christian Church*. Vol. 2, *The Patristic Age*. Grand Rapids: Eerdmans, 1998.

———. *The Reading and Preaching of the Scriptures in the Worship of the Christian Church*. Vol. 7, *Our Own Time*. Grand Rapids: Eerdmans, 2010.

Orleck, Annelise. *Rethinking American Women's Activism*. Nueva York: Taylor & Francis, 2015.

Ortberg, John. *Who Is This Man? The Unpredictable Impact of the Inescapable Jesus*. Grand Rapids: Zondervan, 2012.

Osborne, Grant R. *The Hermeneutical Spiral: A Comprehensive Introduction to Biblical Interpretation*. Downers Grove, IL: InterVarsity, 2006.

Padilla, C. René. «Hacia una definición de la misión integral». En *El proyecto de Dios y las necesidades humanas: más modelos de ministerio integral en América Latina*, editado por C. René Padilla y Tetsunao Yamamori, 19-34. Buenos Aires: Kairos, 2000.

Palmer, Earl F. *Love Has Its Reasons*. Waco: Word, 1977.

Parker, T. H. L. *Calvin's Preaching*. Louisville: Westminster John Knox, 1992.

Passel, Jeffrey S. y D'Vera Cohn. «U.S. Population Projections: 2005-2050». *Pew Research Center*, 11 de febrero 2008, http://www.pewsocialtrends.org/2008/02/11/us-population-projections-2005-2050/.

Perkins, William. «*The Art of Prophesying and the Calling of the Ministry*». Edinburgh: Banner of Truth, 1996.

Pitt-Watson, Ian. *Preaching: A Kind of Folly*. Filadelfia: Westminster, 1978.

Plantinga, Cornelius. *Not the Way It's Supposed to Be: A Breviary of Sin*. Grand Rapids: Eerdmans, 1995.

Platón. *Republic: Books 6-10*. Editado por Chris Emlyn-Jones y William Preddy. Loeb Classical Library. Cambridge, MA: Harvard University Press, 2013.

Pope, Rob. *Creativity: Theory, History, Practice*. Nueva York: Routledge, 2005.

Pope-Levison, Priscilla. «Sojourner Truth». En *Handbook of Women Biblical Interpreters: A Historical and Biographical Guide*, editado por Marion Ann Taylor y Agnes Choi, 509-11. Grand Rapids: Baker Academic, 2012.

Porter, Stanley E. Katallasso *in Ancient Greek Literature, with Reference to the Pauline Writings*. Córdoba: Ediciones el Almendro, 1994.

Postman, Neil. *Amusing Ourselves to Death: Public Discourse in the Age of Show Business*. Nueva York: Penguin, 1985.

Proctor, Samuel D. *The Certain Sound of the Trumpet: Crafting a Sermon of Authority*. Valley Forge, PA: Judson Press, 1994.

Rah, Soong-Chan. *Prophetic Lament: A Call for Justice in Troubled Times*. Downers Grove, IL: IVP Press, 2015.

Randolph, David James. *The Renewal of Preaching in the Twenty-First Century: The Next Homiletics*. Eugene, OR: Wipf & Stock, 2009.

Reed, Angela H. *Quest for Spiritual Community*. Nueva York: T&T Clark, 2011.

Reeves, Michael. *Rejoicing in Christ*. Downers Grove, IL: InterVarsity, 2015.

Reid, Robert Stephen y Lucy Lind Hogan. *The Six Deadly Sins of Preaching*. Nashville: Abingdon, 2012.

Richards, E. Randolph y Brandon J. O'Brien. *Misreading Scripture with Western Eyes: Removing Cultural Blinders to Better Understanding the Bible*. Downers Grove, IL: InterVarsity, 2012.

Ricoeur, Paul. *The Symbolism of Evil*. Boston: Beacon, 1967.

Robinson, Haddon W. *Biblical Preaching: The Development and Delivery of Expository Messages*. Grand Rapids: Baker Academic, 2014.

Robinson, Ken. *Out of Our Minds: Learning to Be Creative*. Chichester, UK: Capstone, 2011.

Romero, Óscar. *La violencia del amor*. Walden, NY: Plough, 2001.

Rose, Lucy Atkinson. *Sharing the Word: Preaching in the Roundtable Church*. Louisville: Westminster John Knox, 1997.

Runco, Mark A. «Everyone Has Creative Potential». En *Creativity: From Potential to Realization*, editado por Robert J. Sternberg, Elena Grigorenko y Jerome L. Singer, 21-30. Washington, DC: American Psychological Association, 2004.

Runco, Mark A. y Robert S. Albert. «Creativity Research: A Historical View». En *The Cambridge Handbook of Creativity*, editado por James C. Kaufman y Robert J. Sternberg, 3-19. Nueva York: Cambridge University Press, 2010.

Ryle, J. C. *Simplicity in Preaching: A Few Short Hints on the Subject*. London: William Hunt and Company, 1882.

Sallquist, Gary. *Classroom Classics*. Bloomington, IN: 1st Books Library, 2003.

Sanneh, Lamin O. *Translating the Message: The Missionary Impact on Culture*. Maryknoll, NY: Orbis, 2008.

Sawyer, R. Keith. «The Emergence of Creativity». *Philosophical Psychology* 12, no. 4 (1999): 447-69.

———. *Explaining Creativity: The Science of Human Innovation*. Nueva York: Oxford University Press, 2012.

———. *Improvised Dialogues: Emergence and Creativity in Conversation*. Westport, CT: Ablex, 2003.

———. «Individual and Group Creativity». En *The Cambridge Handbook of Creativity*, editado por James C. Kaufman y Robert J. Sternberg, 366-80. Nueva York: Cambridge University Press, 2010.

Scharf, Greg R. «'Double Listening' Revisited: Hearing Listeners without Compromising Faithfulness to the Biblical Text». *Trinity Journal* 33, no. 2 (septiembre 2012): 181-97.

———. *Let the Earth Hear His Voice: Strategies for Overcoming Bottlenecks in Preaching God's Word*. Phillipsburg, NJ: P&R, 2015.

Scherer, Paul. *We Have This Treasure*. Nueva York: Harper and Brothers, 1944.

————. *The Word God Sent*. Nueva York: Harper & Row, 1965.

Schlipp, Paul Arthur. *Albert Einstein: Philosopher-Scientist*. Evanston, IL: Library of Living Philosophers, 1949.

Schreiter, Robert J. *Constructing Local Theologies*. Maryknoll, NY: Orbis, 2015.

Schulenburg, Jane Tibbetts. *Forgetful of Their Sex: Female Sanctity and Society ca. 500-1100*. Chicago: University of Chicago Press, 1998.

Searle, Alison. *The Eyes of Your Heart: Literary and Theological Trajectories of Imagining Biblically*. Eugene, OR: Wipf & Stock, 2008.

Séneca. «Of Peace of Mind». En *Minor Dialogues: Together with the Dialogue on Clemency*, traducido por Aubrey Stewart, 250-87. Londres: George Bell and Sons, 1889.

Shaddix, Jim y Jerry Vines. *Progress in the Pulpit: How to Grow in Your Preaching*. Chicago: Moody, 2017.

Shakespeare, William. *William Shakespeare: Four Comedies: «The Taming of the Shrew», «A Midsummer Night's Dream», «As You Like It», and «Twelfth Night»*. Editado por G. R. Hibbard, Stanley Wells, H. J. Oliver y M. M. Mahood. Nueva York: Penguin Classics, 1996.

Simonton, Dean Keath. «Creativity, Productivity, Age, and Stress: A Biographical Time-Series Analysis of 10 Classical Composers». *Journal of Personality and Social Psychology* 35 (1977): 791-804.

————. *Greatness: Who Makes History and Why*. Nueva York: Guilford, 1994.

Simpson, D. P. *Cassell's Latin Dictionary*. Nueva York: MacMillan, 1982.

Smallwood, Jonathan y Jonathan W. Schooler. «The Restless Mind». *Psychological Bulletin* 132 (2006): 946-58.

Smith, Christian con Melinda Lundquist Denton. *Soul Searching: The Religious and Spiritual Lives of American Teenagers*. Nueva York: Oxford University Press, 2009.

Smith, James K. A. *You Are What You Love: The Spiritual Power of Habit*. Grand Rapids: Brazos, 2016.

Solnit, Rebecca. *Wanderlust: A History of Walking*. Nueva York: Viking Penguin, 2000.

Soskice, Janet Martin. «The Truth Looks Different from Here, or, On Seeking the Unity of Truth from a Diversity of Perspectives». En *Christ and Context: The Confrontation between Gospel and Culture*, editado por Hilary D. Regan y Alan J. Torrance, 43-59. Edinburgh: T&T Clark, 1993.

Stewart, James. *Heralds of God*. Nueva York: Scribner's, 1946.

Stott, John R. W. *Between Two Worlds: The Art of Preaching in the Twentieth Century*. Grand Rapids: Eerdmans, 1982.

————. *The Contemporary Christian: Applying God's Word to Today's World*. Downers Grove, IL: InterVarsity, 1992.

Strauss, Valerie. «For First Time, Minority Students Expected to Be Majority in U.S. Public Schools This Fall». *The Washington Post*, 21 de agosto 2014, https://www .washingtonpost.com/news/answer-sheet/wp/2014/08/21/for-first-time-minority -students-expected-to-be-majority-in-u-s-public-schools-this-fall/?noredirect=on &utm_term=.e496fa7aa8c0.

Strunk, William, Jr. y E. B. White. *The Elements of Style*, Ed. rev. Nueva York: Penguin, 2007.

Sunukjian, Donald. *Invitation to Biblical Preaching*. Grand Rapids: Kregel, 2007.

Sweet, Leonard. *Post-Modern Pilgrims*. Nashville: Broadman & Holman, 2000.

Tannehill, Robert C. *Luke*. Abingdon New Testament Commentaries. Nashville: Abingdon, 1996.

Tanner, Kathryn. *Theories of Culture: A New Agenda for Theology*. Minneapolis: Fortress, 1997.

Taylor, Barbara Brown. *The Preaching Life*. Cambridge, MA: Cowley, 1993.

Taylor, Gardner C. «Freedom's Song». En *How Long This Road: Race, Religion, and the Legacy of C. Eric Lincoln*, editado por Alton B. Pollard III y Love Henry Whelchel, 163-70. Nueva York: Palgrave Macmillan, 2003.

———. «The Sweet Torture of Sunday Morning (Interview)». *Leadership* 2, no. 3 (Verano 1981): 16-29.

———. *The Words of Gardner Taylor*. Editado por Edward L. Taylor. Vol. 2, *Sermons from the Middle Years, 1970-1980*. Valley Forge, PA: Judson Press, 2004.

———. *The Words of Gardner Taylor*. Editado por Edward L. Taylor. Vol. 5, *Lectures, Essays, and Interviews*. Valley Forge, PA: Judson Press, 2004.

Tertuliano. «On Prayer (Chapter 29)». En *The Ante-Nicene Fathers*. Vol. 3, *Latin Fathers*, editado por Alexander Roberts, James Donaldson y Arthur Cleveland Coxe, 681-92. Nueva York: Cosimo Classics, 2007.

Thomas, Gerald Lamont. *African American Preaching: The Contribution of Dr. Gardner C. Taylor*. Nueva York: Peter Lang, 2004.

Throntveit, Mark A. *Ezra-Nehemiah*. Louisville: John Knox, 1992.

Tisdale, Leonora Tubbs. *Preaching as Local Theology and Folk Art*. Minneapolis: Fortress, 1997.

———. *Prophetic Preaching: A Pastoral Approach*. Louisville: Westminster John Knox, 2010.

Toohey, Peter. *Boredom: A Lively History*. Nueva Haven: Yale University Press, 2011.

Torrey, R. A. *How to Succeed in the Christian Life*. Springdale, PA: Whitaker House, 1984.

Troeger, Thomas H. y Leonora Tubbs Tisdale. *A Sermon Workbook: Exercises in the Art and Craft of Preaching*. Nashville: Abingdon, 2013.

Truett, George W. *Follow Me*. Nueva York: Long and Smith, 1932.

Tutu, Desmond. *Hope and Suffering: Sermons and Speeches*. Grand Rapids: Eerdmans, 1984.

Vanhoozer, Kevin J. «Imagination in Theology». En *New Dictionary of Theology: Historical and Systematic*, editado por Martin Davie, Tim Grass, Stephen R. Holmes, John McDowell y T. A. Noble, 441-43. Downers Grove, IL: IVP Academic, 2016.

———. «In Bright Shadow: C. S. Lewis on the Imagination for Theology and Discipleship». En *The Romantic Rationalist: God, Life, and Imagination in the Work of C. S. Lewis*, editado por John Piper, David Mathis y Kevin J. Vanhoozer, 81-104. Wheaton: Crossway, 2014.

Villafañe, Eldin. *Seek the Peace of the City: Reflections on Urban Ministry*. Grand Rapids: Eerdmans, 1995.

Vitale, Tom. «The Birth of Bird: Young Charlie Parker Found Focus, Faith in Music». NPR. 19 de octubre 2013. https://www.npr.org/2013/10/19/237040499/the-birth -of-bird-young-charlie-parker-found-focus-faith-in-music.

Voltaire. *Oeuvres Complètes de Voltaire: Vol. 1*. Editado por Armand Aubrée. Paris: J. Lefebvre et Cie, 1830.

Wallis, Jim. *America's Original Sin: Racism, White Privilege, and the Bridge to a New America*. Grand Rapids: Brazos, 2016.

Walton, Jonathan L. *Watch This!: The Ethics and Aesthetics of Black Televangelism*. Nueva York: NYU Press, 2009.

Weingarten, Gene. «Pearls Before Breakfast: Can One of the Nation's Great Musicians Cut through the Fog of a DC Rush Hour? Let's Find Out». *Washington Post*, 8 de abril 2007. https://www.washingtonpost.com/lifestyle/magazine/pearls -before-breakfast-can-one-of-the-nations-great-musicians-cut-through-the-fog -of-a-dc-rush-hour-lets-find-out/2014/09/23/8a6d46da-4331-11e4-b47c-f5889e06 1e5f_story.html.

Wesley, John. *Wesley's Standard Sermons*. Editado por Edward H. Sugden. Vol. 1. Londres: Epworth, 1951.

Whitehead, James D. «The Religious Imagination». *Liturgy*, 1985, 54-59.

Widmer, Ted. «The Other Gettysburg Address». *The New York Times*, 19 de noviembre, 2013. http://opinionator.blogs.nytimes.com/2013/11/19/the-other-gettys burg-address/?_r=0.

Wilder, Amos N. *Theopoetic*. Filadelfia: Fortress, 1976.

Willard, Dallas. *The Spirit of the Disciplines: Understanding How God Changes Lives*. San Francisco: Harper & Row, 1988.

Willimon, William H. *How Odd of God: Chosen for the Curious Vocation of Preaching*. Louisville: Westminster John Knox, 2015.

Wilson, Paul Scott. *Imagination of the Heart: New Understandings in Preaching*. Nashville: Abingdon, 1988.

Winnicott, D. W. «The Capacity to Be Alone». *International Journal of Psychoanalytic Development* no. 39 (1958): 416-20.

Wisdom, John. *Paradox and Discovery*. Oxford: Basil Blackwell, 1965.

Witten, Marsha G. *All Is Forgiven: The Secular Message in American Protestantism*. Princeton: Princeton University Press, 1993.

Wright, N. T. *After You Believe*. Nueva York: HarperCollins, 2010.

Yancey, Philip. *Disappointment with God*. Grand Rapids: Zondervan, 2015.

Yeginsu, Ceylan. «U.K. Appoints a Minister for Loneliness». *The New York Times*, 17 enero 2018. https://www.nytimes.com/2018/01/17/world/europe/uk-britain -loneliness.html.

Young, Vershawn Ashanti, Rusty Barrett, Y'Shanda Young-Rivera y Kim Brian Lovejoy. *Other People's English: Code-Meshing, Code-Switching, and African American Literacy*. Nueva York: Teachers College Press, 2013.

Zink-Sawyer, Beverly. *From Preachers to Suffragists: Woman's Rights and Religious Conviction in the Lives of Three Nineteenth-Century American Clergywomen*. Louisville: Westminster John Knox, 2003.

Índice

www.ingramcontent.com/pod-product-compliance
Lightning Source LLC
Chambersburg PA
CBHW070928150426
42812CB00049B/1570